U0909135

本书系 2021 年度宁波市哲学社会科学研究年度课题成果（G21－3－ZX62）；2022 年度省社联课题成果（2022N95）

家族企业创新发展研究

任黛藤　秦　玥　著

中国财经出版传媒集团
中国财政经济出版社

图书在版编目（CIP）数据

家族企业创新发展研究／任黛藤，秦玥著．--北京：中国财政经济出版社，2021.12

ISBN 978－7－5223－0977－4

Ⅰ.①家… Ⅱ.①任… ②秦… Ⅲ.①家族－私营企业－企业管理－研究－中国 Ⅳ.①F279.245

中国版本图书馆CIP数据核字（2021）第242742号

责任编辑：彭　波　　　　责任印制：史大鹏

封面设计：卜建辰　　　　责任校对：张　凡

中国财政经济出版社 出版

URL：http：//www.cfeph.cn

E－mail：cfeph@cfeph.cn

社址：北京市海淀区阜成路甲28号　邮政编码：100142

营销中心电话：010－88191522

天猫网店：中国财政经济出版社旗舰店

网址：https：//zgczjjcbs.tmall.com

北京财经印刷厂印刷　各地新华书店经销

成品尺寸：170mm×240mm　16开　12.75印张　200 000字

2021年12月第1版　2021年12月北京第1次印刷

定价：68.00元

ISBN 978－7－5223－0977－4

（图书出现印装问题，本社负责调换，电话：010－88190548）

本社质量投诉电话：010－88190744

打击盗版举报热线：010－88191661　QQ：2242791300

目　　录

| 第 1 章 |

企业创新理论概述

创新是引领企业发展的第一动力，是推动高质量发展，建设现代化经济体系的战略支撑。党的十九届五中全会提出要提升企业技术创新能力，并对企业技术创新能力建设提出了明确的要求，指明了企业技术创新能力建设的重点和方向。随着经济的发展，国内和国际政治、经济市场环境日趋复杂，企业所处的外在和内在环境也在不断变化，尤其 2020 年新冠肺炎疫情开始到现在，疫情已经成为企业所处的一个常态化的环境，不得不作为企业制定发展战略的一个考量因素。同理，面对信息技术革命，影响一个企业发展再也不是单一力量（技术、管理二者结合）能实现的了，旧的生产函数组合方式已经难以维持，唯有创新才能从根本上提高企业的竞争力，使企业处于不败之地。

创新是企业生存的必然选择。企业不是从来就有的，科斯提出企业是市场交易内化的结果，企业和市场之间是一种替代关系，当交易在企业中发生的成本比在市场中发生的成本低时，企业就形成了，从而市场交易被内化为企业内部的交易，虽然会产生管理成本，但是这种管理成本比交易在市场中耗费的成本要低得多。因此，企业要想持续地生存就必须要比市场更有效地配置各种要素，从而比市场更节约交易成本。当然，企业这种“抱团取暖”的形态随着信息网络的更新也在不断变化，但是创新仍是企业进步的必然选择。

1.1 企业创新理论

1.1.1 创新理论与经济学

“创新”的概念是由经济学家约瑟夫·熊彼特（J. A. Schumpeter）1912年引入经济学，并通过其著作《经济发展理论》第一次将创新视为现代经济增长的核心，提出“创新就是生产函数的变动”，即生产要素和生产条件新的组合：“原来的成本曲线因此而不断更新，经济的变革，诸如成本的降低、经济均衡的打破、残酷的竞争以及经济周期本身，都应主要的归因于创新”，其目的是为了获取潜在的利润，其内容包括：（1）产品创新：制造一种消费者还不熟悉的产品，或一种与过去产品有本质区别的新产品；（2）工艺创新：采用一种新的生产方法，即工艺创新或生产技术创新，一种产业部门从未使用过的、尚未通过经验检定的方法进行生产和经营；（3）市场创新：开辟一个新的市场，开辟有关国家或某一特定产业部门以前尚未进入的市场，不管这个市场以前是否存在；（4）资源配置创新：获得一种原料或半制成品的新的供给来源，即开发新的资源，不管这种资源是否已经存在，还是首次创造出来；（5）组织创新：施行一种新的企业组织形式，如形成新的产业组织形态，建立或打破某种垄断地位。熊彼特对于创新的概念涵盖面很广，不仅仅单指技术创新。熊彼特虽然强调技术的作用，但他强调的是技术作为创新的动因，还特别对技术发明和技术创新进行了区分；熊彼特所指的五种创新组合，前两个组合是以产品创新和工艺创新为主要特征的技术创新，根据熊彼特的技术内生于经济的思想，新的经济行为引入经济活动就构成了他的广义的技术创新概念。熊彼特认为，在一个周而复始的经济中没有可能产生利润，而创新是对零利润经济的打破。“创新”更像一种生产力，其理论实际上是“经济学”意义上的创新。同时，1942年熊彼特在《资本主义、社会主义与民主》一书中又提出“创造性破坏”理论，他认为，经济增长的动力来自不断地改变其经济结构，不断地破坏旧结构，不断地创造新的结构，通过打破旧的结构均衡实现新的结构均衡，重新配置资源释放新的增长动力，是推动经济的重要力量，即体系通过毁坏已有的事物为创新留出空间，并认为创新是企业家的“灵魂”。熊彼特认为，企业家所带来的高物价和高利润在市场上占据垄断地位，是对他们把创新观念首先引入市场的奖励，也是对其他人创新的鼓励。

企业追求创新的实质来源于企业经济租金理论，即指企业所创造的总收益在支付了所有成员的参与约束条件后的剩余是企业总收益减去各要素参与企业的机会成本收益的总和。从交易成本视角看，以价格机制构成的市场中的每一个交易都需要花费一定的成本，企业的组织管理也需要成本，当企业的组织管理成本低于市场交易成本时，人们就会以企业来替代一部分市场。Makadok（2001）认为，企业经济租金提出了三种获得超额利润的解释：一是基于受到保护的市场势力而产生的垄断租金；二是凭借企业拥有的特异资源产生的李嘉图租金；三是依靠企业动态创新能力的熊彼特租金。在不完全市场条件下，单个企业是一个异质性资源的结合体，这种异质性可以使单个企业的要素价值被激发出来，并使企业整体价值获得一种“市场溢价”。这一过程称为租金的搜寻和选择过程，所获得的企业整体的市场溢价就是企业的经济租金。

随着时间和科技的进步创新理论是逐步发展成熟的，创新理论的发展最初是以技术创新理论为主的，这也符合当时经济和社会发展的需求，而自 1971 年戴维斯和诺斯的著作《制度变革与美国经济增长》开始，逐渐形成了独立的两个派别，即：以技术变革和技术推动为研究对象的技术创新学派及以制度变革和制度形成为研究对象的制度创新学派。彼得·德鲁克（1987）认为，企业被动地等待创新是不可取的，企业家必须积极的、系统的寻求变化、分析变化、持续不断的实现创新。

（1）技术创新理论。技术创新是创造出新的生产要素及其重新组合，是企业发展与技术进步的核心，其中技术创新成果的商业化是最重要的。索洛于 1951 提出技术创新是“新思想来源和以后阶段的实现与发展”。伊诺斯于 1962 年认为“技术创新是几种行为综合的结果，这些行为包括发明的选择、资本投入的保证、建立组织、制订计划、招收工人和开辟市场等”。克里斯托夫·弗里曼提出技术创新就是新产品、新过程、新系统和新服务的首次商业性转化。卡曼、施瓦茨等人从垄断与竞争的角度对技术创新的过程进行了研究，认为竞争越激烈，创新动力就越强；企业规模越大，在技术创新上所开辟的市场就越大；垄断程度越高，控制市场能力就越强，技术创新就越持久。在完全竞争的市场条件下，企业的规模一般较小，缺少足以保障技术创新的持久收益所需的控制力量，而且难以筹集技术创新所需的资金，同时也难以开拓技术创新所需的广阔市场，故难以产生较大的技术创新。而在完全垄断的条件下，垄断企业虽有能力进行技术创新，但由于缺乏竞争对手的威胁，难以激发企业重大的创新动机，也不利于引起大的技术创新。因此，最有利于创新的市场结构是介于垄断和完全竞争之间的所谓“中等程度竞争的市场结构”（雷家骕、洪军，2012）。

英国学者弗里曼将技术创新分为渐进创新、基本创新、技术体系的变革和技术—经济范式四种类型。其中渐进创新是指建立在现有技术、生产能力基础之上和满足现有市场、顾客需求的一种改进型创新，既会强化生产能力，也会加固和强化企业、顾客、市场三者之间的联系；基本创新是指企业首次引入的、能对经济发展产生重大影响的创新。基本创新是一种非连续性事件，它与科学技术上的重大发现、发明相联系，其过程往往要经历较长的时间。它一旦成功之后，又会引发出许多相关的创新，并引起产业结构的深刻变革；技术系统的变革是一种影响深远的技术变革，它的成功将会影响到一个或几个经济领域，创造全新的部门。它一般是由一系列基本的、渐进的和组织上的创新共同作用的结果。技术—经济范式的变革是指技术—经济领域所形成的观念、技术原理、规则和习惯等变革。我国对企业技术创新的研究起步较晚，逐渐从评价西方创新理论和研究方法转到对我国企业创新活动实证研究上。张培刚（1991）认为技术创新就是研究生产力的发展和变化，使新技术应用于生产就是技术创新。张钢（1998）提出企业技术创新动力主要来源于两个方面：外部环境动力（社会政治经济变革的动力、来自持续发展和环境保护以及工艺方面的压力、市场竞争的压力、产业集中或发展的推动、政府的产业政策导向等）和企业内部的动力（企业成长的内在需要、企业家精神或企业战略所形成的一种企业长远目标的吸引力以及来自科学家、技术专家、工程师或个体发明者的一种事业心、好奇心驱动）。陈其荣（2000）提出技术创新是作为创新主体的企业，在企业的创新环境下，实现创新客体的市场价值。徐庆瑞（1990）认为，技术创新指一种新的思想的形成，到得以利用并生产了满足市场用户需要产品的整个过程，其广义则不仅包括技术创新成果本身，而且包括成果的推广、扩散和应用过程。傅家骥（2003）认为，技术创新是企业家通过对产品的生产条件和要素进行重新组织，包括科技、商业和金融等一系列活动的重新组织，并最终获得商业利益，建立费用更低和效率更高的生产经营体系，从而推出新产品、开辟新市场并获得新原料或半成品的供给来源，建立起企业新的组织活动。并将技术创新活动的激励分为两个层次、四大因素。两个层次包括国家对企业创新活动的宏观激励和企业内部对创新活动的激励。四大因素包括产权制度、市场制度与结构、政府政策、企业制度。据此，将技术创新的激励方式分为产权激励、市场激励、政府激励和企业激励四种。

（2）企业能力论。是在企业内部成长理论基础上发展起来的，着重强调企业内部的技能、集体学习以及其管理技术能力在获取竞争优势中的核心作用。Prahalad 和 Hamel（1990）提出“企业核心能力”的概念，并强调企业战略中核心能力的识别、培育、扩散和应用是企业核心能力管理的关键环节。拥有核心能力的企业在市场中具有足够的战略潜能来挖掘机会或回避威胁，因而能够通过获取近乎垄断的市场位势而形成企业的竞争优势。核心能力必须能为企业提供占领广阔市场的能力，可以为企业未来进入某个市场提供潜在途径；核心能力要有助于企业理解用户的需要，并能够使购买企业产品的顾客享有收益；核心能力是企业的其他竞争对手难以模仿的。企业竞争力是指竞争性市场中，一个企业所具有的能够持续的比其他企业更有效的向市场（消费者，包括生产性消费者）提供产品或服务，并且能够获得赢利和提高自身发展的综合素质。李俊山和刘俊生（2008）提出企业核心竞争力是企业在竞争中自然形成的、具有综合性和长期可塑性，是企业在运营中通过经营者、管理者的有效整合、管理、创新逐渐形成的，在其形成的过程中融合了企业文化、伦理、管理者的理念、技术进步、管理改进、制度完善、不断创新等，是很难在短期内培育和提高的，但是可以有计划的逐渐提高、系统的整合和长期培育。企业作为经济性组织，追求企业价值最大化或利润最大化的目的都是趋同的，但企业的组织形式、治理结构、经营理念、管理模式、生产方式等是不同的，这些不同形成了企业的不同竞争力。由于企业所处的国家、区域、行业不同，企业的核心竞争力可能有所区别，但是企业必须适应全球经济一体化的发展趋势，不仅要培育和提高所在国家、行业内的核心竞争力，而且要培育和提高在全球范围内、参与跨国公司乃至国际竞争的核心竞争力。

王毅等（2000）认为，创新理论与企业核心能力理论趋同：一是创新理论对创新绩效的研究日益关注创新对企业持续竞争优势的影响，从而把技术能力和核心能力的研究引向了企业核心能力；二是对核心能力的很多研究认为创新过程是核心能力建立、提高和应用的核心，创新过程成为核心能力研究的载体，核心能力最终体现于企业绩效，还是依赖于企业高效率的推出高效益的技术创新。这样的认同，既为创新对持续竞争优势的决定作用找到新的理论解释，也为企业核心能力的理论研究提供了一个合理的载体。

（3）企业动态能力理论。在企业能力论的基础上，动态能力理论认为企业需要及时有效的收集、整合、利用其内外部资源，达到企业竞争时保证的优势性。动态能力理论重视了企业外部环境的动态特征，并吸收了很多核心能力理论的观点。首先，“能力”仍强调战略管理在适当使用、整合和再造企业内外部的资源和能力以满足环境变化的需要；其次，“动态”则指企业重塑竞争力以使其与变化的经营环境保持一致，当市场的时间效应和速度成为关键、技术变化的速度加快、未来竞争和市场实质难以确定时，需要企业有特定的、对创新的反应。动态能力理论强调企业在面对问题时应具有开拓性思维，具有再生和创造新事物的能力，放弃企业依赖原有经验渡过难关的惯性。李淑悦（2021）提出动态能力基础下的“技术创新动态能力”，企业以创造价值为目的，积极适应外部环境变化，持续的技术创新，考虑技术创新带来的经济效益，而不断发展的技术创新动态能力指的就是企业对技术创新进行的投入，经发展带来的产出和技术创新之间的转化。

（4）产业集群创新理论。高技术产业集群创新，其实质是集群企业创新优势的加和或倍增形成集群整体创新优势。产业群的整体优势体现在其产业价值链中每一企业的竞争能力，构成产业群的大量经营内容多样、规模不一的企业创新愿望强烈，企业之间联系紧密，交易频繁，在这些经济区域内高效流动的信息成为创新的重要来源，信息来源渠道广泛，流动形式多样且不拘一格，这些经济区域所在地政府机构为区域内企业的发展提供优惠的政策和宽松的经营环境（胡志坚、苏靖，1999）。由于创新的复杂性和不确定性、产品生命周期缩短、需求追求个性化等原因，创新从过去线性模式向非线性、复合模式转变，单个企业难以在价值链的各个环节保证创新的成功率，而集群内企业通过相互合作、相互学习，创新的基础和条件都优越于单个企业，形成一种持续的路径依赖（魏守华、赵雅沁，2002）。同时，集群企业的竞争产生“内卷”效益迫使企业不得不提高质量和服务，以获得高于行业平均水平的利润率。

集群式创新与创新集群不同，集群式创新是指企业在地理上的集中分布为企业之间的合作创新提供了条件，在一个产业集群当中通过合作创新从而获得创新成果的一种创新形式；而创新集群是指多个企业为了共享创新平台或者创新成果而形成的集群。集群式创新是在协同竞争、优势互补以及资源共享的基础上进行的。因此，对于缺乏雄厚实力的中小企业来说，在集群式创新的帮助下，它们同样能够获得重大技术突破，并且有利于减低创新的风险（夏洪胜、张世贤，2014）。

（5）国家创新系统理论。认为技术创新不仅仅是企业家的功劳，也不是企业的孤立行为，而是由国家创新系统推动的。国家创新系统理论侧重分析技术创新与国家经济发展实绩的关系，强调国家专有因素对技术创新的影响，并认为国家创新体系是政府企业、大学研究机构、中介机构等为寻求一系列共同的社会经济目标而建立起来的，将创新作为国家变革和发展的关键动力系统。国家创新系统是参与和影响创新资源的配置及其利用效率的行为主体、关系网络和运行机制的综合体系，在这个系统中，企业和其他组织等创新主体，通过国家制度的安排及其相互作用，推动知识的创新、引进、扩散和应用，使整个国家的技术创新取得更好的绩效。

相应的产生了政策工具理论：创新政策的研究主要基于政策工具理论，该理论核心是如何将政策意图转变为管理行为、将政策理想转变为政策现实，研究内容主要集中于政策工具的分类、选择和评估等方面；其对政策研究有重要的意义：一是该理论为政府选择、制定与执行政策提供了理论基础；二是它的引入使得政府政策能够落实到操作层面以检验其效果。

1.1.2　创新理论与管理学

提出管理创新是充分利用技术领先优势的必要条件，它通过改变组织结构、过程和实践从而持续保持企业获得竞争优势。Stata 首先提出，管理创新是企业发展的瓶颈，指出管理创新是企业对新事物的引入与改造。Hamel 认为，管理创新是对传统管理原则、流程和实践的明显背离，或是对惯常组织形式的背离。管理创新的目标是提高企业的经营效益，降低交易费用，减少相关成本，缓解组织间的摩擦，最终实现企业的组织目标。夏洪胜和张世贤（2014）提出企业进行管理创新的动力来源于对高效率和高效益的追求和应对环境变化的一种能动性措施，管理者根据内外部环境的变化而对企业的管理理念、组织、方法手段以及模式等进行相应的变革，以创造出某种新的更有效的资源整合范式，从而实现企业管理系统综合效率和效益的不断提高。

（1）制度创新。企业最基本的制度包括：企业财产制度、企业法人制度、企业组织制度和企业管理制度。制度创新，就是实现企业制度安排的变迁，通过调整和优化企业所有者、经营者和劳动者三者之间的关系，使各方面的权利和利益得到充分体现，是为了实现管理目的，将企业的生产方式、经营方式、分配方式、经营理念等规范化设计与安排。不断调整企业的组织结构，修正和完善企业内部的各项规章制度，使企业内部各种要素合理配置，并发挥最大限度的效能。制度创新把思维创新、技术创新和组织创新活动制度化、规范化，同时又具有引导思维创新、技术创新和组织创新的功效。它是管理创新的最高层次，是管理创新实现的根本保障。

戴维斯和诺思认为，“制度创新”是指使创新者获得追加利益（潜在利益）而对现存制度进行变革，通过这种变革建立起某种新的组织形式或经营管理形式。例如：股份公司的出现，工会制度的产生，国营企业制度的建立等。并指出制度意指“一系列被制定出来的规则、服从程序和道德、伦理行为，具体包括企业组织形式、产权结构、管理体制以及市场机制”。技术创新的时间依存于物质资本的寿命长短，而制度创新则不受物质资本寿命长短的限制；同时技术创新往往是技术上出现某种新发明的结果，而制度创新则往往是企业组织形式或经营管理形式方面出现某种新发明的结果。

制度可以被理解成关于如何协同分工的人们的知识的载体，由于制度所物化的知识共享于在同一制度中分工与协调着的人们，每个人事先就能知道其他人对他的行为会做出的反应，这就大大减少了个人决策中的不确定性，即制度的功能在于它能够降低交易成本（汪丁丁，1992）。如目前我国实施的供给侧改革，供给侧结构性改革不是单纯的结构调整问题，而是以体制改革为治本之策，通过体制改革，实现科技创新、管理创新、营销创新。

（2）商业模式创新。商业模式创新区别于企业传统的产品创新、市场创新和技术创新。商业模式是一个用于识别企业如何创造、交付以及获取价值的一个概念框架，它包括一整套集成的组件，这些组件可以被看作是获得创新和竞争优势的机会。新的商业模式出现有两种不同的基本途径，一是以新企业形式出现的全新的商业模式，此时商业模式创新的过程表现为拥有新模式的新企业的创业过程；二是在原有企业的基础上发展演变而成的新商业模式，这种商业模式创新的过程表现为企业内部旧模式被替代，新模式逐步形成发展的过程。因此，商业模式创新的驱动力分为外部驱动力（技术驱动力、需求驱动力、竞争驱动力、政策驱动力）和内部驱动力（企业家精神等）。

商业模式创新随着时代的进步，越来越受到企业的重视。商业模式创新的本质由多个要素构成的，并且在多个要素之间协调变化的动态创新过程。商业模式创新既包括新技术推动的创新，也包括以满足客户需求为驱动力的新产品和服务。消费者需求更加的个性化、自主化、复杂化。也有学者在研究商业模式创新时过分强调了企业外部驱动因素的影响，而忽略了企业的内在动力。值得注意的是，信息技术革命为商业模式创新提供了更广阔的空间。数字化成为新时代发展的主题，促使企业的生产经营方式也将发生翻天覆地的变革。计算机辅助生产实现了生产的标准化和规模化，网络交易的实现有效地降低了社会交易成本，从根本上促进了企业与组织结构的深刻变革。

而对创新成果的评价则产生了创新绩效评价体系的研究。李曼（2007）借助平衡记分卡理论模型从战略目标、运营效率、产品和服务客户价值、商业模式财物价值四个方面建立了商业模式创新的评价指标体系。对于商业模式创新的研究还在不断深入，而对其绩效的评价是重要问题。商业模式创新要注重结合企业自身的实际，综合各方面因素进行创新，不可照搬照抄。

（3）学习型组织理论。1965 年佛瑞思特教授在其书《企业的新设计》中首次提出“学习型组织”这一概念，提出学习型组织具有组织结构扁平化、组织信息化、组织更具开放性、终身学习等特征。其学生彼得·圣吉 1990 在其书《第五项修炼——学习型组织的艺术与实务》中指出现代企业所欠缺的是系统思考的能力，使很多组织无法有效学习。其强调的学习型组织必须进行的五项修炼技巧为：①自我超越。没有个人学习，组织学习就无从开始。因此，首先要建立个人的“愿景”，即一种内心真正关心的事，可以是一个特定的结果、一种期望的未来景象或意象，也可能是物质上的欲望，或是个人对健康、自由、诚实等方面的追求，或对社会贡献大小的愿望等。其次，要实现个人愿景就要不断自我超越，必须认清企业所持愿景与目前真实情况之间的差异，从而产生强大的创造性张力，克服那些把企业拉回原点的结构性冲突；②心智模式。即人们心中根深蒂固的对周围世界如何运作的印象和假设。对组织管理者而言，进行心智模式的修炼需要运用“未来情景法”强迫自己思考未来各种情况下如何管理组织，并借助系统管理工具以及“微观世界”中的计算机模拟能力来不断检视反思自己心智模式中存在的问题；③共同愿景。是一个组织内所有个人愿景的提炼和升华。组织内的每一位成员通过不断超越自我的终身学习，通过不断改善心智模式达到彼此开放而诚实的交流，最后达成你愿中有我愿，我愿中有你愿的共同愿景，令组织成员更加欢欣鼓舞、团结一致地朝着共同的目标协议奋进。④团体学习。是建立在“共同愿景”基础上的，发展团体成员整体搭配与实现共同目标能力的过程。“深度交流”和“讨论”是实现团队学习的有效手段，深度交流是自由和创造性的探究复杂而重要议题的过程，先暂停个人主观思维，彼此用心聆听；讨论则是提出不同的看法，并加以辩护。通过这种敞开心灵的交流和讨论，才能打破个人内心的习惯性防卫，不断调整、引导团队成员的个人目标整合成团体的共同目标。团队学习的最高层次是将得到的共识转化为行动，进而建立起一种崇尚学习、崇尚创新的团队文化；⑤系统思考。是帮助企业全面掌握事物整体情况，了解事物逐渐变化的形态而非一个孤零的结果，是对事物的动态进行分析、对其干预，一段时间以后效果开始显现。

1.1.3 创新理论与社会学

（1）企业创新文化理论。提出文化是企业的灵魂，是企业发展的软实力，不同企业在技术创新上的不同表现，归根到底是企业间的文化差异造成的。创新文化是一种初始方式，在某一特定时期为了满足创新思想数量最大化的需要而培育的一种行为模式。创新文化构成要素包括内在价值观、外在行为制度两个部分。内部层次主要是从价值观、信念和宗旨对文化进行描述；外部层次从行为、制度等具体表象对文化进行描述。夏洪胜和张世贤（2014）提出文化不仅仅是企业的一个构成和要素和支撑，已经成为企业竞争力的重要组成部分。因此，企业需要构建自己的文化竞争力。而“独树一帜”才能在文化竞争力拥有优势。

（2）创新人才学。企业之间的竞争归根结底是人才的竞争。人力资本逐渐发挥越来越重要的作用，逐渐超越物质资本和自然资本成为第一资本。创新人才能够孕育出新观念，并能将其付诸实施，取得新成果。从广义上看，创新型人才是指那些具有经验、知识、信息，并将其融合运用到实际中，能够对行动目标有效地进行整理、判断、创新的人。对企业来讲创新型人才有两个主要来源，一是积极引进，二是企业培养。这就要求企业的领导者善于发现那些具有创新思维、有巨大创新潜力的人才，然后制订培训计划，有步骤、有目标的进行培养，安排他们到关键岗位进行锻炼。

①企业家：企业家资本作为企业中最特殊的人力资本，对企业发展发挥着巨大的引领作用。Politis（2005）指出，企业家的认知与能力在其职业生涯过程中不断的磨炼和改进，不断地培养出新的认知与技能。约瑟夫·熊彼特就指出，企业家是从事“创造性破坏（creative destruction）”创新者。彼得·德鲁克也强调企业家精神的核心是创新。经济学家查德·坎蒂隆和富兰克·奈特认为，“没有甘冒风险和承担风险的魄力，就不可能成为企业家”。我国的经济发展步入新常态，创新驱动成为第一动力，面对前阶段经济增长内生动力不足的局面，除了应保持有形的要素资源投入，更需要激发企业家精神这种十分稀缺而潜力巨大的无形资源要素，提升创新的活力与动能，优化要素资源配置的总体效率，开创全要素生产率、引领新常态的新局面。企业家不仅是创新活动的参与者，更是引领者，通过建立新企业、创造新模式、运用新技术、制造新产品、开拓新市场，在不断提升企业核心竞争力的同时，也推动着全社会新技术、新产业、新业态的蓬勃发展，并应成为冲破旧体制束缚、克服利益固化藩篱、贯彻落实创新发展战略的主力军。②信息的“猎鹰”，为使企业的创新与市场需求相吻合，企业需要能及时获得市场

需求及其变化的信息、市场竞争的信息以及相关领域技术进展与政府政策调整的信息的企业人员。③创新构思者，往往是富有创新意识、独特思维的科学家或工程师。④技术攻关者，具有较高专业修养和技术能力的专家，善于解决创新中的技术难题，甚至能够为企业设计全新的产品与制造流程。⑤项目管理者，对具体的创新活动进行计划、组织和协调，有较高的技术水平、管理能力和丰富的经验，能有效推动项目的实施，并善于把不同类型的人组织起来完成创新任务（雷家骕，洪军，2012）。

（3）认知理论。认知科学理论已成为现代“知识创新型”组织理论的一种重要组成部分（龙飞，2014）。认知在很大程度上被认为是“信息处理”。支配当时认知行为的传统客观认知理论认为：世界是预先给定的，是客观存在的，人脑不过是一张白纸，任何认知的目的就是最为精确客观的描述或摹写这个世界，认知学习仅意味着个人通过吸收新的经验来更全面、更客观的认识外部环境。而现代系统认知理论认为：世界并没有一个有待描述的预先给定的状态，认知不是主体与客体两个环节之间直接的关系，而是主体、客体和客体被主体认识的部分（即认知背景）这三个环节之间的关系，人们在通常情况下会认为是“主体认识了客体”，但事实上是“主体认识了作为自身某种认知背景下的客体）。因此，知识具有对认知主体特定的认知背景的历史依赖性，认知主体头脑中的潜在知识存量和知识结构对于他当前的认知活动起决定作用，而且不同认知主体之间的知识是不同质的，其知识共享水平要受到不同认知主体认知背景差异程度的影响。类似的，Qin 和 Lowe（2021）[①] 提出人的行为是受到所处环境的影响，即“Situational Self”理论，认为环境可以影响人的认知行为。

（4）知识螺旋理论。野中郁次郎（Ikujiro Nonaka）等 1989 在《创造知识的企业：日美企业持续创新的动力》提出的，知识形成始于组织中个人的内隐知识，经由四种转换模式（社会化、外在化、集成化、再激发）的互动，逐渐从知识本体层次向组织较高层次上升而扩大，进而创造组织共同认知的知识。这个过程是由个人的隐性知识向有组织的、显性的知识转移与提

---

① Qin Y, Lowe J. Situational selves of online identity and rationality in choosing - More examples of the college students' online identity in China. Culture & Psychology. 2021; 27 (4): 612-631.

升的过程，呈现螺旋式的上升形态。组织创新知识的五个阶段包括：分享暗默知识、创造概念、验证概念、建造原型、转移知识。丰富且未加利用的知识蕴藏在个体的头脑里，必须首先在组织内将其放大，自组织团队所共享的暗默知识是以一种新概念的方式被变换为形式知识，即知识的表现化过程。进而在第三阶段，组织通过验证决定新概念是否真正值得通力坚持下去，如果得以放行。概念在第四个阶段被转换为原型，它原则上可以是“硬性”产品开发的原型或“软性”创新形式，如企业新价值观、新型管理体系，或有创新的组织构架出现的运营机制。在最后阶段，将所创造的知识扩展，例如，将在某个部门创造的知识传递给部门内的同事，传递给其他部门的人员，甚至传播到组织的外部，即“知识转移”。暗默知识和形式知识这两种知识螺旋彼此随时间相互作用，创新便伴随这些螺旋过程源源不断地涌现出来（竹内弘高等，2006）。

同时，知识创造需要实际的情境，即“场”：分享、创造及运用知识的动态的共有情境。“场”为进行个别知识转换过程及知识螺旋运动提供能量、质量及场所，新知识是通过既有知识的含意和情境的改变创造出来的。“场”的参与者将自己的情境带进来，并通过与他人及环境的互动，“场”的情境、参与者及环境会发生变化。“场”与其说是一种组织形式，不如说是对含意创造进行组织的方式。企业可以被视为各种“场”的有机配置，在“场”里，人们基于所具备的智慧彼此互动，同时与环境发生相互作用。人在不同环境会呈现出不同的认知状态，即人的行为会受到周围所处“场（situation）”的影响（Qin 和 Lowe，2021）①。“场”并不局限于一个组织的内部，它可以跨越组织的边界。组织可以与供应商以合作的方式、与竞争对手以联盟的形式，或与客户、大学、当地社区或政府以互动关系的方式创建各类的“场”。组织成员通过参与“场”对其组织边界进行超越，进而在一个“场”与另一个“场”联结时，即可以超越该“场”的边界。有效的知识创造取决于促进情境（enabling context），是一个可以在组织成员中培育不断涌现的关系的共有空间。这种组织情境可以是实际的、虚拟的、精神的或最可能三者

① Qin Y，Lowe J. Is your online identity different from your offline identity? – A study on the college students' online identities in China. Culture & Psychology. 2021；27（1）：67 –95.

兼备。知识是动态的，互相关联的，并且是基于人类行动的，它随所涉及的情形及人员，而不是绝对真理或确凿事实而定。管理者需要牢记的是，与信息和数据不同，所有的知识均视具体情境而定，可以说知识扎根在“场”里，并且支持知识创造的全过程需要必要的情境或知识空间。知识促进包括对各种关系和交谈的协助，以及对跨组织或超越地域及文化边界的局部知识的共享。然而，在更深层次上，它取决于组织内情感知识（emotional knowledge）和关爱等新意识，凸现人们如何对待他人并且怎样鼓励创造性，乃至于幽默。

1.1.4 创新理论与生态系统理论

（1）创新进化论及协同创新理论。纳尔逊（R. Nelson）和温特（S. Winter）在生物进化理论的启示下，创立的创新进化论，推动了技术创新和制度创新的融合，认为创新是一个系统总体的概念，包括生产、经营、管理、组织等方面的内容。在创新进化论的基础上，发展出了协同创新理论，是指企业创新相关要素有机配合，通过复杂的非线性相互作用产生单独要素所无法实现的整体协同效应的过程，同时表现在企业内部协同和外部协同。认为创新不仅涉及研究开发、技术管理、组织、工程、制造、营销、用户参与和管理及商业活动，还涉及政府、研发机构、中介组织、金融机构以及有助于创新的政策和制度（胡志坚、苏靖，1999）。

（2）创新生态系统理论。创新是企业竞争优势的重要途径，而生态的可持续性创新是企业长久生存的重要保障。创新生态系统的实质就是相互联系的创新组织及其支持环境，通过一定的机制相互作用、彼此影响，并在这种机制的作用下完成能量的循环和知识、信息的流动。在创新过程中，创新组织与其相关组织不断地产生联系和资源交换，并向网络化与系统化的新型组织模式不断进化。创新生态系统，如同生物系统一样，从要素的随机选择不断演变到结构化的社群。从系统的角度，企业不再是单个产业的成员，而是横跨多个产业的生态系统的一部分，在一个生态系统之中，企业在创新中不断发展提升能力，并依赖合作与竞争进行产品生产，满足客户需求并最终不断创新。“生态系统”概念的提出体现了研究范式的转变，由关注系统中要素的构成向关注要素之间、系统与环境间的动态过程转变（梅亮等，2014）。

协同创新理论与创新生态系统理论区别在于，虽然都是把复杂的因素整合进行系统考量，从而提高整个系统的效率，但是协同理论强调把复杂系统变为有序的系统，而生态理论则关注各个关系的不同，在不同中互相竞争，并取得创新。协同创新往往有一个共同的目标，而生态理论更强调不同部分之间的关系，可同时存在多个目标。协同创新理论更适合于宏观目标，而生态理论更符合各组织的开放式的微观创新。协同创新理论虽然归纳出了一系列要素，但只是把要素逐一列举，并没有对这些要素进行详细的分析，也没有对要素作用效果之间的相互关系进行定量研究，从而区分哪些是关键要素，哪些是非关键要素。

构建创新生态系统旨在破解当前创新环境下，技术创新的不确定性、组织自主创新能力的有限性以及创新资源的稀缺性三者之间的突出矛盾，来引导创新组织更好地利用外部资源来强化核心技术，以实现创新目标。另外，构建创新生态系统还可以从整体上提高创新网络的风险抵抗力和竞争力，所有系统成员最终都将从中获益。分析一个生态系统可以参照两个重要的维度，一是生态系统的物种多样性、个体数量的多寡，称之为生态的复杂性，这反映的是生态的生命力；二是生态协同的力度，这反映的是生态的价值创造能力（周文艺，2017）。

1.2　企业创新途径

对于创新途径的研究，通常分为技术创新途径和管理创新途径。技术创新是企业价值形成的决定因素，是企业竞争力的根本保障（“硬”创新）。管理创新主要是为技术创新营造良好的创新环境，使技术创新得以保障和顺利进行（“软”创新）。管理创新通过合理配置资源、提高组织工作效率、鼓励创新行为等手段。

1.2.1　“硬”创新

（1）技术创新能力。技术创新是在市场竞争中争取胜利的最稳健方式。

对于一个企业不仅有技术创新，而是要能不断的技术创新，形成促进企业技术创新的机制，从根本上提高企业技术创新的能力。技术创新能力来源于创新过程并且最终要运用到创新过程中去，过程就是创新能力的着力点。①培育企业主体技术创新意识；②正确选择企业技术创新战略；③建立完善的鼓励创新的激励机制；④以企业为主体、促进产学研有机结合；⑤营造有益于技术创新的政策环境。企业技术创新的目的就是以企业为主体，以市场位导向，在整个各项技术创新活动构建要素的基础上形成以及提升技术创新能力，建立起效率更高的企业运营系统，提高企业经济效益，实现经济的高质量增长。而在技术创新过程中最为关键的因素就是企业的技术创新能力，一个企业只有具备了良好的技术创新能力才更可能取得创新的成功，才更有可能成功的抢先占有市场来获取预期的收益，技术创新能力的形成与提升是每个企业实现可持续发展的基石。

（2）破坏性创新。克莱顿·克里斯坦森（Clayton M. Christensen）首先提出破坏性创新的概念，并认为是大企业失败的主要因素，他以创新的环境（Context）为基础，将创新的类型区分为满足高端市场需求的维持性创新和满足低端市场需求的破坏性创新。雷家骕和洪军（2012）定义破坏性创新为基于市场需求轨道与技术改进轨道，从未被满足的边缘消费者或低端市场出发，通过开拓新的技术、产品、服务、过程或商业模式，或者通过提供不同于原有技术产品的价值组合和性能组合，满足低端用户价值需求，实现向原有主流市场逐步侵蚀、并最终取代原有技术、破坏市场原有竞争规则、颠覆市场结构的创新。其路径包括：①破坏性的技术创新，立足于现有技术通过寻找适合于发挥该技术特点的市场，让颠覆性的技术创新在利基市场（被市场中占有绝对优势的企业所忽略的某些细分市场）或边缘市场应用，从而产生破坏性创新效果；②破坏性产品，能以更佳的性能或更低的价格取代已有的相似的产品或服务；③破坏性商业模式；④功能组合的创新；⑤客户市场细分；⑥开拓边缘市场。

（3）率先创新和模仿创新。与破坏性创新相似的“率先创新”，一般由行业中的创新领先企业主导。①率先创新战略向市场首先推出某一新产品可以在一段时间内享有一定的超额垄断利润；②以这种超额垄断利润为依托，确立该企业的领先创新者的市场形象；③领先者形象在某些方面可以为企业赢得一定的优于其竞争对手的竞争优势；④率先创新企业在技术开发方面领先一步，较之于其他企业掌握了产品的核心技术秘密，从而在市场上形成一种“技术壁垒”。但是同时，这些创新领先者承担着高额的开发费用和较高的新产品开发失败率，并且当其新产品在一段时间无法满足市场所有需求时，大量的模仿者则趁机潜入，使领先者不仅承担了财务风险，也同时承担了市场风险。

相比率先创新，模仿创新虽无法享受超额回报，但也有效回避了市场风险：①模仿创新进入新技术领域是在以往先进技术基础上的，有效地降低了技术的不确定性；②模仿创新享受了率先创新在技术方面的溢出利益，包括免费获得大量技术和成功经验，以及以远低于实际价值的价格购买到率先创新者的专利技术或许可，大幅节约了创新投资；③模仿创新通过“快速跟踪战略”模仿先导者，一般具有良好的商业前景；④模仿创新通过合法手段也能取得自主知识产权，获得法律保护，这是落后企业追赶先进企业的一条捷径。模仿创新不等于复制、抄袭，而是一种在前人技术基础上的一种创新行为。

孙晓华（2012）将技术创新一般分为渐进式创新（gradual innovation）和突破性创新（radical innovation）两种。进入 21 世纪技术创新的主流模式转变为颠覆性创新，其具有原创性、突破性和激进性特点。赵纯锋（2016）提出中国中小企业技术创新途径包括自主创新、模仿创新和合作创新。自主创新可以分为集成、原始创新以及再创新。技术基础条件好的企业可以开展集成创新，把各种现有技术有效集成起来，开发生产市场竞争力强的产品或者形成新兴产业。也可以引进消化吸收再创新，可以大幅缩短创新时间，降低创新风险。而最终目的是为了原始性创新，是最根本、最能体现智慧的创新。而模仿不是简单的抄袭，是在消化吸收的基础上逐渐掌握技术要领，并加以改革和革新。合作创新则是中小企业“借脑借力”获取外部知识和能力的重要途径，要建立由企业主导，高校和科研机构参与的跨界创新联盟，促进产学研用贯通，推进“二链”融合，尽快使科技创新成果转化为生产力。

我国学者吴晓波（1995）提出“二次创新”，指基于引进技术但囿于既有技术范式而沿既定技术轨迹发展的技术创新，并讨论了发达国家与发展中国家技术输出和技术引进的创新竞争关系。是一个引进吸收再创新的过程，是提高自主创新能力的重要途径，再创新就是再消化别人先进的技术后在其原有的技术基础上再加以改进，利用引进技术的后发优势实现比技术输出国更快的技术发展速度。并提出二次创新是一个积累的进化过程，包括模仿创新、创造性模仿、改进型创新，是一个量变与质变并存的多维过程，是一个从原有技术体系向新技术体系“学习”到新、旧技术体系相互竞争和“理解”的非线性过程，也是一个打破原有技术平衡态到形成新的技术平衡态的非均衡过程。二次创新的特点有：①目的性强，有目的地引进先进技术，进行消化、吸收、再创新，并应根据自身能力以及引进技术所处的阶段和水平适时动态引进；②渐进性，通过“掌握运行技术→掌握生产技术和原理→掌握设计技术→掌握设计原理（形成自主 R&D 能力）→开发改进型产品和工艺”的“反求工程”逐渐积累形成；③效率高，二次创新在技术上和市场上的风险比较低、开发成本低，有可能有效避免低水平重复研发。根据日本的经验，在引进技术基础上进行开发比完全自主开发节约 2/3 的时间和 90% 的费用。④具有可行性，由于是选择性的引进技术或工艺或产品，而且有技术输出国的示范，所以进行技术的工艺、产品都是由市场价值或市场潜力的（雷家骕、洪军，2012）。

（4）开放式创新。与封闭式创新的研发创意、产品开发设计、产品生产与市场功能都是内嵌于企业自身系统完全相对，开放式创新认为有价值的创新可以从公司的外部和内部同时获取，其商业化路径可以从公司内部进行，也可以从公司外部进行。当今信息技术使得各种资源（创意、知识、技术、资产等）流动非常便捷，由此企业实施技术创新时可以同时有效的利用内部和外部所有有价值的创意，同时使用自身和外部两种市场通道，从而拓展企业创新的利润渠道。

（5）价值链创新。提出基于企业价值链和顾客分析的创新过程，认为，顾客对商品价值的评价与取向是企业进行价值创新的根本出发点，两者是一个统一互动的过程。通过企业价值链分析与顾客价值分析，企业可以产生创新构思，并组织相关人员进行研发（惠彩红，2005）。企业的创新行为以技术创新为主线，技术创新在企业价值创造的不同阶段中的不同，在上游价值链增值过程中，技术创新主要是寻找良好的信息管理工具，降低采购的成本及维持与供应商的良好关系。在企业价值的内部创造过程中，技术创新在产品研究开发阶段以产品创新为主，目标是改善产品性能或丰富产品种类，以提高产品的价值；在产品制造阶段主要以工艺创新为主，目标是提高产品质量与生产效率，以降低产品的成本并部分增加产品的价值；在企业的下游价值链的创造过程中，技术创新主要是通过计算机信息工具的使用，合理配置商品的流通，加强与顾客的沟通，一方面提高销售的效率和效果，另一方面从顾客的信息反馈中得到新的创新构思。

（6）金融体系支持创新。信息时代，信息的传播方式从“链式”传播转为“网络矩阵式”，市场主体收集和传播信息的费用大幅下降，弱化了银行在信息集中方面的规模优势。在信息处理方面，智能化的信息分析软件和集成化的各类分析模型，又弱化了银行在信息处理方面的专业优势（尹龙，2005）。吕峻和胡洁（2021）提出从系统性角度构建创新金融体系，创新金融机构需要具有更加专业的服务能力（包括识别评价技术前景和商业价值、为企业提供更加专业的增值服务）、更高的容错机制和更加创新的金融产品；改善银行创新融资环境，推动专业性银行的发展。一方面，需要创造相对良好的创新融资环境（如培育专利市场，加强专利保护和债权人保护、适度提高银行业竞争度等）；另一方面，需要提高银行专业性（识别和筛选创新项目的能力）、转换银行的治理机制（如增加对创新企业贷款的风险容忍度）和创新金融产品（如投资联动）；对股票市场板块功能准确定位，加强证券机构投资者建设。证券监督部门为使股票市场更好地为创新创业服务，在扩大股票市场规模之时，需要准确为股票市场各个板块功能定位，同时加强专业性和价值型证券机构投资者建设；引导以风险投资为代表的私募基金高质量和规模化发展。监管机构可以参照证券公司分级分类管理经验，根据其法规遵守情况和市场表现等因素，加强私募机构分级分类监管和政策扶持引导，促使投资经验丰富、声誉较高的风险投资在私募基金市场占主流地位。洪怡恬等（2010）提出物流金融具有提高中小企业资信等级、减少中小企业融资成本、提高中小企业资金利用效率以及提高供应链运作效率等作用。物流金融通过中融通仓、物流银行、代客结算等融资策略和辅助融资策略实现企业融资方式多样化、减少业务风险等。中小企业应高度重视物流金融、创造条件开展物流金融，同时政府应给物流金融提供更加健全的法律保障和融资环境金融企业应积极开发相关业务，物流企业加强规范和监管，多方促进物流金融的发展。唐才旭和杜洪涛（2020）针对中小企业融资创新提出三条途径：一是基于核心企业供应链的金融创新平台，其核心是借助电子合同、电子发票技术以及网络大数据技术、区块链技术、物联网技术，通过证券化、标准化、可流转化的金融创新，将企业信息流、物流和资金流完美合一，实现供应链实时、低成本融资服务，从而极大便利中小企业融资，激发经济活力。二是基于政府/园区数字化服务创新平台，地方政府及园区通过采用区块链、大数据、物联网、电子发票、数字身份认证技术，实现企业精准画像，既是实现政府精准施策，推动园区新旧动能转化，促进高质量发展的必然要求，也是协助中小企业高效融资，帮助企业改善运营管理的重要手段。三是基于银行中小企业信贷服务的创新平台，银行借助大数据、区块链、物联网及电子发票技术和数字身份认证技术，核心是给予中小企业精准信用画像，构建低成本低风险的贷前评估、贷中监控、贷后实时跟踪的全天候信贷信息服务系统，打造中小企业批量、快速、低风险融资的新模式。

1.2.2 “软”创新

（1）商业模式创新。新的市场假设正在取代旧的市场假设，旧的商业模式也在向新商业模式转换。现代企业处于数字经济的背景下，中小微企业数量剧增，市场竞争压力大，企业的职能和模式不再单一，往往采用综合、融合和新型商业模式的企业才能更好地进入市场或扩大市场份额。从创新角度看，企业的经济发展在经历了要素驱动与投资驱动两个阶段后，进入互联网时代，商业的竞争形态和利润空间都发生了变化，商业模式越来越成为决定互联网企业绩效的关键因素。传统的依靠技术的优势获取利润也越来越难，要想持续的赢利和成为行业的领先者，必须依靠资源的有效整合和系统的精细安排，即商业模式创新。

余来文（2014）提出五条实现商业模式创新：①微创新商业模式，改进和提升客户价值；②完善企业原有商业模式，实现企业创造价值的过程；③改良性商业模式，在原有商业模式上做一定的革新，对原有商业模式有所保留但也有所破坏；④完全的破坏性创新方式，创造出全新的商业模式，进而实现商业模式颠覆性创新；⑤通过再次创新使客户进一步认可企业，企业的价值及理念能够与时俱进，最终提升在客户心目中的商业价值。

（2）企业技术创新人才培养体系。不断培养企业创新型人才，并以适当的管理实践、组织结构和业务流程推动企业创新过程，是企业持续生存和发展的关键。造就一支高素质的企业家阶层和科技人才队伍，大力开发和利用国内外智力资源。并提出科技人员实现技术创新利益的途径：技术入股、技术成果提成、技术持股、引入合同机制。事先约定单位与个人的权益、风险和责任；改变职务技术成果产权归属的硬性规定，鼓励科技人员以多种形式参与研究开发；技术有偿转让和使用；科技奖励等。张秋玉（2013）提出在新经济时代的环境下，“以人为本”是人力资本管理创新的基础，首先需要培养企业的专门人才，让企业的每一个员工都成为专门的人才，加强对员工的培训，提高员工的专业技能；其次管理人员应将员工看作一个整体，关心员工、尊重员工、理解员工，将员工的利益与价值和企业的利益与价值挂钩，尊重员工的诉求，提高企业的凝聚力。实施知识管理，即为企业知识创新提供便利，建立员工参与以及共享的机制，将集体的智慧运用起来，提高企业创新能力。刘爱丽（2015）强调企业在进行业绩管理的时候，必须始终坚持“以人为本”的管理理念，促使员工能够积极地参与到企业的管理活动中来。必须制订出完善的业绩管理计划，并及时地对员工的实际工作情况进行评估考核，并促使其内部的考核制度能够不断地向着科学化的方向发展，制定合理的奖罚机制，并将该机制充分地运用到企业业绩管理的全过程中，进一步促使企业良性发展。

（3）企业家精神创新。熊彼特指出：“经营者只有在从事创新活动时，才能成为企业家。”而企业家的主要标志就是进行创新。企业技术创新虽然依靠骨干员工以及每一个员工。但是，没有自企业高管管理者开始的由上而下对创新的倡导、鼓励、推动，没有自企业最高管理层开始的由上而下的对创新机制和环境的营造，员工不可能有心创新，建立创新企业也是不可能的。影响经营决策水平高低的是经营者的创新竞争、创新观念、创新思路。即企业全面创新能力，经营者只有在不断、全面的经营创新中才能成为企业家。企业也只能在企业家的创新经营中才能进步、发展，才能在竞争中利于不败之地。

（4）企业文化建设创新。创新是人或组织的一种成长和自我超越的本能。改变企业目前的文化建设现状，提高企业文化建设水平，培养企业精神，增强企业凝聚力，把创新这一价值观深入到每一个员工的心中，并内化为员工自己的价值观念。王剑峤（2013）提出只有在企业内部创立并完善富有创新精神的企业文化，才能建立企业技术创新人才体系提供有力的基础性保障，包括：培育技术创新人才的创新价值观、提倡沟通与员工参与、建立企业学习型组织。周景勤（2010）提出积极营造企业创新文化环境，创新具有极大的风险和不确定性，并且需要大量的前期人才投入、资金投入及技术支撑，这会给创新者造成很大的心理压力。因此，一个支持创新，不惧怕失败、宽容失败的组织氛围对激励创新是至关重要的。学习型企业相对传统科层制企业，具有结构扁平化、信息化、开放性的特点。林聪（2005）提出学习型的创新文化以现金的文化理念为核心，充分尊重人的价值，调动每个员工自主学习的精神、创造潜质和主人翁责任感，在企业内部形成一种强烈的价值认同感和巨大的凝聚力，激发员工的积极性，并通过制度安排，实现员工在企业统一目标下的自主经营和自我管理，进而形成企业创新的动力和创新型管理方式。

（5）组织创新。组织创新可以从三个方面进行：组织结构与权责分配的创新；组织的任务与流程的创新；组织中人员、观念与文化的创新（李莉，2005）。企业的发展变现为自身价值的增大、规模的扩展，竞争优势的凸现等方面，而组织创新的目的正是增大企业价值或改善组织效用。冯跃英等（2008）提出针对中小企业组织创新的途径包括：一是实现扁平化的组织结构，其竞争优势在于不但降低了企业管理的协调成本，还大大提高了企业对市场反应速度和满足用户的能力；二是从精神和价值、制度和战略、行为和策略三个层面进行优化管理机制的设计。在精神机制层面，在权衡内外文化环境的影响基础上，管理创新机制的作用是触发组织精神和价值基于创新的变革。在制度战略层面，在权衡战略取向的基础上，管理创新机制的作用是触发组织内要素的重构以形成创新导向的组织构架和制度。在行为策略层面，在权衡个体收益的基础上，管理创新机制的作用是触发创新推动和创新利益团体的形成；三是培育企业文化，实行文化管理。

William Davidow 和 Michael Malone 认为虚拟企业是由一些独立的厂商、顾客甚至同行的竞争对手，通过信息技术连成的临时的网络组织，以达到共享技术、分摊费用以及满足市场需求的目的。虚拟组织突破了组织之间的有形界限，基于共同的目标，在信息技术的支持下，相互共享知识和更好地满足消费者的需求。包括如虚拟制造：主要将产品的生产只能外包给第三方，其价值在于能够将企业的资源集中在自己擅长的领域。战略联盟：组成战略联盟的企业之间一般将具有某些关联性比较大但又不共享的资源，如产业链上的“供、产、销”联盟。徐和平等（2002）提出通过虚拟企业既是知识创新的提供者，同时也是知识创新的需求者。在虚拟企业中，技术联盟是最常见的、成功率较高的一种方式。同时知识的创造和扩散机制会影响虚拟企业的效率，进而影响虚拟企业中各成员企业的合作方式和合作模式。采用知识链方法对虚拟企业中的知识扩散流研究后，将虚拟企业中知识扩散方式分为传播扩散型、培养指导型和互动创造型，同时应加强虚拟企业中成员企业知识特别是隐性知识的交流与共享（夏洪胜、张世贤，2014）。

建立知识创新型组织：知识创新型组织已经不再只是一台机器，而是一个活生生的有机体、组织就想一个人一样，有自己的独特的个性和基本目标，这就是组织的“自我认知”，即组织所代表的含义、组织将向何处发展、组织希望在什么样的环境中生存以及最重要的是如何创造这样的环境，组织成员所持有的共同看法或组织共享的心智模型。因此，知识创新型组织既追求创意，也追求理想，它激励着组织不断创新。创新的本质就是按照一种特别的远景或理想来重塑世界，知识创新实际上意味着一个连续不断的过程，在这个过程中，组织和组织中的每一个成员都在不断更新。在知识创新型组织中，知识创新并不是研发、营销或战略规划部门专有的活动，而是一种行为方式，一种生成方式，在这种方式下，组织成员个个都是知识的创造者，也就是所谓的企业家。因此，在知识创新型组织中，管理者的主要工作就是为这些知识创新型的“企业家”创造一个知识共享的环境，使他们能够相互交流，不断对话，促进反思，然后把其中一些有价值的思想统一起来，形成新的组织集体的智慧。

类似的，建立学习型组织：学习型组织是由若干学习型团队组成，通过个人学习与团队学习使组织由一个被动的机械体系变革为一个主动的生态系统，与时俱进，不断创新。其将管理的基点由外在的制约转变为通过学习调动其成员的内在潜能，又通过团队学习，形成基于成员个人目标的共同愿景和默契合作，从而形成组织整体的竞争力。其管理方式转变英雄式观和命令式领导方式，树立领导是学习型组织的设计师和善于进行启发、引导、辅导的新型领导观。在这种集体英雄式的领导下，员工都能参与企业决策，从而大大激发员工的创造热情，使企业迸发出无尽的生命活力。通过树立共同目标，变他律为自律，使每个人在学习和工作中不断实现自我超越。企业本身也在组织学习的过程中不断的学习新知识，掌握新技能，通过调适自身机能来适应外在环境变化，从而形成企业持久的竞争力。成功的学习型企业应具备：①终身学习的理念和机制，重在形成终身学习的步骤；②多元反馈和开放的学习系统，重在开创多种学习途径，运用各种发放引进知识；③形成学习共享与互动的组织氛围，重在企业文化；④具有实现共同目标的不断增长的动力，重在共同目标不断创新；⑤工作学习化使成员活化生命意义，重在激发人的潜能，提升人生价值；⑥学习工作化使企业不断创新发展，重在提升应变能力。

（6）集成创新。江辉和陈劲（2000）提出企业集成创新的战略模式，构成技术集成层面、知识集成层面、组织集成层面三个组成部分的分析框架。其中技术集成的主要指标包括：技术系统匹配度、技术系统冗余度、技术系统中自有核心技术、对世界领先水平产品的技术选择水平、与同行业对比的成本水平、产品主要功能与辅助功能所占比例等。体现知识提出的主要指标为：“T”形人才充足度、有先期项目经验的项目人员数占项目人员总数比、技术带头人或项目负责人的多技术开发项目年限、技术文档充足度、技术文档使用程度、项目正式研讨的每月频度、非正式研讨的种类等。根据组织集成“实现沟通”特性，其指标包括：研发部门与营销部门交流程度、研发部门与制造部门交流程度、制造部门与营销部门交流程度、企业与用户交流程度、企业与供应商交流程度、企业与高校研究所交流程度、个人工作之间“日常”交流程度等。颜永才（2015）提出构建产业集群创新生态系统，其主体包括地方企业、地方政府、中介组织、公共机构、金融机构、大学及科研院所。认为产业集群创新生态系统是一个远离平衡态的开放性自组织系统，在外界环境不断变化与系统内各创新组织的非线性冲击下，创新生态系统自发的由无序向有序或者由有序向更加有序状态转变，并给出了平衡条件：集群内创新组织之间必须保持一定的差异性，不能完全同质；集群内必须形成功能完善、分工协作的创新网络；产业集群创新生态系统要保持与外界的物质交流和信息交流，形成开放型的生态系统。

（7）大数据时代的企业创新策略。大数据时代背景下，企业可以运用的数据主要是海量公司信息和客户信息，如果通过改革创新企业管理模式对这些数据进行合理有效的运用以追求为企业带来最大的商业价值。李斯琦（2021）提出首先，提升管理人员对数据商业价值的认知，将大数据与企业管理充分融合，同时定期开展大数据培训活动，提升工作人员运用大数据的能力。其次，企业在对管理模式创新时，要对信息采集、处理的时效性进行充分考虑。为了让大数据和企业管理充分有效的融合，企业应当加大在技术、硬件设施上的投资。最后，加大培养大数据人才，包括市场营销知识、数据分析整合处理能力、企业运营管理综合素质。

另外企业电商化，也被称为“电子改造”，企业的流程不得不搬到互联网这一新的空间，迫使企业面对电子改造的机遇和挑战。企业再造不是对于现存企业结构进行修补，或者在基础结构不动的情况下逐步改变，不是“打补丁式”的维修，不是应急式临时修补现有的企业制度。再造的含义是废弃长久建立的工作程度，重新审视能为公司创造产品或服务、能为客户创造价值所必需的工作。

☞ 案例思考

“事半功倍”的家族企业

那么家族企业真的缺乏创新吗？如果家族企业缺乏创新，可为什么不少家族企业能够成为行业内创新的佼佼者呢？其实，对创新的投入少并不意味着家族企业缺乏创新。事实上，虽然家族企业对于创新的投入相对来说较少，但是当家族企业一旦决定进行创新，他们往往能够以较少的投入，实现相比于非家族企业更高效率的创新。Duran 等（2016）的研究指出，家族企业的创新具有投入少、产出多的特点。他们认为，与规模相似的非家族企业相比，家族企业确实在创新的投入上较低，但与此同时，家族企业在创新投入到创新产出的转化过程中拥有更高的效率。虽然受到规模和资金的限制，但一些家族企业通过灵活地利用自身资源和家族企业的特点，实现了以较少的创新投入获得较高的创新产出。

Clarks 公司是英国标志性的家族企业，和其他英国的家族企业一样，他们有着传承时间长、比较保守的特点，但他们在制鞋方面的创新却独树一帜。Clarks 公司由企业家兄弟 Cyrus 和 JamesClark 于 1825 年创立，经历了七代的传承，Clarks 公司却依然风采不减，以在制鞋方面的创新享誉全球。Clarks 公司的创新是建立在其长期以来对技术的积累和重视上的。作为一家家族企业，尽管 Clarks 每年对于创新的投资有限，但公司自成立之初就有着对新技术的追求，始终处在制鞋技术的最前沿。1862 年 Clarks 制造了自己的 Crispin 缝纫机，1880 年开始采用团队系统工厂，1890 年使用蒸汽动力进行生产，1950 年使用计算机系统控制和记录整个业务的库存。近十年来，Clarks 选择英国 3D 打印机制造商 RPS 为其内部立体光刻技术提供服务和支持。与传统方法相比，利用 3D 打印机技术可以节省时间和成本，创造出更加复杂的设计，从而帮助公司塑造未来的鞋类开发和创新，比竞争对手更快地响应市场。如今，Clarks 已成为制鞋业技术创新的领导者之一，同两百年前成立之初一样，积极探寻着创新之路。

Herr's 是美国一家专门从事薯片和零食生产销售的家族企业，最初是 JimHerr 在 1946 年收购的宾夕法尼亚的一个小型薯片公司。通过一代代的创新与传承，Herr's 由一家小型的生产作坊成长为全球知名的薯片品牌，产品销往全球 40 多个国家。相比于行业巨头 Lay 等大型公司，Herr's 每年在创新中的投入是极为有限的。但尽管如此，Herr's 却从成立之初就致力于探索创新的产品和包装，不断改进烹饪的方法，以满足人们不断变化的口味和需求。如今，他们的年销售额已经超过了 2.5 亿美元，每年能够推出 5～10 种新产品，并且扩展 375 条生产线，其产品涵盖了包括薯片、玉米饼、爆米花、饼干、坚果等一系列小吃。Herr's 能在创新中取得杰出的成就，正是利用他们灵活小巧的特点，及时根据市场的变化调整创新的策略。

从烧烤口味到 Old Bay Seasoning 口味，Herr's 总是能够根据市场的需求进行创新，给消费者带来新的产品体验。与此同时，利用家族企业所有权和管理权重合的特点，他们能够在复杂的商业环境下快速地做出决策，从而快速地将新的产品推向市场。Herr's 的创新不仅仅局限在对产品的创新，他们还积极地对营销方式进行了创新。他们所开发的小吃工厂游览项目被《今日美国》评为最值得参加的视频之旅，每年吸引了超过 110000 名游客。

不同于 Herr's 利用其灵活小巧的特性和对市场的敏锐度进行创新，Borgers 凭借着家族企业的长期视角，放眼全球市场，不断提升创新能力，成为行业内创新的佼佼者。Borgers 是德国中小企业中的杰出代表之一，主要进行汽车零部件的生产和销售。德国的中小企业是德国经济的中流砥柱，他们主要由家族控制的中小企业组成。这些企业雇用了德国 79% 的就业人口，贡献了超过 55% 的经济附加值。但是规模不大，相对低调，不为大众所熟知，被誉为“隐形的冠军”。作为一家规模不大的中小企业，Borgers 专注于细分市场，将业务放眼全球。同时，他们精心规划设计长远战略而不是追求短期利益的最大化，始终坚持提升创新能力，开发出了如 Propylat、LowMass、Triflex 等一系列自主研发的汽车吸音纤维材料零部件品牌。与此同时，150 年来的长期经营给 Borgers 带来了稳定而又广泛的关系网络。在处理与员工、供应商关系方面，他们重视对员工的培训，同时根植于当地社区，以信任为基础创造了一系列宝贵的资源。Borgers 同全球几乎所有的汽车制造商都有紧密的合作关系，从最初汽车的构想到批量生产，Borgers 都参与其中。这为公司的创新打下基础，使得 Borgers 能够以最短的时间为每辆车创建智能个性化的解决方案。

余仁生（EuYanSang）是一家从事跨国中医药材和中成药制作与零售的家族企业，由创始人余广培于 1879 年在马来西亚成立，业务遍及美国、新加坡、马来西亚、中国等。作为传统的中医药行业，余仁生却并没有“吃老本”，而是积极地将传统与新时代的科学技术相融合，利用家族内部传承的默会知识，走出了一条创新之路。在 2000 年初期，公司就开始采用科学方法来验证中药成分的质量和功效，建立了全面的质量管理体系，成为香港第一家获得药品生产质量管理规范（GMP）认证的中药公司。此后，余仁生又自主研发了方便型药丸、胶囊、散剂等，成为行业内的领跑者。2009 年，余仁生与南洋理工大学合作，成立了新加坡第一个中医药实验室，促进中医药的创新研究。相比于国外传承数百年的家族企业，中国的家族企业传承时间较短，但也不乏有一些优秀的家族企业在有限的资源下不断创新，成为行业内的领头羊。方太集团是中国本土厨电领域内的一颗明珠，作为家族企业，方太集团以其独特的创新而闻名，其创新模式甚至被称为“方太创新”。截至2019年7月，方太已拥有近3000项专利，其中发明专利数量超400项。从2001年的“式外观中国芯”塔形吸油烟机，到2008年的嵌入式成套化厨电，再到2015年的三合一水槽式洗碗机，方太没有照搬西方的技术，而是针对中国人的生活方式进行自主创新，一次次推动了中国厨房的消费革命，使其成为中国厨电行业当之无愧的领跑者。在企业成立的24年间，董事长茅忠群坚持“不上市、不贴牌、不打价格战”，放弃低端市场份额，专注于产品的创新和研发。面临的挑战根据毕马威《2018年全球家族企业调研－中国报告》，有77%的内地家族企业认为当前所面临的主要挑战是为保持领先地位的创新需求，家族企业只有求“变”、创新，才能够生存、发展已成为共识。但如何破解“能力与意愿悖论”，以有限的资源和创新投入，实现较大的创新产出，却是企业界和学术界面临的共同课题和挑战。

Clarks、Herr’s、Borgers、余仁生和方太等许多家族企业给家族企业的创新提供了有益的启示，但当前对于家族企业创新的理解还远远不够，家族企业内部的创新机制仍然是一个“黑箱”，对于家族企业如何实现“投入少，产出多”仍需要进一步探索。特别是对于中国的家族企业，他们长期扮演着中国制造的角色，对创新的重视不够，而且很多家族企业苦于资金和资源的限制，无法投资于创新项目，不得不陷入“价格战”的泥潭。如何帮助他们增强创新的动能，提高创新效率，加深对家族企业创新内部机制的理解，指导家族企业创新，帮助家族企业释放创新潜能，探寻中国家族企业创新的内部机制，以有限的资源实现更多的创新是当前的一个重要任务，需要企业界和学术界共同努力。

第2章

家族企业创新与企业发展

创新是企业培育持续竞争优势的重要举措，对企业持续成长和繁荣具有重要意义。随着创新驱动发展战略和“双创”战略的不断推进，创新在企业发展战略中的地位日益凸显，市场上的创新热情达到前所未有的高度。然而，家族企业作为保持中国经济高速增长的重要力量，却普遍存在创新投入不足的问题。家族企业是由家族与企业相互交融构成的复杂系统，家族力量作用于企业的形式多样性决定了家族涉入的多维性。创新是企业核心竞争力的源泉，经济新常态下家族企业对创新的重视程度直接影响企业的后续发展。家族涉入对家族企业的创新究竟是抑制作用还是促进作用？其背后的作用机制是什么？学术界对此尚未达成共识。因此，对现有研究进行系统整合，厘清家族企业的定义，多维刻画家族涉入；构建家族涉入与企业创新的理论框架，系统分析不同理论视角下家族涉入影响企业创新的理论机制及证据。这将有助于系统分析争论产生的原因，总结归纳出家族企业创新的影响因素，为家族企业创新研究提供理论思路。

2.1 家族企业创新提升企业竞争力

创新是企业长期生存、盈利和增长的基本动力，对家族企业而言尤其如此。家族企业所有权和管理高度集中，家族成为发展强大的社会关系而创造独特组织环境的最重要角色。技术更新换代的速度不断加剧，任何企业都无法拥有支撑企业创新的所有资源，通过组织成员间的互惠和信任关系提供资源的社会资本逐渐成为创新的重要来源，因为社会资本鼓励知识创造与整合。Arregle 等指出，基于企业内家族成员间关系的内部社会资本（例如，家族性社会资本）在塑造决策过程和企业管理实践方面发挥着重要作用。另外，非家族成员社会关系所构成的非家族性社会资本也对家族企业绩效存在积极的影响效应，特别是创新绩效。家族成员在一个有凝聚力的网络中和谐地工作和交流知识的能力可以带来创新，而一群紧密联系的非家族成员雇员可以提供家族中没有的专业技能，并可以获取有利于家族企业创新的更多异质资源。虽然有越来越多的证据表明家族性社会资本和非家族性社会资本均对企业创新存在积极影响，但其对创新的联合影响的研究仍然有限。组织过程通常源于不同社会群体之间的相互作用，而不同群体的目标存在差异性。家族企业尤其如此，因为家族成员与非家族成员在专业背景、动机和绩效期望方面可能表现出显著差异。因此，如果不考虑家族与非家族社会群体的共同作用，就无法正确理解内部社会资本对家族企业绩效的影响。

2.1.1 创新自我效能感

创新自我效能感是近 20 年才出现的一个崭新概念，它应用于创新领域，由自我效能感延展产生。首先，自我效能感这一概念是 Bandura（1977）基于社会认知理论产生的，指的是个体在组织中对自己能否实现任务目标的能力和信心做出评估，是一种主观上的判断。其次，Tierney 和 Farmer（2002）将创造力模型和 Bandura 的自我效能感观点结合在一起，提出了创新自我效能感这一全新的概念，将其界定为：个体既对自身的创新能力有自信，又对实现创新性成果有着强烈的信念。由此可见，个体对其能否实施创新行为的能力评估和信心评估是创新自我效能感的关键。再次，Yang 和 Cheng（2009）将创新自我效能感界定为是个体对自身拥有创新思维产生创新性想法并最终实现创新目标的能力的评估和信念。最后，顾远东和彭纪生（2010）将创新自我效能感界定为个体对自身在执行工作任务过程中能否产生创造性的行为和实现创造性成果的信念评估。

Kleysen 和 Street（2001）开发出五维度员工创新行为量表，但由于信度和效度的检验值未达到理想值，此量表未能得到广泛使用。黄致凯（2004）提炼出两个维度的员工创新行为量表，经过验证，具有良好的信度与效度。本研究则采用张振刚等（2016）等修订的单维度量表测量员工创新行为。

2.1.2 员工创新行为的影响因素

刺激员工实施创新行为的动力是学者们当前面对的重要研究议题，而推动力主要源于个体和组织两个方面。(1) 个体层面在个体层面影响员工创新行为的因素主要集中在人格特质、个体的动机、心理认知、态度等。Seibert 等（2001）研究发现，主动性人格能够显著预测员工的创新行为。苏伟琳等（2018）通过实证研究揭示了核心自我评价与员工创新行为正向相关。王艳子和罗瑾琏（2011）通过调研 258 名研发人员，实证检验了个人的学习目标取向正向影响员工创新行为。王雁飞等（2017）整合了积极心理资本理论和计划行为理论，研究发现心理资本对员工创新行为具有正向影响，心理安全感起到完全中介作用。(2) 在组织层面上，员工创新行为的影响因素聚焦在组织文化、领导因素、工作特征等方面。首先，组织文化能够影响到员工行为的导向。顾远东等（2016）以高新技术企业员工为研究对象，发现组织创新支持能够显著正向影响员工创新行为。朱颖俊和裴宇（2014）的研究结果表明差错管理文化能够促进员工创新行为的产生。其次，领导风格亦能激起员工的创新行为。方阳春和陈超颖（2017）的研究发现创新自我效能感正向调节了绩效薪酬与利用式创新行为的关系。李悦嘉和王世强（2016）通过实证研究证明了创新自我效能感在工作满意度和员工创新行为之间起到了正向调节作用。马琳（2018）以知识型员工为调查对象，实证检验了创新自我效能感正向调节外部奖酬与员工创新绩效之间的关系。

2.1.3 员工创新行为研究现状及内涵

"创新"最早出现在熊彼特 1921 年的著作《经济发展理论》。他从经济产出的视角来定义"创新"，认为创新即建立一种新的生产函数，将生产要素进行重新组合后投入到生产体系，从而尽可能取得超额利润，推动经济的发展。此后，创新得到了学者的广泛关注。究其根源，技术创新、产品创新、管理创新等不同创新形式，本质上都是员工的创新，员工创新行为是组织创新的根基。

学术界在员工创新行为的概念界定上研究成果颇丰，多从个人特质、过程或结果等角度对员工创新行为的内涵进行解释。Kinton（1976）从个人特质角度，认为创新者从心底里愿意改变现状，实施创新行为的过程是连续统一的。Kanter（1988）从过程角度，将员工创新行为分成三个阶段：第一阶段是发现问题并形成解决方案；第二阶段是寻求解决方案的认同者、支持者，并建立支持联盟；第三阶段是借助建模实施解决方案。Scott 和 Bruce（1994）则在 Kinton 所提观点的基础上，认为员工创新行为是以识别问题为起点，提出新构想并寻求支援，从而将构想付诸实践，最终产生新的产品或服务的一系列复杂过程。Amabile 等（1996）将员工创新行为定义为创造性想法的产生、推广和成功实施。Yuan 和 Woodman（2010）将创新行为看作一系列非连续且复杂的个体行为，创新活动包含新颖想法与构思的形成、引入并实际应用，从而创新性地解决问题。我国学者黄致凯（2004）、顾远东和彭纪生（2010）均认为创新行为可分成创新构想的形成和实施两个阶段。张振刚等（2016）认为员工创新行为是新颖想法的产生、推进和实施等一系列非连续活动的组合。总体来说，多数学者都从过程视角审视员工创新行为。本书研究认为员工创新行为是员工在工作过程中识别问题，提出新构想并推进、实践的过程。

国内外学者们普遍认为员工创新行为是一个划分为多阶段的过程构念，但启示了包容型领导对员工创新构想的形成和实施创新行为具有显著的正向影响。沈伊默等（2017）通过上下级配对调查，发现仁慈领导能够促进产生员工创新行为，内部人身份感知在过程中起到传导作用。吕霄等（2018）研究发现授权型领导对员工创新行为具有积极的正向作用。此外，工作特征对员工创新行为也具有重要作用。Amabile（1996）的研究表明，因工作负荷过大而带给员工的压力会抑制员工创新行为的产生。然而，因工作具有挑战性而带给员工的压力会显著促进员工创新行为的产生。Tierney 和 Farmer（2004）研究发现，挑战性的工作和拥有自主权的工作会激发员工的成就动机，真正理解工作的意义，从而更可能实施创新行为。

2.1.4　家族企业创新模式研究

从创新模式上看，企业增强创新能力的模式可以分为内部自主式创新和外部收购式创新两种。大型上市企业往往选择外部收购式创新的途径来增强企业整体创新能力，而小型企业受到自身规模和资金的约束多选择自主创新。有关企业并购对企业创新影响的文献多从两个作用渠道展开研究。一是选择机制，自身创新能力差的公司通过收购专业性强或拥有现成专利的公司来获取创新性；二是协同效应，当收购方与标的公司在生产和科技方面更加兼容时，并购行为会产生更大的收益。从选择机制角度出发，LiuT 等（2016）的一项研究发现，上市公司可以通过收购小规模、创新能力强的私营企业这一路径，提升其创新能力，并且通过这种“收购式创新”的效果至少与研发投资的效果相当。国内也有学者通过具体事例实证研究并购行为对企业创新的影响。从协同效应角度，于开乐（2008）。

以南孚集团对罗孚公司的并购为例，发现当目标公司创新能力高于并购方或者双方创新知识积累形成互补时，在并购方对资源整合后并购活动往往会对企业整体创新产生积极影响；张学勇（2017）等发现并购目标企业的创新能力才是决定并购方股票回报的关键，并购方的创新能力可以激发协同效应来提升并购方股票的长期表现。因此，并购创新型企业是并购方企业从外部获得创新能力的一条重要途径。

2.2　家族企业创新促进可持续发展

创新是社会进步的灵魂，中小企业是创新的重要力量和活力之源。从国家层面来说，企业创新推动经济增长；从个体层面来说，创新也关乎企业自身的生存和发展。但是，即使面对相似的市场环境和政府支持政策，各企业的创新水平仍然存在巨大的差异。家族企业作为企业界的“后起之秀”，在促进经济增长方面发挥着重要作用，更因其不同于一般民营企业的特点成为近年来学术界研究企业创新的热点。Ayyagari 等对 47 个发展中国家 19000 家企业的实证研究显示，相较于非家族企业，家族企业更重视企业的创新发展。Chen 等对中国台湾地区 516 家不同行业的上市企业进行研究，发现家族企业在创新投入方面比非家族企业更多。

影响企业创新水平的主要因素并不只是单一的股权结构或者管理层特征，而应追溯到企业的控制权配置上。在终极控股股东视角下，股权集中度、股权制衡度、大股东性质等对公司研发投入均能产生不同的影响；股权制衡度对企业的发投入具有正面效应；股权集中度则对研发投入具有负面效应；在董事会和管理层控制权配置层面上，超额董事席位和终极控股股东担任 CEO 都能促进企业创新。但是，鉴于家族企业自身所具有的特点，仅仅从单一股权和管理层层面来研究控制权配置对企业创新的影响远远不够。研究证实，目前家族企业股权结构大多为金字塔形，这种股权结构以控制权与现金流权分离为显著特征，其所有权结构和控制权结构复杂。而这种金字塔结构造成的两权分离度较高的现象也会影响企业的研发投入。由于企业研发活动初期具有投资大、风险高、可见收益小等特点，所以一般民营企业的股东或者高管可能会因为追求短期效益而放弃研发投入。

但是，家族企业的创始人追求的不仅仅是短期利益，他们更看重企业的“长青”与代际传承，所以可能更具创新意愿。对于由实际控制人的家族成员担任董事长的企业和由非家族成员担任董事长的企业这两种类型的公司来说，由于声誉和信任机制的作用而导致两权分离对其各自的企业创新水平的影也会有所差异。创新产生积极的影响，在员工对企业创新更重要的公司，持有公司股票期权产生积极的影响更明显。作者通过进一步地研究指出，持有公司的股票期权是通过增强员工的冒险动机来促进企业创新的。除了在管理上追求风险能够促进企业创新，优秀的管理人员和股东背景也能够对企业创新起到积极的作用。Cláudia，Ferreira 和 Matos（2019）研究 CEO 的综合管理技能对企业创新的影响，作者发现通过工作经验积累更多的综合管理技能的 CEO 可以促进其所经营的公司的创新产出，并且这些通才型 CEO 会激励公司开展更多的探索性知识研究活动，鼓励企业追求有风险的创新机会。

Luong，Moshirian 和 Nguyen（2018）发现外国机构投资者通过充当积极的监督者、为有职业或声誉问题的公司经理提供创新失败的保险、推动创新强国的知识技术向国内传播等方式，对所投资企业的创新产生积极的影响。

当企业管理者在面临压力时，也可能会出于顾虑或产生动力从而导致企业的创新活动受到影响，消除企业管理者所面临的负面压力有助于企业创新。Bing，David 和 Anna（2019）研究了金融市场的分析师覆盖与研究对公司创新的影响，作者发现被更多分析师跟踪覆盖的上市公司更有可能削减其内部的研发支出，原因是分析师的覆盖对企业管理者造成了压力。但作者同样指出，被更多分析师跟踪覆盖的上市公司也会尝试并购其他创新公司，对企业未来的专利产出带来积极的意义。

Chemmanur 和 Tian（2018）研究了反收购条款（Anti – TakeoverProvision，ATP）对企业创新的影响，作者发现反收购条款对企业创新具有积极的影响，并且该影响在信息不对称程度较高且产品市场竞争更为激烈的公司中更为明显。作者认为，反收购条款能够使公司管理层免受股票市场产生的短期压力，从而使他们专注于长期价值创造，因此刺激了创新的产生。Shen 和 Zhang（2018）研究了公司内部竞赛与创新之间的关系，作者发现公司内部竞赛能够激励与提升企业的创新效率。内部竞赛能够给企业管理者带来压力和动力，尤其在对于 CEO 即将换岗时的与升职有关的竞赛中，内部竞赛对企业创新的激励作用更明显。但内部竞赛对企业创新的激励与企业的性质有关，竞赛激励措施对家族企业、公司治理薄弱的企业。Flammer 和 Kacperczyk（2016）研究了企业利益相关者对企业创新的影响，作者利用州级选区法规的制定作为利益相关者利益取向的外在变化，研究发现，当选区的法规确定时，能够使企业创新的显著增加。作者还指出，相比于未颁布选区法规的州，选区法规确定的州的企业在专利数量和专利引用量上都会更多，员工在创新过程中的参与度也更高。

如果企业能够参与政治活动，并通过使用政治献金来获取立法相关的内幕信息，企业就可以降低政策的不确定性，从而开展更多的创新。Ovtchinnikov，Reza 和 Wu（2019）研究了政治活动与公司创新之间的关系，作者发现从事政治活动的公司可以使用政治献金来获取立法相关的内幕信息，从而可以降低政治不确定性，使公司开展更多的创新。Chang，Chen 和 Wang（2019）研究了信用违约互换（Credit Default Swap，CDS）与企业创新之间的关系，作者发现公司启用 CDS 后在专利产出及专利引用量上都有了显著的提高，但 CDS 在激励企业创新上并不是通过增加公司的研发投入，而是通过提高风险承受能力。

持续健康发展是家族企业追寻的长远目标，我国家族企业普遍经历了“企业家族化”和“家族企业化”的发展阶段，正朝着“公众公司”的方向不断演进（林泽炎，2019），外部聘用职业经理人成了家族企业传承计划中的重要章节。同时，伴随着现代企业制度的深化改革，建立现代企业制度、面向公开人才市场选拔聘用高素质职业经理人是家族企业发展过程中的重要取向。然而，不同的选聘制度和不同的选拔标准使得不同来源的 CEO 继任者在诸多方面存在较大差异。在创新方面，内部晋升和外部选拔的 CEO 继任者可能具有迥异的创新意识和思维方式，从而导致企业做出不同的创新决策，进而影响到企业创新投资的效率和效果。外部职业经理人的加入可能会为企业带来全新管理知识、前瞻性理念和创新精神，影响企业的战略决策，进而决定企业的创新行为和绩效。

目前，CEO 更替事件已经引起了学术研究和商业媒体的广泛关注，但以往学者的研究大多集中在 CEO 更替与经营业绩和市场价值的关系上，很少有文献研究其在企业创新中扮演着怎样的角色。创新绩效反映了无形投资的产出水平和运作效率，在很大程度上决定了企业在当前的知识型经济中所具备的持续经营能力和核心竞争力。作为企业创新活动的驱动者和执行者，CEO 在企业创新活动中具有非常重要的作用。因此，CEO 继任者的个体差异如何影响公司的创新绩效和战略是一个重要的研究领域。鉴于此，本研究围绕家族企业继任 CEO 的来源差异对企业创新绩效产生的影响这一核心问题展开探究。另外，家族企业经过一定时间的发展，“两权分离”是顺应现代企业制改革的必然产物，经营权将逐步下放给职业的管理专家进行管理（杨冬艳，2006）。但是，职业经理人市场在我国的发展尚不成熟，再加上中国传统文化中“家族”观念的影响，目前我国家族企业引进职业经理人的尝试并不十分理想（兰潇，2018）。外部聘任 CEO 创新决策权力的行使可能受到来自家族实际控制人和高管团队等众多方面的“家族”影响，厘清在外部职业经理人进入家族企业后影响其发挥有效作用的因素是家族企业进一步设计行之有效的激励制度的前提。如何通过合理布局高管团队建设实现家族企业权力交接的平稳过渡已成为业界和学术界共同关心的重要话题。那么，家族企业不同来源的 CEO 继任者存在哪些方面的差异？这些差异对家族企业创新产生怎样的影响？是否存在其他因素对这种影响产生促进或抑制作用？在目前 CEO 继任来源与家族企业创新绩效之间的关系研究中，仍有许多问题值得验证和探讨。

2.2.1　企业内部治理对创新的影响

由于内部治理直接关联企业的决策行为，因此内部治理对企业创新的影响会更大。由于创新具有风险，因此企业在管理上的追求风险能够促进企业创新。Sunder 和 Zhang（2017）从公司管理层的角度，研究有驾驶小型飞机爱好的公司首席执行官（Chief Executive Officer，CEO）对公司创新的影响，作者将公司 CEO 的驾驶小型飞机爱好作为其寻求风险与刺激的性格特点，发现有驾驶小型飞机爱好 CEO 的公司会投入更多的研发资金，产生更多的专利，专利产生的影响也更大。作者认为，追求风险的公司 CEO 通过提高创新效率、追求多样化创新和挖掘早期创新项目，来为公司取得更好的创新成果。Biais，Rochet 和 Woolley（2015）发现，企业创新部门的产出增长最快的时期，是在新管理人员刚进入的时候，因为这时的管理人员采取了程度较轻的风险预防措施，因此也相应地降低了对创新行为的风险预防标准，使企业能够开展更多创新活动。发现信贷寻租和融资约束都能显著抑制企业创新，并且当企业遭遇信贷寻租时，融资约束对企业创新的制约作用更强。作者认为，信贷寻租减少了企业的创新利润，挤出和替代了企业的创新资金。Bradley，Kim 和 Xuan（2017）研究了企业加入工会以后对创新的影响，作者发现，企业选择加入工会后，由于需要向工会缴款，企业的专利数量和引用量都显著下降；但在工会没有足够的议价能力来收取款项的州中，加入工会对创新的负面影响不显著。

Dang 和 Xu（2018）以股票市场情绪为切入点研究其对企业创新的影响。发现股票市场的乐观情绪可以通过一种融资渠道促进创新投资，较高的市场情绪可以降低融资成本，使企业加大在资本市场的融资力度，在研发中能够投入更多的资金。作者还指出，当股票市场情绪更加乐观时，受融资约束更大的公司，会更有意愿发行股票并投入更多的资金到研发中。齐绍洲、林屾和崔静波（2018）研究了环境权益交易市场（Emission Trading Pilot,

ETP）对绿色创新的影响，作者发现，ETP 政策通过建立健全排污权有偿使用和交易制度，以市场化机制为引导，有利于激发试点地区污染企业的绿色创新活动，并且该激发作用对非国有企业的效应更大。William 和 Liu（2019）从企业竞争对手融资约束的角度出发，研究了公司的创新能力与竞争对手融资约束之间的关系，作者发现，企业在面对有融资约束的竞争对手时，当竞争对手的融资约束趋紧，企业会借此机会提高自己的研发投入以获得竞争优势。

研究发现，外界风险因素会对企业的创新产生重要的影响，通过降低企业经营所面临的风险和不确定性，可以促进企业创新。

Abhiroop，Singh 和 Zaldokas（2017）研究了公司税率对创新的影响，利用美国各州公司税率的变化来研究税收政策对公司未来创新行为的影响，发现，当政府对企业进行增税时，企业会视其为风险，并通过减少研发投入、减少专利数量以及将更少的产品向市场推广，来对增税政策做出反应。Mann（2018）发现虽然专利等无形抵押品具有较大的经济价值，但因为其在法律的确认上还有较大的不确定性，所以存在风险，通过对具有不确定性的法律确定化，可以对公司的创新产出带来积极的影响。

2.2.2 企业外在因素对创新的影响

研究发现，外在因素会对企业的创新产生影响。上市与否对企业创新的影响，需要结合企业的自身特质及其所属的行业进行综合分析。针对是否上市这一特征对公司创新的影响，Bernstein（2015）研究了首次公开募集（Initial Public Offerings，IPO）对企业创新的影响，发现向公开市场发行股票后，相比于未上市的私有企业，上市公司的内部创新活动减少。Acharya 和 Xu（2016）对比了上市公司和非上市公司的融资依赖性对创新的影响，发现依赖外部融资（External Financial Dependence，EFD）行业中的上市公司平均比非上市公司对研发的投入更多，并且在专利组合与结构方面更具优势，而依赖内部融资（Internal Financial Dependence，IFD）行业中的上市公司和非上市公司之间则不存在这些差异。

温君和冯根福（2018）研究了中国境内风险投资与企业创新之间的关

系，发现国内风险投资会降低企业的创新水平，并且风险投资对企业创新消极影响的峰值基本出现在 IPO 的当年或前一年，原因是临近 IPO 时，风险投资的攫取效应更大；但作者也指出，具有较高声誉的风险投资机构对企业的创新效率也存在着一定的积极影响。此外，企业的财务状况会影响企业的创新，原因是企业的创新需要资金的投入。孔东民、徐茗丽和孔高文（2017）的研究结果也同样支持了锦标赛理论，作者提出，薪酬差距所带来的压力和动力同样有利于企业的创新。文献研究还发现，股权结构也会对企业的创新产生影响。

鲁桐和党印（2014）发现，将企业所在的行业按要素密集度分类后，在资本密集型行业中，国有企业第一大股东持股比例的提高，能够对企业的研发投入产生正向的促进作用，在技术密集型行业中，对核心技术人员的期权激励也能够为企业创新带来积极的正面影响。李文贵和余明桂（2015）研究了民营企业的股权结构对企业创新的影响，作者发现非国有股权对民营企业的创新活动具有显著的促进效应。此外，在非国有股权中，外资持股比例与民营企业的创新不显著相关，但法人持股和个人持股比例越高的民营企业，其创新活动的发展更好。

杨建军、王婷和刘林波（2015）从行为动机的视角研究了企业的股权集中度对企业开展创新活动的影响，作者发现适度的股权集中度是最佳的治理环境，适度的股权集中度有利于企业创新，如果企业的股权集中度过高或者过低，都会对企业的自主创新活动的开展与推进产生阻碍作用。石晓军和王骜然（2017）研究了独特公司治理机制对企业创新的影响，作者发现双股制对高科技企业创新有显著的促进作用，但双股制作用的发挥依赖于企业属地的环境因素。当企业的经营所在地是外部制衡监督机制较完善的发达国家时，双股制能够促进企业的创新研发投入，但在外部制衡监督机制尚不成熟的新兴国家，双股制反而会抑制企业的创新研发投入。优秀的职业经理人能够促进企业创新，但聘用职业经理人也会由于两权分离而产生代理问题。采用特定的治理结构和治理方式可以缓解企业的代理问题，但也可能限制了职业经理人的能力发挥，使企业的创新受到抑制。朱冰、张晓亮和郑晓佳（2018）研究发现，多个大股东的股权结构虽然可以降低经理人的代理问题，但也由于监督过度，使企业的创新受到抑制。当其他大股东的数量越多、相对控股股东的持股比例越高时，对企业创新的抑制作用越大。

☞ 案例思考

新希望集团代际传承之路

新希望集团的刘畅从14岁起就在父亲刘永好的安排下留学美国，直到读完MBA后回国接班。在公司传承之际，公司正面临“多事之秋”。一方面，中国经济进入产能过剩、竞争过度的阶段，各行业利润率越来越低。特别是新希望集团所在的食品行业，还面临禽流感等突发事件的冲击，导致未来商业环境的不确定性加剧。另一方面，与父亲刘永好共同创业的公司元老年龄普遍超过50岁，对新事物的接受能力较弱。面对互联网给传统行业带来的冲击，企业转型升级的压力与日俱增。在这种情况下，刘畅的接班给新希望注入了新的血液，为其创新带来了拐点。基于其国际化的视野和对新事物的接纳能力，刘畅上任后加快了新希望的创新。

一方面，加速推行全面信息化，将互联网思维与传统的养殖行业相结合，在产业链、管理和业务模式方面进行创新转型。新希望集团利用大数据监测市场的供需变化，指导农民将生产与市场紧密结合。同时组织专家远程对农民进行指导和培训，以较低的成本提升养殖业的科学化、专业化水平。

另一方面，刘畅在父亲刘永好的帮助下挑选了一批以70后、80后为主的公司年轻骨干陆续进入管理层，让原来的创业元老退居二线。在新的团队领导下，新希望加快了国际化的步伐，先后将饲料厂从东南亚扩展到俄罗斯、波兰等欧洲国家，还收购了澳大利亚大型牛肉加工厂Kilcoy的多数股权，使得新希望集团迎来了“原产地+国际化”的新变化。除了教育背景的差异外，新一代家族企业的接班人因为年龄、生活阅历、外部环境制度的因素使得他们与父辈在企业的战略方向、经营理念、用人原则等方面有不同的认知。这在给企业带来新的血液的同时也增加了企业创新的代际差异。当企业的主人从创业者变为守业者时，他们的管理方式也发生了变化。第一代创业者们个性鲜明，更喜欢事必躬亲，总揽一切。而第二代更习惯于授权管理，用制度化的管理激发主观能动性。

32岁的朱鼎健在接手父亲留下的观澜湖集团时制定了“五五计划”，对公司的战略定位和运营模式做了全面调整。不同于父亲坚持个人独资，朱鼎健引入了兰桂坊、华谊兄弟等品牌进行共同投资，拓展多元化的业务。父亲朱树豪时代的观澜湖只有高尔夫、综合旅游和房地产三个产业，以会员制经营将其打造成为一种奢侈品。朱鼎健接班后采用了全新的公众球场模式，将高尔夫推向大众，与此同时，拓展了养生旅游、商业地产和品牌输出等新的产业。在企业管理方面，朱树豪作为第一代创始人较为威严，在工作中亲力亲为，永远在第一线工作。而朱鼎健更加注重团队的合作，给年轻一代创造和发挥的空间。

最近的一些研究还发现，新一代的家族企业继承人往往比父辈们更加注重“精益创新”，即在创新过程中减少不必要的浪费，通过优化创新流程，设计精益产品和服务等，在快速变化且竞争激烈的环境中生存和获利。一方面，他们通过细分市场、追踪潮流等手段，在了解客户的真正需求后进行创新，从而实现产品和市场的契合。另一方面，他们比父辈们更加注重创新环境的塑造，通过营造精益创新的文化氛围，让全员参与到创新的活动中去。

张蕴蓝在接班红领集团（酷特智能前身）时公司正遭遇服装行业内的结构变动，公司的 300 多家加盟商卖不出货，库存积压，纷纷申请退货。张蕴蓝不顾公司供应商和公司元老的反对，一上任就砍掉了三分之一的加盟商，引入互联网营销人才。尽管付了业绩下滑 50% 的代价，公司却快速地向互联网产业转型，成功推出了全球互联网时代的个性化定制平台。虽然代际差异给企业的创新注入了新鲜的血液，但与此同时，这种代际差异可能会加剧二代与父辈之间的冲突，为企业的创新与传承埋下隐患。事实上，许多国内的家族企业往往缺乏对于继承人性格的培养，以及个性的塑造和家族企业文化的熏陶。

一代的创业者们忙于创业，对子女缺乏关爱，常常将子女交由父母抚养，或是在初高中阶段就送他们去海外留学。长期在海外的生活学习，使得二代同家族之间的联系并不牢固，对于公司及行业的了解也较为有限。虽然他们拥有海外留学的经历，视野更加开阔，创新意识强，但是在读书期间较少参与公司的事务，缺乏职业技能、专业能力的培养。回国后，一些人有自己的想法，不愿意继承父辈的传统行业，更倾向于自主创业或从事金融、投资、股票类的工作。即使愿意回到家族的公司工作，两代人常常面临着文化、观念、实践经验上的冲突，很难达成共识，甚至因为长期缺乏沟通，出现与父母缺乏交流和信任的情况。这些问题加剧了代际冲突的产生，严重影响到家族企业的传承与创新。

廖韦佳是重庆小天鹅投资控股有限公司董事长廖长光和总裁何永智的独生女。廖韦佳从小由保姆照顾，15 岁时就被父母送去美国念书，直到 26 岁结婚后才和丈夫一起回到公司接班。由于长时间在海外生活和工作，丈夫又是美国人，廖韦佳夫妇的思维方式较为西化，和父母传统的中国式思维存在较大的差异，加上长期以来生活在国外，与父母之间缺乏全面的沟通。当冲突爆发时，双方谁也撼动不了对方。廖韦佳夫妇回到公司接班后，即提出了一系列改革的方案，从“改善员工餐饮、住宿条件”，到“开通员工反馈机制”，再到“建议员工签署《道德声明书》”，几乎都遭到了父母的否决，认为他们不懂中国国情、太理想主义。在经营理念上，两代人的冲突更加明显。比如廖韦佳认为小天鹅应该专注于火锅这一个行业，将品牌做大做强。而廖长光夫妇却认为集团应该多元化，多涉猎有潜力的行业。在一些具体项目的实施过程中，双方在理念上的相左更直接导致了项目进展的迟滞和成本的增加。如在做一个老重庆美食博物馆的项目时，廖韦佳想要做一个完全现代化的博物馆，装修和设计都采用欧美的现代化风格，而母亲何永智却希望博物馆能包含更多的传统元素。因此在博物馆的装修上就产生了很大的分歧。因为意见长时间不能统一，设计师和项目管理人员不知道听谁的，导致项目被耽搁了三四个月。最终，博物馆还是按照何永智的意见进行装修，廖韦佳负责博物馆的运营。随着两代人摩擦的不断加剧，廖韦佳夫妇非常痛苦，发现很难适应中国家族企业的经营和管理理念，自己所付出的努力和建议也得不到接受。

因此在 2010 年时，廖韦佳夫妇选择离开小天鹅，进行自主创业，创立了时尚茶饮品牌“嫩绿茶”。在创业初期，因为不愿再向父母借钱，廖韦佳夫妇一度遇到资金困难，有的店开了不赚钱，有的店要调整思路，公司开始在银行贷款，甚至差点去抵押了自己住的房子。经历过创业的种种挫折和困难，廖韦佳逐渐理解了父母创业的艰难，与父母之间的交流也逐渐加深。2012 年之后，经过一步步的探索、试错，“嫩绿茶”的品牌得到了社会各界的认可，成为中国现代茶的开创者之一。如今廖韦佳已经重新回到了小天鹅接班，同时管理嫩绿茶和小天鹅的部分业务。经过创业的洗礼，廖韦佳更加成熟，各方面能力有了质的飞跃。看到女儿出色的创业成绩，母亲何永智感到非常欣慰，开始逐渐放手让女儿从餐饮、宾馆和工厂项目，最后到小天鹅火锅，一步步接管公司业务。

当前，国内的家族企业正处在传承与创新的双重压力之下，一方面大部分家族企业进入一二代更替的密集期；另一方面中国经济发展进入结构调整期，以互联网和大数据为代表的新兴科技给行业带来了颠覆效应，使家族企业面临创新的压力。在这种情况下，家族企业的传承给企业的创新战略带来了新的拐点。以二代为中心的高管团队给企业注入了新的血液，使得家族企业有机会以传承为契机，通过对企业资源进行重组和更新，推动公司的创新发展。但与此同时，代际差异和缺乏对继承人的培养塑造可能会加剧企业传承期间的冲突，甚至导致企业传承的失败。因此，如何利用传承的契机进行创新，并且减少代际差异在企业创新中的内耗，使企业在代际传承过程中保持持续不断的创新活力，也应为各界所关注。

2.3　家族企业的现代化创新发展趋势

现代企业制度是家族企业发展的一种趋势。目前对家族企业的发展目标有几种不同的观点。第一种观点认家族企业是传统的企业制度应根据市场经济的要求向现代企业制度演进；第二种观点认为在现阶段我国家族企业规模小的情况下实行家族企业制度是可行的但当企业发展到一定的规模时家族企业就要向现代企业制度转变；第三种观点认为家族企业有其存在的必然性不一定向现代企业制度转变。在中小企业中家族体制还有一定的生命力自然没有必要大动干戈。没有人主张个体经营户也要实现现代企业制度。但是，在企业的净资产、销售额达到相当的规模。

现代化创新发展是企业集资融资、扩大经营规模、参与国内和国际市场竞争的需要。企业发展到一定程度如果不吸收外来资本只依靠自我积累或向银行借款的方式来注入新资金扩大规模是有限的也势必导致企业发展动力减弱甚至衰竭无法扩大经营规模，参与国内和国际市场竞争。因此有必要在家族企业中建立现代企业制度拓宽融资渠道。近年来太太药业、天通股份的挂牌上市就获得了大规模的融资资金增大了企业的规模增强了企业的竞争实力。

现代化创新发展是企业进行科学决策和防范风险的需要。因为优秀的企业管理人才是一种非常稀缺的资源它不可能局限在一个家族之内。是家族企业变革与创新的需要。家族企业面对入世后的挑战只有两种选择：一是企业改制；二是坚持家族制。一些家族企业之所以长寿并不在于其有特殊的产业和其他方面。关键在于他们能适时变革，并在一定的程度上吸取现代企业制度的某些优势，形成了家族式治理结构与现代企业治理结构的有机结合。中国的许多家族企业都想把家族控制和规模扩张这两者完美结合，从前面对家族企业发展存在的问题的分析发现是不可能的。所以家族企业要有效地解决上述问题必须进行制度创新，突破家族的制约，发展成为现代企业。

现代化创新发展是引进人才、稳定和发展企业的需要。家族企业发展中一个突出的问题是人才问题如果家族企业不进行现代企业制度的建设其人才的引进将会受到很大的限制最终可能导致企业由盛转衰而消亡。因此为了引进人才家族企业向现代企业的转化正是顺应了时代的潮流。

社会资源是稀缺的。家族企业现代化的目的就是提高社会资源的效应走可持续发展之路。从当前国内国际的环境来看家族企业建立现代企业制度非常必要。符合产业结构调整的要求。自 20 世纪 70 年代以来随着信息技术、纳米技术等高科技的发展，高新技术产业迅速崛起，知识和技术对经济增长的贡献超过劳动和资本对经济增长的贡献的总和。高新技术产业的崛起导致传统产业占国民经济的比例持续下降。许多跨国公司纷纷加盟高科技产业以保持竞争力和可持续发展。我国的家族企业绝大多数为传统行业。如果不进行战略调整难以为继。符合提高劳动生产率的要求。目前我国不少家族企业设备陈旧技术与工艺落后劳动生产率低下。在当前企业技术进步不断加快、新产品层出不穷、市场生命周期缩短的形势下如果不能及时转变粗放式经营的状况，企业最终将被淘汰。

第3章

我国家族企业的发展现状

3.1 我国家族企业的发展水平

家族企业作为一种普遍存在的企业组织形式，在公司财务决策、治理结构和经营绩效等方面与非家族企业存在显著差异，其长期投资决策更具有异质性。长期以来，国内外学者主要以管家理论和社会情感财富理论为基础，探究家族企业独特的竞争优势对其投资决策的影响。早期研究认为家族企业为了追求长期存续会构建长期发展导向型文化，促使家族企业控制人着眼于能够给企业带来长期收益而不局限于短期收益的投资。然而更深入的研究发现家族企业长期投资决策还受到控制家族风险态度的影响。家族企业具有更强的规避风险动机，企业面临的内外环境不确定性越大，为了降低风险就越会减少投资支出，并且为了保护家族社会情感财富，与非家族企业相比，家族企业的研发投资水平更低。

近年来，中国家族企业正式步入权杖交接的高峰时期，企业的所有权和经营权将纷纷由老一代掌门人传递给继承人，这个过程伴随着整个家族财产、声望和社会地位的传递和交接。由于家族企业的兴亡盛衰会关系到整个家族的荣辱，家族企业对于下一代继承人的挑选格外慎重（晁上，2002）。而对于中国上市家族企业而言，传承往往最先发生在CEO层面。CEO是企业的关键人物，在企业管理层金字塔中，CEO位于金字塔顶端，对企业的组织、战略、计划、绩效承担重要责任，负责整个企业的战略设计和远程规划，协调企业内部以及企业集团与外部各个企业组织的关系。因此，CEO更替是家族企业生命周期中尤为关键的时点，其更替事件会对家族企业战略决策和经营业绩产生广泛而深远的影响（陈凌、应丽芬，2003），CEO 继任通常被视为具有重要战略意义的企业决策之一。相比于非家族企业，家族企业拥有更强的对基业长青的诉求，但是老一代掌门人积累的特殊资产（Fan，2012），如政治关联、社会资源、银企关系等很难有效传承给下一代。家族企业对于基业长青的谋求使得其通过创新来巩固家族基业世代传承的需要越发明显。现有研究表明，代际传承是影响家族企业创新的重要因素之一（邹立凯、王博，2019）。

目前，全国性的家族企业“接班”时代已经悄然到来。家族企业代际传承具有极大的不确定性，采用不同的传承模式会对其长期投资决策产生深远影响。在子承父业模式下，进入代际传承期后，为了保护家族社会情感财富，降低企业经营风险，创始人进行长期投资的动力减小，会通过投资于周期短、不确定性低的项目或缩减长期投资规模来促进家族企业顺利实施传承。与子承父业模式不同，职业经理人在进行投资决策时，更会优先考虑自身利益，出现“道德风险”和“逆向选择”行为。另外，家族企业家族化方式也是影响企业长期投资决策的重要因素。我国上市家族企业主要有直接创办型和间接创办型两种家族化方式，与间接创办型家族企业相比，直接创办型家族企业的创始人从创建企业开始就管理着企业，因此对企业有浓烈的情感依恋和较强的心理所有权，这使得企业的实际控制人成为企业的理想“管家”，更具有长期发展视野族企业微观层面因素。

相对于宏观层面，从微观层面对家族企业进行的研究也是比较欠缺的。数据显示，在过去 40 多年的家族企业的研究中，90% ~95% 的研究都是研究企业层面上各种因素之间的关联，只有 5% ~10% 是研究家族层面。学者 De Massisand Foss（2018）就呼吁学者更多关注家族企业微观层面的因素。如果我们把家族企业的研究比作如上的船型结构的话，那么现在大多数的研究都还只停留在甲板层，比如家族企业的创新，家族企业的国际化，家族企业传承。而甲板下船舱里的因素可能更为重要，因为家族企业中企业层面的一些行为、选择或者问题，可能都是由微观层面的因素所决定的，而这方面的研究非常少。比如我们谈到家族企业的传承，有很多的文献谈到家族企业的传承计划，传承培训，企业资源对传承的影响等，但是大多数研究没能深入家族或个体，比如如何协调家族成员之间的关系，家族成员和非家族成员之间的关系等。

再比如谈到家族企业的传承，微观方面可能产生影响的还包括，长辈的心态或父母亲如何看待传承？他们的认知结构是怎样的？他们是如何影响传承的？我们也应该看一看接班人的心态、知识结构，他/她是不是愿意接受家族企业，让企业代代相传。甚至要研究他/她有没有相关的语言能力，能否让家族企业顺利走向国际市场。此外，对家族企业管理者心理方面的研究也很重要。比如管理者的大五特质（善于创新/谨小慎微，有条理/疏忽大意，外向/内向，友善型/批判型，紧张型/自信型）如何影响家族企业的传承？管理经营者的性格有多种，有的人比较开放，愿意接受新鲜事物，有的人比较保守，老成持重。不同性格对家族企业传承会有不同的影响，这些都有待于进一步探究。

作者发现家族企业的平均价值是否高于或低于非家族企业，不仅取决于所有权、控制权以及管理权这三个要素在家族企业中是通过何种方式实现的，还取决于控制或管理企业的家族成员是谁。Belén 和 Raphael（2009）进一步指出，间接所有权是使创始人家族能够拥有更多控制权的来源，额外的控制权能够使家族成员担任 CEO 或董事会主席，使家族控制进一步加强，但这种超额控制权会以降低公司的价值为代价。作者认为，家族成员对企业的超额控制权会降低企业的价值。Oriana，Renata 和 Andrea（2018）采用问卷调查的形式统计公司 CEO 的每周工作时间，发现与专业 CEO 相比，由家庭成员担任的 CEO 工作时间相对要少 9%。在以销售收入、人均利润、ROA 等作为经营业绩的替代进行回归后发现企业的经营业绩与企业 CEO 的工作时间存在正相关关系，由家族成员担任 CEO 的公司业绩相对较差。作者认为，由于财富上的差异，家族成员担任的 CEO 会更偏好拥有休闲的时间。但即使由家族成员担任 CEO 会使企业的经营效益变差，他们仍不愿意指派工作时间更长的专业人员来担任 CEO，原因是这可能会导致家族成员 CEO 权力被剥夺，而他们不希望承担权力被剥夺的风险。

冯旭南（2012）以 295 个家族上市公司为样本，研究我国家族上市公司债务融资的动机。作者发现，家族企业进行负债融资的主要目的并不是为了发挥债务融资的治理效应，而是为了增加其可控制的资源，便利终极控制人的掏空行为。作者进一步提出，家族企业的终极控制人可能会通过关联交易等手段将贷款资金转为己有，这种掠夺行为在市场的经济环境较好的情形下能够维持下去，不会给债权人带来过多负面影响，但在经济环境变差时，家族企业的债务链条则可能断裂，不仅给商业银行造成大量坏账，还会打击中小投资者的信心，不利于资本市场的健康发展。朱沆、Eric 和周影辉（2016）认为，家族成员除了从企业中获得财务收益，还希望能够获得满足自身情感需要的非财务收益（即社会情感财富），社会情感财富也是家族成员在决策中的重要考虑因素。作者将短视和损失厌恶的行为逻辑与社会情感财富相结合，发现家族成员社会情感财富中的控制欲望会对企业产生负面影响。

肖金利、潘越和戴亦一（2018）研究了家族企业中夫妻共同持股对公司风险承担水平的影响。作者发现，由夫妻共同持股的家族企业杠杆水平更低、现金持有水平更高。作者认为，婚姻中的股权配置体现出夫妻双方的地位平等程度，而乐意与妻子共享股份的丈夫的大男子主义倾向较低，这一性格特征映射到家族企业的公司财务行为中，表现为更加保守的风险态度。作者还提出，正是企业家夫妻双方的相互配合和共同决策，才使家族企业的决策更加谨慎和稳妥。此外，妻子持有股份还能够增加其进入公司任职的概率和公司聘用女性高管的概率。潘越、翁若宇和纪翔阁等（2019）利用家族企业实际控制人的籍贯地族谱数据，研究宗族文化对家族治理模式的影响。作者发现家族企业实际控制人的宗族观念越强，其亲属参与公司治理的程度越高。在宗族文化的影响下，亲属参与可以缓解代理问题，促进了家族企业市场表现，提高企业的成长性。

许年行、谢蓉蓉和吴世农（2019）发现，由兄弟姐妹共同经营的公司相比没有该经营特征的公司，在经营业绩表现的上要更好。当家族的“长兄”担任公司董事长时，公司的经营业绩能够有更优秀的表现，并且这一促进效应不受“长兄”的能力和性别的影响。作者认为，中华传统家族文化中的“家族荣誉”与“序位法则”在家族企业的治理中发挥了重要作用。

3.1.1 家族企业与管理模式的缺点

家族成员管理企业的缺点是，相对于职业经理人而言，家族管理者的管理能力可能有所不足，厌恶风险以及其他的一些顾虑也会使家族管理者在决策时受主观情绪影响，做出并非最优的决策。Burkart，Fausto 和 Andrei（2003）认为，即使是家族企业，也应该由更专业的职业经理人来管理。作者提出，在小股东能够得到法律的保护的前提下，企业创始人对公司的最佳治理方式是聘请专业的职业经理人，同时创始人自己在股票市场抛售整个公司（除非创始人保留公司控制权可以使公司拥有巨大的潜力）。只有当法律对小股东的保护极为薄弱时，由于代理问题过于严重，导致公司无法实现所有权和管理权的分离，才必须由创始人的家族成员来对公司进行管理。进一步地，作者提出，所有权与管理权的分离能够在一定程度上表明公司治理环境的好坏。Belén 和 Raphael（2006）研究了家族所有权、控制权以及管理权对公司价值。

家族成员管理企业的优点是对企业更了解，并且能够缓解企业因两权分离而出现的代理问题，从而对企业的经营业绩带来促进作用。Ronald 和 David（2003）认为家族企业是一种有效的企业组织形式，作者以 1992 年标普 500 的上市公司为样本，以 ROA、托宾 q 等作为企业经营绩效的衡量，发现家族企业的业绩表现要显著优于非家族企业，并且由家族成员担任 CEO 的企业可以获得更高的利润率。作者认为一个可能的解释是家族成员更了解自己的企业，并将自己视为企业的管家。但家族的所有权对公司绩效的影响并不是线性的，而是对绩效呈现出先促进后抑制的现象，因此当家族成员对企业的控制过高时，企业的经营业绩也同样可能会表现不佳。

李大鹏和周兵（2014）研究了家族企业终极控制权、现金流权对公司的绩效的影响，作者认为两权分离度越大，会导致公司的绩效越差。作者提出，家族管理者有改善企业经营绩效的动力，从而得以实现家族控股股东的利益。翁宵暐、王克明和吕长江（2014）研究了家族成员参与管理对公司 IPO 抑价率的影响。作者发现，家族参与管理的企业的 IPO 抑价率显著低于其他民营企业，并且如果该企业的 CEO 由家族成员担任，则 IPO 的抑价率比非家族成员担任 CEO 企业的抑价率更低。当家族参与管理的企业不存在现金流权和投票权分离时，IPO 抑价率也会更低。作者认为，家族股权与家族管理的结合向市场揭示了家族参与管理企业的内在价值，降低了 IPO 市场的信息不对称性，从而降低了 IPO 抑价率。

刘白鹭和吕长江（2016）研究了国内家族企业所有权的配置效应，发现家族持股能够促进公司的业绩。此外，相比于多人持股的家族企业，单人持股的家族企业经营业绩表现更优秀。作者还指出，当家族企业的传承冲突较大时，家族企业的所有权配置效应会被削弱，对公司的业绩促进作用也减弱。陈志斌、吴敏、陈志红（2017）提出，对于中小家族企业而言，家族管理可以降低代理成本、提高执行效率，从而对企业价值产生正向影响；当企业处于行业竞争比较激烈的行业时，家族管理对中小家族企业价值的正向影响更大。但同时作者也指出，家族管理也会降低企业的决策效率，从而对企业的价值产生负面影响，非家族高管比例衡量家族企业“去家族化”水平，作者发现，家族企业“去家族化”水平越高，公司价值就越高，经营业绩也更好。作者提出，虽然“去家族化”增加了高管薪酬和代理费用，但可以减少关联交易和掏空违规行为的发生，综合来看优点大于缺点，因此能够提升公司的经营业绩。作者认为，适当引入优秀的非家族职业经理人有利于家族企业的长远发展，如果家族中没有合适的继承人，与其勉强某些能力不足或没有兴趣的家族成员参与家族企业经营，不如合理安排“外人”协助管理家族企业，避免家族企业走向衰败。吴超鹏、薛南枝和张琦等（2019）在家族企业“去家族化”领域展开更深入的研究。作者发现，家族企业实施“去家族化”的治理改革会受到企业创始人家族主义观念的影响，创始人的家族主义观念越强，“去家族化”改革越困难。而公司上市前“去家族化”实施得不彻底，会导致上市后公司的营收与利润增长率降低。

在中国40多年波澜壮阔的改革开放浪潮中，民营经济从弱到强，不断发展壮大。2018年习近平总书记在民营企业座谈会上的讲话充分肯定了民营经济的重要地位和作用，提出民营经济具有“五六七八九”的特征，即贡献了50%以上的税收、60%以上的国内生产总值、70%以上的技术创新成果、80%以上的城镇劳动就业、90%以上的企业数量，民营经济已成为推动中国发展不可或缺的力量。在民营经济发展中涌现出一批优秀的家族企业，占民营企业80%的家族企业正全面进入代际传承的高峰时期。“富不过三代”如同魔咒般反映出家族企业传承的高失败率与面临的严峻挑战。方太集团主席茅理翔也曾断言：在未来5~10年，将有一部分家族企业在交接班中消亡。由于家族企业的稳定发展对中国经济至关重要，因此如何保证家族企业顺利传承和平稳发展是学术界和实务界都非常关注的话题。本研究将重点探讨这一问题，并提出对策建议。著名经济学家李稻葵认为，在经历了金融危机后，德国的经济实力仍始终保持强劲，主要得益于其拥有一大批基业长青的家族企业。这些家族企业有无可动摇的行业地位、稳定的员工队伍、较强的创新精神和丰厚的利润回报，它们还是各自领域的翘楚，因此被称为“隐形冠军”企业。这一点对于中国家族企业实现基业长青具有重要的启示意义，对于中国经济的发展也非常重要。

“隐形冠军”企业的发展历史。“隐形冠军”这一概念是由德国著名的管理学家赫尔曼·西蒙在 1986 年首次提出。德国经济的主要力量并不是那些显赫的大企业，而是默默无闻的中小企业。它们都是世代相传的家族企业，被称为“隐形冠军”。德国“隐形冠军”企业具体是指：①企业的销售额不超过 50 亿欧元；②在某个细分领域市场上该企业品牌位于世界前三名，或者是领先的生产商；③企业并不张扬，社会公众基本不知道它们的存在，为了避免遇到竞争对手，它们是“隐形”的。在经济困难时期或金融危机时，这些“隐形冠军”企业仍然保持稳定发展，它们比其他公司复苏得更快，具有很强的韧性。目前，中国的不少家族企业以发展成为行业“隐形冠军”为目标，为了让企业基业长青，它们也尝试了很多方法，如福耀玻璃、方太集团、新希望集团等通过学习并借鉴德国“隐形冠军”的商业模式，平稳度过了传承期。但也有一些家族企业在传承的过程中逐渐消亡，如海鑫集团、海翔药业等。家族企业本身就具有非常强大的凝聚力，有条件将专注优势演变成企业文化，将产品做到极致，成为小而强的行业内“隐形冠军”。因此，在经济转轨的重要时期，家族企业作为中国经济发展中的重要组成部分和主要力量。

3.2　我国家族企业的发展瓶颈

3.2.1　中国家族企业缺少较高技能的工人

高素质的技术工人是德国产品摆脱“劣质廉价”代名词的关键因素。

“千工易遇、一匠难求”，高素质的工匠是德国推进制造业高质量的根本。对于制造业来说，最重要的资产就是成熟、训练有素的产业工人。因此，德国制造业“隐形冠军”企业的核心竞争力就是这些具有专有性能力的产业工人，他们个个都身怀绝技。比如，经过多年的经验积累，有的工人的手指非常灵活，随便拿起一颗螺丝钉就可以感觉出微米级的尺寸差异。正是有这样一群高技能的工人，德国“隐形冠军”企业才能生产出高品质的产品。德国制造企业在全球化背景下，不是通过转移生产线来降低成本，而是通过较高的生产效率和较好的产品品质赢得市场。

中国制造业家族企业的产业工人基本都是从职业技术学校毕业，并不像德国工人接受过高质量的职业培训。有时会出现“用工荒”，部分企业将目光瞄向那些技术学校来实习的学生，其实就是顶岗工作，这些学生的实习工作时间往往不足六个月，导致企业工人仍然短缺，这对于熟练产业工人的培养非常不利。与此同时，由于蓝领的社会地位不高、工作环境艰苦、工资待遇偏低、没有成就感，使得年轻人不愿成为产业工匠，导致中国家族企业非常缺乏技术熟练的一线技工。无论家族企业是抓创新还是谋转型，都必须要有一大批具有坚定、踏实、精益求精的工匠精神的高级技工。

3.2.2 中国家族企业治理结构不完善

德国“隐形冠军”企业基本都是家族企业，大多数都不上市，主要是着眼于长期战略，避免企业受到资本市场的影响。并且一般是从银行借款，即以间接融资的方式筹措资金。因此，银行和企业的关系非常密切，从而形成了一种长期合作的伙伴关系。有学者研究发现，德国“隐形冠军”企业是由企业股东和利益相关方共同治理的，利益相关方主要包括银行、员工、社区、产业上下游等。中国家族企业由家族控制，家族成员掌握企业经营权，形成了以血缘关系为主导的资源分配方式和公司治理模式，在中国契约环境不完善的背景下，以差序格局为导向的职务安排和资源分配，造成有些企业的董事会开成“家庭会”，有些企业成为“光杆司令”或“夫妻店”。海鑫集团就是一个典型的家族企业，共有 7 个股东和 10 个创业元老，董事长李海仓一人持股就超过 90%，高层管理者也是由有血缘关系的家族成员担任，其他家族外部成员并没有话语权。在李海仓遇害后，李海仓的父亲决定支持他儿子李兆会接班，这种不完善的企业治理模式会对战略决策和企业绩效产生较大的负面影响。

3.2.3　缺乏支持家族企业研发的科研机构

德国“隐形冠军”企业由于规模较小，在技术研发、资金投入等方面不如大企业，因此德国政府从各方面全力支持。德国政府通过建立科研机构，投入大量资金专门从事基础科学研究和应用开发，然后将研发成果转让给中小制造企业，弥补“隐形冠军”企业的研发不足，从而极大地增强了德国制造的竞争实力。著名的弗劳恩霍夫研究协会就是欧洲最大的公益应用科学研究机构。该机构有 2.5 万名科研人员，三分之二的科研经费都来自于德国政府，年度研发预算资金超过 20 亿欧元，每年可以研发出几千种技术应用成果。虽然中国也有一些促进企业创新的研发平台，但缺乏由政府扶持的科研机构。研究表明，占据中国传统制造业半壁江山的家族企业普遍存在创新投入不足的问题。家族企业往往将保持或增加社会情感财富作为决策参考，认为研发活动会造成家族损失社会情感财富，因此会选择减少研发活动和创新投入的决策。另外，国内缺乏相应的研究机构和科研平台支持家族企业的创新，最终造成家族企业创新动力不足。

3.2.4　中国缺乏造就“隐形冠军”企业的消费心态和意识

德国为何有如此多的“隐形冠军”企业？俗话说，有什么样的土壤就会生长出什么样的果树，有什么样的消费群体需求就会有什么样的产品品质。“隐形冠军”企业所需的“土壤”就是德国民众的消费心态和需求，德国消费者对企业的产品和服务质量要求近乎苛刻，促使德国企业非常重视品牌价值。“隐形冠军”企业在消费者心中的品牌形象并不是由广告、炒作以及营销方案形成的，而是在了解消费者的消费需求后，为消费者提供精准的客户定位和优质服务所形成的。因此，“隐形冠军”企业所做的就是主动去适应这片“土壤”，促使消费者非常认可“隐形冠军”企业的技术创新、服务和产品的质量，愿意购买质高、价高的产品。同时，这片“土壤”也促进了“隐形冠军”企业更好地迎合消费者的需求。当前，中国消费者消费心态不成熟，对品牌不敏感，自我保护意识较弱，整个社会没有形成坚持质量为上的消费氛围。并且，消费者对价格很敏感，不注重产品品质，产品质量不高，出现“劣币驱逐良币”现象，导致整个社会缺乏造就“隐形冠军”企业的优渥“土壤”。当以维护家族控制为主要目标时，家族企业在战略选择上具有保守性和低风险承担性的特点，因而家族企业对创新决策具有排斥性。张玉明、陈志军等指出，创新活动成功带来技术及管理方式上的变革，会淘汰部分不适合原工作岗位的家族成员，有损于家族企业的控制目标，因而家族企业创新意愿较低。创新活动的开展需要投入大量人力和财力资本，外部投资的引入将不可避免地导致家族控制权的稀释，降低家族成员对企业的归属感及认同感，威胁家族企业的控制目标。Gómez – Mejía 等指出，由于创新活动带来的高收益是或有的，而带来的家族控制损失却是确定的，在或有的收益和确定的损失面前，家族企业会倾向于规避损失，从而表现出较低的创新意愿。赞成家族涉入促进企业创新投入的学者认为家族企业以实现家族企业永续传承（拓展型 SEW）作为决策的参照点。与国外不同，我国的家族企业还深受我国独特社会文化背景的影响，重视家族传承的思想是我国传统文化的一部分，并深刻地影响着人们的思维模式和行为方式。在我国“家文化”背景下，子承父业是家族企业传承的主要模式，相对于国外的家族企业而言，我国家族企业更为注重社会情感财富的长期导向。赵瑞君指出，我国家族企业的首要目标并不是做好企业，而是实现家族的永续传承。家族内部管理者会不自觉地承担起为子孙遗留家族财富的义务，有极大的动力去实现家族财富的增值。家族企业具有更长远的投资视野，为实现家族永续传承的目标，他们会更主动地推进企业创新。

3.2.5 家族企业创新有风险

虽然创新是企业发展的动力源泉，但创新也存在风险和不确定性。企业的创新活动可能存在以下的风险：(1) 创新失败的风险。企业可能花费了大量的时间、人力以及资金，但最后创新与研发并没有取得理想的结果。因为并非每一次的创新和研发都会成功，所以企业需要不断地投入和尝试，并且从一次次的失败中吸取经验和教训。(2) 创新成果的收益不及预期。企业在初期会对创新成果的收益有一个估计，但最终收获的创新成果可能并不能达到企业的预期收益。此外，由于企业的创新和研发需要时间，因此在创新和研发的过程中，外界的环境的变化也会对创新成果的收益产生影响，使创新成果的收益不及预期。(3) 其他公司率先取得相似的创新成果。由于同一行业中，可能会有多个企业开展相似的创新活动，研发相似的创新产品。因此，当行业中的一家企业率先取得创新成果并迅速向市场推广创新产品时，这家企业便能够发挥先发优势占领市场，使其他后期取得创新成果的企业在市场竞争中处于劣势。由于创新存在风险，因此追求风险是激励企业开展创新活动的原因之一，国内外多位学者的研究成果也证实了这一观点。例如，Sunder 和 Zhang (2017) 提出有驾驶小型飞机爱好的 CEO 通常具有追求风险与刺激的性格特点，这样追求风险的性格特点会使他们在企业创新上投入更大。Chang，Fu 和 Low，etal. (2015) 发现股票期权能够增强员工的冒险动机，对公司的创新产生积极的影响。鲁桐和党印 (2014) 也同样发现了对核心人员的期权激励能够为企业创新带来积极的正面影响。Biais，Rochet 和 Woolley (2015) 发现，当企业的管理人员降低对创新行为的风险预防标准时，企业的创新活动得到增长。但家族成员在管理家族企业时，通常表现为风险厌恶，并且会对不同种类的风险都尽可能地规避。例如，Oriana，Renata 和 Andrea (2018) 指出，家族企业遇到风险时，能够开展良好的抵御措施，避免因资金短缺而无法偿还债务或破产。家族管理者对企业资金的管理不善，可能会造成以下严重后果：

(1) 企业无法顺应市场需求和市场竞争环境，不能及时调整经营结构和规模。当市场发生变化或是有新的动向时，及时调整经营结构和规模能够让企业更好地顺应市场需求，在市场竞争中取得有利地位。但如果企业没有足够的资金可以用于经营调整，则就损失了提升市场竞争力的有利机会。

(2) 企业发生资金链断裂的情况，并由此引发信誉危机和债务危机。由于经营环境会不断发生变化，因此当外界风险来临并对企业的经营造成冲击时，如果管理者对企业内部的资金管理不善，就无法有效地运用留存资金来抵御风险，从而导致企业出现信誉危机乃至债务危机。家族企业发生信誉危机和债务危机，不仅会使家族财富受到损失，还会使家族的声誉受到损害，危机严重时还可能导致家族企业的破产。

因此，由于企业创新需要资金支持，而家族企业资金获取难度大、成本高，家族管理者会因面临财务压力而对企业资金进行更谨慎的规划，导致企业创新的投资减少，企业创新活动的受到抑制。

☞ 案例思考

老干妈——家族企业传承

（一）老干妈公司传承前

贵阳南明老干妈风味食品有限责任公司成立于1996年，在20世纪末21世纪初，陶华碧的两个儿子学历都较高，因此她同时培养让两个儿子都加入公司，根据能力择优选择继承人。老干妈公司创业第二年，1997年陶华碧的长子李贵山辞职加入老干妈。李贵山作为转业军人在稳定的单位206地质汽车队工作，但因母亲创业困难，坚决辞去稳定工作，到老干妈公司为母亲帮忙。李贵山入职后，多次召开会议，与陶华碧深入沟通，最终制定了宽严并济、奖惩分明的公司制度。后在老干妈公司一直发展，参与销售和宣传工作。

（二）老干妈公司传承过程

在家族财产传递方面，2000年，李贵山接手老干妈公司49%的股权；2012年，李妙行接手老干妈公司的50%股权。陶华碧放权退居二线，由长子主营销售，次子主营生产，两年里老干妈公司的业绩保持平稳持续增长。2014年，陶华碧转让仅有的1%股权，将股权结构进行调整，长子李贵山负责市场，占股49%，次子李妙行负责生产，占股51%。股权结构的变化表明，陶华碧的公司继承人选择了次子李妙行。2018年至今李贵山、李妙行两兄弟频繁出现在富豪榜，老干妈公司也平稳发展，未出现危机事故，这表明李贵山、李妙行实现了财产、声望和社会地位的传递，顺利在母亲手中接过了老干妈公司，完成家族企业的传承。

（三）老干妈公司传承后

在老干妈公司传承的后期，陶华碧放弃所有股权，但没有完全退出企业，而是仍担任董事长职位，在企业发展中成为咨询者的角色，辅助两个儿子全面接班。在李妙行作为掌门人接手公司后，公司运行情况并无变化，但在产品方面积极创新，致力于研发更加被消费者喜爱的辣椒制品。

（四）启示

1. 家族企业传承的注意事项

（1）继承人培养

目前发生代际传承的中国家族企业主要有两种接班人培养模式（《福布斯》2014）：①历练型。让接班人长期在企业内工作，熟悉企业的运营模式，成为优秀的企业家。②空降型。让接班人出国留学或海外工作，回国后短暂工作后进入企业管理层。老干妈公司的传承是将接班人安排在企业内部进行培养，在企业创立早期就让继承人进入企业。在其他家族企业中，也存在让接班人出国留学的情况，例如，万达的家族企业传承选择了空降型，王健林的儿子王思聪自小学在外留学。在王思聪回国发展时，王健林要求王思聪创业失败两次后必须回家族企业工作。在代际传承的继承人培养方面，要制订接班人培养计划，重视知识与管理能力的培养，老干妈公司创业早期就安排两个儿子进入公司，分工负责销售和生产两大业务，在工作中提高对企业的认识，锻炼和提高管理能力和人际能力等。

（2）继承人在企业内工作路径

家族企业的代际传承继承人多为创始人的儿女，在初入企业的职位方面容易出现问题，应制定合理的工作路径。老干妈公司的两位继承人进入企业都是从基层做起，分别参与销售与生产，也都担任过助理工作，对企业十分了解。这对接管企业后的管理是十分重要的，防止被员工欺瞒或被架空。继承人在企业内从基层开始工作，通过勤劳努力和智慧实现升职比依靠血缘关系升职更加容易得到创业元老和普通员工的认可，有利于新任领导者树立权威。例如，家乐园集团继承人廖青川，从基层管理岗位做起，连续担任柜组主任、商品部经理、副店长，目前在家乐园集团担任中层管理岗，得到了员工的广泛认可与赞誉。

（3）继承后企业发展

在继承人接手企业前，需要创始人提前制定股权分配规则，防止继承人接班后出现家族矛盾，影响企业发展。家族企业传承后，创始人要勇敢放权，但是可作为辅助者和咨询者的身份继续在企业内存在，把握企业发展的大方向。陶华碧转出老干妈公司股权后，仍然保持董事长职位，长子李贵山担任监事，正是为了给接班人李妙行把握公司发展的大方向。方太集团的茅理翔以“带三年、帮三年、看三年”的形式成功实现家族企业的传承，同时是为了接班人继承企业后企业的可持续发展。

2. 两个及以上继承人的选择

在有两个及两个以上有意愿接班的继承人培养与选择中，家族企业应当前期在工作中考察其能力、才干与品德，有侧重地进行培养，最后选定一个核心继承人。在老干妈公司中，创始人陶华碧两个儿子都参与了老干妈公司的工作，作为继承人进行培养，但两人在工作中的分工有侧重，分别专注于销售和生产。

| 第4章 |

我国家族企业的创新模式

4.1 经营管理创新

梳理中外文献发现，成熟期企业家尤其是家族企业家的胜任力构成体系相关文献很少。因此，将具有普适特征的企业家胜任力相关文献作为研究出发点很有必要。如雷卫（2012）认为，成熟期民营企业家应该具有的能力按照重要性先后顺序包括危机处理能力、控制能力、沟通协调能力、与政府建立良好关系的能力、投融资能力、市场应变能力、资源配置能力、战略规划能力、机会捕捉能力以及掌握创新方法与方式的能力；宋培林强调，企业成长不同阶段需要企业家具备相应的胜任力结构，在企业守业期的稳定阶段，企业家需要在专用胜任力和通用胜任力两方面提高能力供给；罗彪和张哲宇实证分析发现，成熟期企业的管理重心应该放在企业软实力构建上，领导力中的沟通力、学习力和洞察力对组织动态能力提升有显著影响。在动态能力理论中，知识吸纳与运用能力、资源调动与持续变革力也是重要的组织维度，企业家作为组织能力的源泉，其职责就是利用自身胜任力帮助企业建立动态优势。企业成长任务情境形塑着不同生命周期的企业家胜任力结构，根据企业成长各阶段焦点任务情境的不同，乐国林等认为，高管在企业成熟期应具备经营规划、改革创新、组织沟通、危机协调、整合配置资源等方面的胜任力；甘德安从复杂适应系统视角出发，认为家族企业要想基业长青，必须保持企业内部和利用好外部市场的负向熵变，积极培养边界跨越能力、利用企业重组与并购获取负熵的能力、企业路径选择能力（包括战略把握能力、接班人企业家精神培养)、学习与创新能力;卢毅和彭燕(2006)利用SVM评价方法分析发现,成熟期企业家应该具有决策、学习、战略管理能力以及沟通与协调能力,同时拥有管理哲学与社会科学知识、人力资源与市场工作经验、改革创新与信誉意识,以及政治思想、社会责任感、道德、敬业精神等素养。以上关于企业家胜任力的研究,基本可以分为3类:①基于纯理论视角进行阐述,不足之处是并没有对大部分胜任力元素来源进行明确说明和实证检验;②虽然涉及部分胜任力元素评价,但仅仅是对元素权重进行简单的描述性统计数据排名,缺乏严格的元素遴选标准和信效度检验;③从企业软实力构建以及基于知识和学习能力的企业动态核心能力建设角度,对企业家能力进行论述,不足以体现胜任力内涵的多元性。部分学者从窄口径视角观察了企业家的胜任能力。如王艳子等通过案例研究发现,处于成熟期的资源型企业家战略管理能力对企业发展贡献最大;刘文楷等分析认为,无论是处于成熟初期还是中后期的企业,其多元化并购行为会增多,因此企业家的社会资本积累十分重要;沙彦飞在企业家社会责任和精神耦合研究中发现,成熟期的企业,企业家呈现以合作精神为主,进取精神、创新精神、冒险精神+慈善责任的耦合结构;杨轶清从金融危机以来倒闭浙商企业的实证分析中发现,纵观企业生命周期,信息处理能力(学习能力)、文化能力(思维习惯与价值观倾向)和改造组织的能力(领导与管理能力)在浙商群体中具有鲜明特色。

上述文献多强调企业家单项或部分专项能力和素质,对于扩展胜任力元素的遴选范围以及思索成熟期家族企业家预期维度划分具有借鉴价值。在通用能力方面,蔡卫星的研究结果表明,企业家能力是一个包含多维度要素的综合能力,涉及关系网络能力、更高的人力资本、战略管理能力、现金管理能力和财务治理能力;张卫国和何颖从战略管理视角研究高管胜任力模型发现,在战略制定阶段,高管胜任特征主要由全局观念、决策判断能力、信息捕捉能力、理性分析能力和变革创新能力5个要素构成;在战略实施阶段,由团队合作能力、协调组织能力、授权赋能、激励领导能力、人际交往能力和企业文化建设6个要素构成;在战略控制与评价阶段,则由洞察力、自我反思能力、快速反应能力、财务统计能力和承受压力能力5个要素构成。Man等研究发现,企业家能力主要包含6个维度,即机会能力、关系能力、概念能力、组织能力、战略能力和承诺能力。项国鹏等从制度能力视角出发，认为企业家制度能力是民营企业家实施制度创新并作用于企业成长的能力依托。张根明和陈才将企业家能力划分为机会发现能力、资源配置能力、资源整合能力、创新能力、风险承担能力、学习能力 6 个方面。除此以外，还有学者重点关注了机会捕捉能力、承诺能力、学习能力、思维力、诚信精神与实干精神等。在上述研究中，尽管体现了高层管理者相对宏观的胜任维度划分以及较为细粒度的能力元素刻画，但这种胜任力维度划分主要基于战略管理视角，在应用中具有局限性。同时，在反映胜任力定义的核心内涵上，忽略了企业家个性特质和知识管理方面的考察。总体而言，涉及通用胜任能力方面的文献最大不足就是缺乏特定类型企业的情境化背景分析，致使实践应用价值颇受质疑。

综合上述企业家胜任力文献发现，成熟期家族企业家胜任力研究存在文献单薄、构面设计厘定不清或缺乏信效度实证检验支撑、过于强调能力或技能的单维度识别而忽视其他胜任力维度的扫描以及内容辐射上缺乏情境化和时代化元素等问题。为了丰富家族企业家胜任力研究，弥补暴露出的缺陷，本研究在借鉴企业家角色理论、企业家定义和胜任力相关研究的基础上，仍需补充阐述家族企业典型特征和成熟期家族企业典型特征，并在这一基础上提炼出家族企业家所具备的囊括情境化和时代性特征的胜任力元素。

（1）能量流胜任力是企业家首先要关注的胜任能力，其次是个性胜任力。企业生命周期理论认为，成熟期企业十分注重以企业文化为载体的软实力建设，犹如中年企业家十分注重个人内在素养提升一样。正如组织成长理论强调，在企业发展的成熟稳定阶段，要注重从有形资源利用到无形资源发挥的转变，两者有着异曲同工之处。初创期和成长期企业以产品或服务作为生存之道，与其不同的是，成熟期企业会把企业文化内涵建设作为引领企业长期稳定发展的动力引擎之一。如何通过打造良好的企业愿景、价值观、使命感以及制度安排等为企业发展增效赋能，成为企业家解决组织内生发展的主要着力点。

（2）企业生命周期理论认为，成熟期企业由于发展惯性，处于前期发展利好盈余累计的红利期。出于对风险防范和未来发展的考虑，企业会积极利用自身累积的资源或借力外部利益相关方促进企业进一步发展，多采取诸如供应链整合、投融资等交易活动。因此，资本运作较此前阶段更加频繁，对企业家相关胜任力也提出了更高要求。物质流胜任力排在第 3 位，并不说明其不重要，相反，这恰恰体现了企业家只有先解决好企业内生发展动力问题，才能将注意力投向企业外部，借助外生力量促进企业发展的策略遵循。

（3）企业生命周期理论将企业视作一个有机生命系统。不妨与人进行类比，如果把企业在能量流胜任力和个性胜任力方面的需求看作一个人在内涵和个性修养上的精神需要。那么，物质流胜任力就是企业在生理上的需求，相应地，信息流胜任力建设就好比打造人体的中枢神经系统一样。伊扎克·爱迪思认为，成熟期企业处于企业发展的黄金期，其控制性达到相对高值，而灵活性则处于相对低值，在物质上企业已经摆脱生存困境，朝着更高层次的生理需要迈进，在企业文化上以创新为代表的企业精神正在衰退，逐渐被官僚主义束缚，在灵活性上也逐渐丧失对外界的灵敏性感知，而这一切都是企业发展惯性使然。不同于能量流胜任力或物质流胜任力之类的刚性需要，信息流胜任力供给对企业发展来说，更多体现在辅助性工具这一定位上。对内，企业通过信息网络与知识管理可以降低非对称信息带来的潜在风险，增强认知能力，减少逆向选择，同时减少日常沟通与决策成本，提高运营效率与决策的准确性；对外，便捷的通信网络不仅可以帮助企业增强对外即时感知能力，在流量即价值的时代，还能给利益相关方尤其是客户带来全新的价值感受，为企业赢得潜在商机。信息流胜任力的塑造对企业家来说，是大势所趋，但此方面能力的培育需要投入大量硬性成本和智力资本，非一朝一夕就能完成。因此，信息流胜任力对企业家虽然重要，但权重较低，也有其客观必然性，企业家仍需根据企业自身条件量力而行，渐进图之。

研究得到如下实践启示：

（1）以社会资本构建力、代际传承能力和关系协调力为代表的与家族企业特征关系密切的胜任能力没有出现在因子结构中，说明部分家族企业看重的非经济目标并不存在于企业生命周期整个过程。结论再次证明，探求企业家胜任力如果仅从静态角度进行“概化”研究，不符合企业家成长规律和企业发展实际，其应用参考价值将存有疑问，而从动态视角对企业生命周期各阶段胜任力结构予以逐一探求则更具有科学性和实践意义。

（2）在企业家胜任力研究过程中，必须将情境化和时代性特征同时纳入研究范畴，以增强结论的应用价值。同时，对家族企业家胜任力的研究，不能仅局限于胜任力元素的提炼，更要在构面设计上做出有益的、适用于整个企业生命周期的范式探索，将构面设计的普适性与胜任力元素选取的特殊性相结合。研究普适性有利于从横向视角在企业家群体间进行胜任力观察和比较，也有利于从纵向角度对企业家个人动态胜任力的演化进行剖析；研究特殊性的目的是增强不同企业类型间企业家胜任力探究的情境性，二者有机结合将促使胜任力研究相关结果更具生命力。

（3）受企业发展阶段和企业家成长规律的制约，企业家胜任力培育应注重次序策略，有意识地培养能有效匹配企业发展演进阶段的供给能力。

（4）在企业间供应链、产业链与价值链深度融合的时代，家族企业只有突破组织间、部门间的边界壁垒，打造无边界组织，才能更好地发展。家族企业家要加快培育自身异质性人力资本，促进各种要素资源流上流下、流进流出，在宏观把控上，增大流的“势”，减少流的“阻”，确保其在时空序列上流动的稳定性和高效性。在创造经济效益的同时，实现社会效益以及人的自我价值实现。

在国有资本“举牌潮”之下，民营企业引入国有股东的例子屡见不鲜。作为特殊的民营企业，关于家族企业引入国有股权提高企业创新效率的研究仍缺乏数据支撑。本研究以 2008～2018 年我国上市家族企业为样本，基于股东资源理论和社会情感财富理论，实证检验国有股权参股对家族企业创新效率的影响，考察政府补贴和创新管理能力的中介作用。结果表明：①国有股权参股能够显著促进家族企业创新投入和创新产出，进而显著提升企业创新效率；②进一步分析中介路径发现，国有股权参股的影响通过增加政府补贴和提升创新管理能力实现。因此，国有股权参股对家族企业创新的影响不应仅停留在促进家族企业创新决策层面。国有股权不仅可以带来政府补贴等创新资源、促进家族企业创新投入，还会参与家族企业创新管理。在混合所有制改革大潮中，激发盈利能力不足的家族企业创新活力是国有资本“举牌潮”中国有股权参股的初衷。家族企业仅提高创新投入不是参股的唯一目的，解决家族式管理问题、提高企业创新能力，进而促进企业长足发展才是参股的最终目标。

基于上述分析，本研究提出以下对策建议：

（1）在混合所有制改革中，需要进一步增强国有股东资源效应。企业是“资源型大股东联盟”的实体，不同性质股东投入的资源只有发挥协同作用才能实现互补。因此，非国有企业在进行创新管理时要与国有股东密切配合、共同发力。虽然国有股东可以带来独特的异质性无形资源，如研发技术和社会资本等，但要真正提升非国有企业创新投入转化效率，国有股东不仅要“资源参与”还要“管理参与”，真正参与到企业创新过程中才能发挥股东资源优势。需要注意的是，非国有企业在融合国有股权时要注重对“参股”的定位，防止政府过度干预。

（2）国有股权参股非国有企业混合所有制改革，改善家族企业经营管理机制。参股后，国有股权通过与家族所有权之间相互制衡，降低家族代理成本，使家族企业治理结构更加完善。在国有股权监督下，家族企业可以构建更加透明、公平的晋升机制，保障外部非家族员工的利益，解决家族式创新管理问题。家族企业还可以通过构建多样化股权促进开放式创新，避免“闭门造车”，提高企业研发产出。

（3）国有股权参股家族企业要注重从“形似”到“神至”。在进行混合所有制改革时，要同样重视非国有企业改革。从制度层面积极正确引导非国有企业发展，真正发挥其在国家经济转型中的作用。并且，根据股东资源理论，在进行多样化股权融合时要注重实效。在互惠原则下，通过改革发挥各类资本的协同优势，最终实现国家创新水平整体提高、经济高质量发展稳步推进。

两权分离度对企业创新投入的负向影响控制权是指终极控制人利用其持股比例对公司重大决策事项的表决权，包括直接控制权和间接所拥有的控制权。现金流权则指终极控制人按其实际投入公司的资本占总资本的比例所享有的剩余收益权利，即来自股东实际投入资本取得的股份。所谓控制权与现金流权的偏离是指终极控制人对重大决策或事项的投票权超过其对被控制公司净资产所有权的部分。从“掏空”角度看，Claessens 等研究发现，两权分离可能会导致实际控制人对企业进行“掏空”，进而导致企业价值的降低。Johnson 等指出，股权集中使得大股东倾向于利用自己手中的控制权，通过“隧道效应”从上市公司转移资产和利润，损害中小股东的利益，进而影响公司价值。从对企业创新的影响来看，家族企业表现出的更明显的风险厌恶、控股家族股东之间的利益冲突带来的新的代理成本等问题都会对企业研发投入产生负面影响。从外部政策方面分析，“营改增”政策能有效促进企业提高研发投入，但是随着两权分离度增大，“营改增”对企业研发投入的影响越来越不显著。从股权结构方面分析，终极控股股东的控制权与现金流权分离行为会抑制企业创新；终极股东现金流权与技术创新显著正相关，两权偏离度过高对技术创新投入和产出均具有显著的负面影响。

从融资约束角度研究，两权偏离程度越高，企业融资约束越严重，从而导致企业的创新能力下降。从“复杂效应”看，随着金字塔结构控制链增长、企业数量的增加，终极控制人对上市公司的控制更加复杂，这种复杂性可能会减少终极控制人的有效控制，并阻碍上市公司研发成功后的利益输送，从而减弱终极控制人研发投入的动机。由于“掏空效应”和“复杂效应”同时存在，企业可能会更愿意通过其他途径来谋求公司利益，很难将资金投入到企业研发这种具有高度不确定性的活动中，基于此，我们提出如下假设：

H4 -1a：家族企业现金流权和控制权分离度越高，企业研发投入就越低，从而对企业创新产生负向影响。两权分离度对企业研发投入的正向影响。

与此同时，两权分离更多的是导致实际控制人对企业的支持行为，进而导致企业创新水平上升。并且，民营企业的两权分离状态并不会损害公司价值，相反还有微弱的正向作用。家族企业主通常是企业实际控制人，为了企业的长远发展，他们往往会通过做强上市公司来提升企业价值，所以更多的是支持行为而不是“掏空”。两权分离度较高能够有效拓展内部资本市场，缓解融资约束，从而激发企业的创新能力。从控制权配置看，终极控股股东两权分离度与企业创新投入显著正相关，这与一般金字塔结构的“掏空”理论出现相反结果。所以，在两权分离导致的支持效应和缓解融资约束的双重作用下，企业可能利用其资源来支持上市公司的研发行为，基于此，我们提出如下假设：

H4 -1b：家族企业现金流权和控制权分离程度越大，企业研发投入就越高，从而对企业创新产生正向影响。

有关家族涉入与企业研发投入的研究假设已有研究表明，家族成员涉入这种治理方式对于家族企业也会产生不同的影响。在家族企业中，相对于自然人直接控股，家族控股联盟的存在及对董事会席位地占据为家族股东进行利益侵占提供了便利。从社会情感财富的视角来看，家族持股比例对研发投入的影响随着家族财富投入的多少而产生不同的影响。在家族超额控制方面，研究表明董事会及经理层家族超额控制对家族企业创新均表现为激励效应。Liang 等在研究中国家族上市公司时发现，如果家族成员进入管理层会弱化研发投入与创新绩效的正相关关系，但是家族成员进入董事会则会强化这种正相关关系。张妮等通过对家族领导权涉入和所有权涉入两方面考察家族涉入情境对上市公司创新行为的影响时发现，家族领导权涉入对上市公司创新行为有积极影响，而家族所有权涉入与上市公司创新行为之间存在非线性相关关系。董事长作为公司的法人代表，除在公司内部拥有最高决策权力外，更享有较高的社会知名度，当家族成员担任董事长时，将会格外注重企业的声誉和发展，所以对家族企业存在的为了眼前利益而放弃长远利益的短视行为会起到一定的监督作用。此外，当家族成员担任董事长时，会受到外界更多的。

4.2 代际传承创新

代际传承背景下家族企业创新投入是家族企业治理研究领域的重要问题。分析和检验了差异化二代继任方式如何影响家族企业创新投资水平，以及二者关系是否会依赖于家族权威差异而发生变化。研究结果发现：与渐进型二代继任相比，激进型二代继任会削减家族企业创新投入；二代继任方式与家族企业创新投入关系受到家族权威的影响。在家族成员权威和非家族创业元老权威较重的企业，激进型继任者对家族企业创新投入的削弱效应更显著。进一步研究发现，二代继任 3 年后，激进型继任者对家族企业创新投入的负面影响显著下降，且其削弱效应在规模较大企业以及创立时间较长的企业中更显著家族企业创新投入动因一直是家族企业治理研究领域关注的重要问题之一。随着我国家族企业逐渐进入交接班高峰期，该问题研究已经深化到代际传承影响因素层面。但是，将传承因素纳入家族企业创新研究的结论却存在较大分歧。基于社会情感财富理论的主流研究强调家族传承意愿会促使企业加大有利于长期发展的创新投入。但也有研究证实，二代涉入、代际传承会抑制家族企业创新投入。现有研究分歧对进一步探究代际传承背景下家族企业创新动因问题提出了更高要求：一是现有基社会情感财富理论的研究更多考察了家族企业与非家族企业创新投入的差异，其隐含假设是家族企业是同质化的。然而，由于资源禀赋、创始人特质和企业目标的差异，相较于非家族企业，家族企业在决策行为上表现出更大异质性，因此更有必要对家族企业创新投入差异进行分析；二是创新投入作为一种重要的企业投资决策行为，依赖于继任者权威与意愿，而继任者权威、意愿与继任方式是密不可分的。因此，要了解传承情境下家族企业创新投入差异动因，需要考虑二代继任方式的差异化影响。

基于上述分析，本研究将二代继任方式作为代际传承背景下影响企业家企业创新决策的重要权变因素，考察差异化继任方式如何影响家族企业创新投入，以及二者关系在激进型继任方式下，二代突然“空降”到企业管理层会增加其继任复杂性。这种不符合企业常规晋升机制的做法容易招致企业利益相关者质疑，继任者也要承受来自企业员工的不适和不满，导致二代继任者面临较大的权威不确定性，以及二代继任者在继任后需要快速向利益相关者证明自己的能力以构建自身管理权威。同时，由于激进型继任者管理权威不足，会增加其获得员工支持和管理团队配合的难度，进而影响其企业资源调配能力和决策行为实施。创新投入作为一项重要的企业投资决策行为，依赖于决策者的认知偏好与资源调动能力。从继任者理性认知的角度看，相对于渐进型继任，激进型继任二代谋求个人管理权威的诉求更强烈，使其产生强烈的“速胜动机”，即在继任后快速获得良好业绩以证明自己。因此，能够彰显个人能力、期限短、回报快的投资项目更受激进型继任二代青睐（刘鑫、薛有志，2014）。企业创新投入作为一项不确定性高、回报周期长的投资决策，在短期内会增大企业财务风险，影响短期经济绩效，如果研发失败会引发利益相关者强烈不满，这与激进型继任二代需求背道而驰。因此，迫于短期对个人管理权威的强烈需求，相对于渐进型继任者，激进型继任二代会避免陷入这种不确定性较高的创新投资承诺中。从继任者资源调动能力看，二代继任者不仅拥有正式职位赋予的权力，还有社会与家庭赋予的非正式权力。

如前文所述，激进型继任方式容易导致二代继任者规范性管理权威不足，容易招致企业利益相关者质疑，且这种质疑会直接影响其接任后的企业资源动员能力。相反，渐进型继任方式有助于二代平稳获得管理权威，较少遭受企业利益相关者质疑，从而拥有更强的资源动员能力。企业创新需要决策者拥有足够的人、财、物等资源调动权力，也需要获取重要利益相关者的协助。资源调动能力不足会在一定程度上削弱激进型继任二代对企业创新的投入。是否依赖于家族权威差异而发生改变。家族成员权威的影响家族成员参与企业创立与经营是家族企业的重要特征之一，家族企业主要借助家长权威和差序格局进行家族成员关系协调与资源配置。一代创始人在家族企业中通常拥有较高个人威望，但二代继任者通常并不具备一代创始人的个人权威，且在很大程度上其个人权威会受到家族辈分和亲缘关系等因素影响，这使其在企业决策过程中受到家族成员尤其是权威长辈的牵制。心理学研究指出，组织成员在工作场所通常具有较强领地意识，即个体对相关权力和目标物的拥有感以及防止他人接近的意识。这种领地意识往往使得个体在面对目标物所有权和控制权存在被侵犯的可能性时表现出较高敌意。家族企业往往是一代创始人与家族长辈艰苦奋斗经营起来的，他们对企业有着较强的领地意识，不愿意放权或恋权的现象比较普遍（李新春、韩剑、李炜文，2015），这会使其对二代继任者提出更高的合法性要求。此外，二代继任者的兄弟姐妹或者家族分支也有着各自利益诉求和“领地范围”，在利益驱动下，家族成员会在尽可能的范围内争夺家族企业资源和利益，尤其是有多个身份相近的二代家族兄弟姐妹存在时，会更加激化对企业资源乃至继任权力的争夺。在此情况下，经过长期磨合且通过考核的渐进型继任二代通过在组织内部获得认可构筑自己的资源网络。

因此，其面临的管理权威需求压力较小，资源调配能力也较强。而激进型继任二代由于其超常规的继任方式，其个人管理权威易遭受质疑，在家族成员权威较高的情况下，其构建个人管理权威的迫切性和压力较大，资源调配能力也更受限制。因此，家族成员拥有较高权威会激发激进型继任二代构建自身管理权威的需求并限制其资源调配能力，进而影响其创新投入决策。综合上述分析，本研究提出如下假设：

H4－2：在家族成员权威较高的企业中，二代激进型继任方式对家族企业创新投入的削减效应更显著。

创业元老权威的影响家族企业的二代继任者在接班过程中除需要面对家族成员权威的挑战外，还需要面对非家族创业元老权威的挑战。组织对个人权威的认可主要取决于其资历和智慧两个因素，非家族创业元老往往凭借上述两个元素在家族企业中建立个人权威，进而影响二代继任者个人权威的建立。非家族创业元老在家族企业中有着特殊影响，他们与一代创始人往往有着较为特殊的关系，如好友、同学、老乡、战友等。创业元老与一代创始人在创业之初就一起奋斗，在长期的创业过程中结下了深厚友谊，因此，创业元老与一代创始人往往建有较高信任感。同时，创业元老在长期创业过程中与企业共同成长，甚至在很大程度上家族企业组织体系的建构是创始人和创业元老共同努力的结果，这些创业元老为家族企业发展做出的历史贡献是有目共睹的，从而使其更容易获得企业中其他管理层和员工认可，在家族企业中具有较高资历与智慧权威（李新春、韩剑、李炜文，2015）。

同时，由于非家族创业元老在家族企业中通常有着自己的利益诉求和势力范围，因此其同样具有较强的领地意识。二代继任本身就蕴含了权力与利益关系的重新分配，由于二代继任者在继任过程中与创业元老及其追随者难免会有一定冲突，这在一定程度上会影响二代继任者个人权威建立。即使没有冲突，二代继任者面对劳苦功高的创业元老也会有着较高的组织认同压力。在此情况下，渐进型继任二代在经过长期考核后进入决策层，这在一定程度上也反映出其获得了创业元老的认可，面临的管理权威压力较小。而激进型继任二代以空降方式突然进入公司决策层，会对创业元老带来一定心理冲击。而且，与一代创始人共同奋斗的非家族创业元老通常年龄较大，思想上受“论资排辈、按部就班”等传统文化影响较大，这也提高了激进型继任方式被创业元老认可的难度，进一步强化了激进型继任二代建立个人管理权威的迫切性，同时限制了其资源调配能力，进而影响企业创新投入。从社会发展实际看，我国家族企业已经进入交接班高峰期，在此背景下，家族企业要实现长远发展，就必须考量交接班方式对企业创新投入的影响。本研究结论表明，差异化继任方式是影响二代继任后个人管理权威构建的关键，进而影响其在家族企业创新投入方面的决策行为，具体表现为激进型继任对家族企业创新投入具有削减效应。而事实上，创新投入对企业价值是非常重要的，因此需要采取一系列措施以降低代际传承对创新投入的负面影响。家族企业需要对继任者提前进行培养与规划，让其尽早进入家族企业，给予其充足的时间去适应环境和建立个人权威，缓解继任后出现个人合法性管理权威不足。

集权式股权结构与企业创新——“同舟共济”还是“同床异梦”？公司股权结构与技术创新的关系一直广受学者们关。股权集中度是股权结构研究的重要方面，决定了公司治理所要解决的主要问题。股权集中（简称集权）是我国上市公司的主要特征，目前上市公司治理的主要问题是大股东与中小股东之间的利益冲突，即第二类委托代理问题。股权结构的另一方面即股权制衡，成为解决公司治理问题的重要思路。由此，股权集中与股权制衡组合（简称集权形式）共同构成了公司治理的基本框架，进而影响企业创新。基于此，本研究将股权集中且股权制衡度较低的集权形式称为绝对集权，将股权集中且股权制衡度较高的集权形式称为相对集权，着重分析不同集权形式下，控股股东和其他大股东对企业创新投入与产出的联合治理效果。在集权式股权结构对企业创新投入决策影响方面，信息技术企业创新具有高投入、高风险和高收益并存特质，且创新结果具有高度不确定性。一方面，新失败会造成股东财富损失，降低企业经营业绩；另一方面，成功的技术创新会提升企业未来适应能力和竞争能力，有利于企业长期绩效。基于此，本研究认为，绝对集权形式下，控股股东掌握公司绝对控制权，是创新投入的决策主体，基于损失规避动机，控股股东对创新投入活动会更加保守、谨慎。出于“同舟共济”或妥协合作动机，其他大股东会支持控股股东的保守性决策行为，从而使创新投入减少。相对集权形式下，控股股东风险追逐占主导，而此时其他大股东与控股股东抗衡能力提高，在创新投入决策上具有更多话语权，出于组织内斗原因或合谋“掏空”目的，公司创新决策往往更加大胆、激进，从而增加创新投入。不同集权式股权结构下，控股股东与其他大股东的治理动机和行为存在差异，从而对企业创新产出具有不同治理效果。一方面，绝对集权形式下，控股股东股权集中度较高，其他大股东股权制衡度较低。另一方面，控股股东通过侵占中小股东利益，将企业资产和资源转移出去等“掏空”行为成本增加而收益减少，从而表现为更重视企业持久盈利能力，进而为公司提供身资源，产生“支持效应”。适度的股权制衡可以有效监督控股股东“掏空”公司的利益攫取行为。

因此，绝对集权形式下，一方面，控股股东与其他大股东间利益协同，在创新产出转化过程中“同舟共济”，从而增加创新产出。另一方面，在相对集权形式下，控股股东股权集中度高，其他大股东股权制衡度也较高。高股权制衡度在限制控股股东私利的同时，也可能降低其选择公利行为的积极性，带来控制权争夺，导致管理层有机可乘，产生更严重的代理矛盾。此时，控股股东在其他大股东密切监督下，基于支持行为的共享收益成本增加而收益减少，对创新产出过程的监督支持动机减弱，可能更多表现为“掏空”行为；非控股股东在制衡能力较强时，容易形成过度监督，或发生控制权争夺，为自己谋取私利。基于此，本研究认为，相对集权形式下，控股股东与其他大股东间利益冲突较严重，在促进创新产出转化过程中“同床异梦”，从而不利于企业创新产出。

众所周知，家族是分析家族企业的核心，家族结构的变化会打破原有的家族利益平衡，进而对家族治理方式和效率产生影响。解剖家族内部结构的第一步是基于亲缘或血缘规则特性对家族类型划分，Peredo 认为，家族血缘关系的基础有三种，即以血缘及婚姻为亲缘关系基础的组织模式、以精神为亲缘关系基础的组织模式及以社区关系为基础的家族成员组合模式。但这种基于国外制度文化背景的划分不贴近中国文化背景的家族企业类型划分，贺小刚等基于社会学理论与差序格局理论，将家族企业划分成核心家庭成员主导型、远亲成员主导型及复合成员主导型，对研究中国制度背景的家族企业具有一定的理论贡献。随后，国内外学者开始关注不同类型亲属关系对家族企业治理的差别化影响及对家族参与企业的治理效率，既有研究得到的结论不尽相同，且存在方向相反的结果。

不同类型的亲属关系与家族企业之间的研究，主要有以下特征：第一，家族企业的传承与父母子女关系的研究密切相关。两代人所经历的社会环境变迁、个人知识习得及对现代企业价值的认知差异导致的代际情感冲突影响了家族企业内部治理效率。第二，夫妻共同经营的家族企业中，夫妻角色分工对公司治理及企业绩效的影响是此类家族企业研究的主要内容。第三，兄弟姐妹控制的家族企业主要聚焦于家族企业控制权和管理权方面的争夺，权力和利益的矛盾冲突是导致此类家族企业衰落的主因。

4.2.1 家族创始人子女人口结构与代际传承决策

家族企业作为家族和企业的结合体，家族存续和家业传承深受中国传统家族观念及儒家思想的影响。在传统的中国社会，“男女有别”“传男不传女”的思想依旧盛行，以男性血亲构建的父系世代关系才是家族延续的主流。家族内外亲疏有别，差序格局明显（费孝通，1947），信任关系大都局限于具有血缘关系的家族成员之间，对家族之外的人则信任不够（Fukuyama，1995），因此子承父业仍旧是中国家族企业的传承首选。Warner 和 Steel（1991）研究指出，父母在养育子女的同时，也在向子女传授着自己的价值观；反之，父母的价值观有时也会受到子女的潜在影响。而企业的各项决策内生于本土的文化之中，在中国传统家族文化的影响下，家族企业创始人的子女结构将会影响家族的传承意愿，进而影响企业的可持续发展（沈艺峰、陈述，2020）。因此，作为创始人的家族企业实际控制人，其子女的人口结构特征会对其价值观产生极为重要的影响，且这种影响最终会在企业的战略选择和绩效上得到体现。

4.2.2 家族企业二代涉入与企业创新

在家族企业中，创新行为往往是由家族性决定的。吴炳德和陈凌（2014）研究发现家族企业研发投资的风险规避具有一定的门槛，家族企业选择风险收益与保持家族社会情感财富的适当组合，具有较高的差绩容忍度。Matzler 等（2015）基于资源观和代理理论发现，由于资源匮乏，家庭成员参与管理和治理构成了家族企业创新投入方面的障碍，但同时由于创新质量得到了提高从而增加了创新产出，并且提高了公司创新的能力。随着家族企业代际传承的普遍化，家族二代介入企业是否会影响企业创新投资行为的话题越来越受到关注。Hambrick 和 Mason（1984）创新性地提出了高阶理论，把高层管理者的学历水平、工作经历和背景特征、战略选择、组织绩效纳入高阶理论研究的模型中。而拥有不同特征的家族二代不仅对企业绩效产生影响，还会影响战略的制定。当企业落后于行业平均多元化水平时，高学历家族二代却更倾向于实施聚焦化的战略调整（李新春、张鹏翔、叶文平，2016），受过高等教育的人往往更加有自信，勇于创新性研究，再加上他们所接触的人群具有深厚的知识储备，有助于他们掌握新的战略方向，及时做出决定。黄海杰、吕长江和朱晓文（2018）研究发现在二代为海归背景、外部监督较差的家族企业中，二代介入对家族企业的创新活动有显著的正向影响。同时，二代愿意将自己定位成“赋富而不骄、华而不傲、锐意进取、积极向上”的“新二代”，更加注重企业核心竞争力，加大研发投入力度，赢得大众一致认可（赵勇、李新春，2018）。

但是，家族企业在二代涉入阶段家族成员子女之间的关系会逐渐疏远，因此继任者上任后为了取得内部管理人员的支持，会通过减少研发投资来实现短期的经济目标，以此来证明自己的能力（程晨，2018；许长新、赵梦琼，2019）。相对来说家族创一代更看重社会情感财富，往往是任人唯亲，但二代由于缺乏较高的家族使命感，唯贤任用，导致难于处理高管中家族成员之间的关系。因此，高管团队中家族成员的数量会影响企业的创新能力（郑登攀、李生校，2019）。

4.2.3　家族二代教育水平与企业创新

教育在人的发展之中，有助于提升个体认知能力和价值观的形成，彼得·德鲁克（2018）认为，企业家可以通过加深受教育程度和有意识的训练来增强创新意识和培养企业家精神，而学历较高的企业高管在信息收集与认知方面有着更多的优势，能够做好管理创新、战略选择以及资源整合，提高企业的经营绩效（李连华，2017）。因此，家族二代的教育水平必定影响着企业的创新能力。一方面，较高的学历和足够的知识储备提高了二代的认知水平，对风险的接受能力也相应提升，他们往往不会拘束于现有的企业运行模式，而是根据自身的价值观进行战略选择，更可能加大研发投入来实现长久收益；另一方面，“物以类聚，人以群分”，高学历的二代接触群体往往也都是高学历、高能力的群体，有助于更快地获得市场信息，以及更多的资源，较高的教育背景氛围也会吸引到更优质的员工（丁小浩，2016），大大减少了获取资源以及人力资本的花费，从而有较多的资源用于研发。同时，在市场化较高的情况下，家族企业的不安感和防御性增强，此时受教育程度愈高则愈能认识到产权保护和减少政府干预有利于投资，从而愿意加大企业研发技术创新投入来减少不安全感（陈凌、吴柄德，2014）。据此，研究提出当家族企业二代受教育程度越高时，研发技术创新表现越好。

4.2.4 家族二代海外经历与企业创新

作为人力资本的具体表现形式，海外背景常常被视为具有良好教育背景或专业技能知识的标志（代昀昊、孔东民，2017）。随着经济全球化的发展，越来越多的家族企业二代愿意出国深造，在A股已发生传承的上市家族企业中，约有41.5%的家族二代具有海外留学或工作背景（朱晓文、吕长江，2019）。吴映玉（2017）研究表明，拥有海外经历的高管团队能够促进企业技术创新能力的提升。由此可见，当家族二代有海外背景时对企业创新决策将产生深刻影响。

首先，家族二代在国外的学习或工作经历拓展了国际化视野，增强了国际化专业能力；系统的西方教育以及更多的知识技能造成了二代与父辈管理理念的差异。同时，不同于国内的社会环境和价值观，国外更多强调个人主义，致使家族二代思想更加具有包容性和开放性，同时其反叛心理也更强（郭超，2013），这导致他们往往不会循规蹈矩并希望自己在国外所学有用武之地，从而加大科研创新的可能性。其次，二代在国外接受教育或工作时有可能接触到关键的前沿技术知识，并将相关成熟的技术管理技能带回国内，有利于企业重视对技术的知识储备，提高研发人员的工作效率。最后，海外背景还将产生“网络效应”（罗思平，2012），海龟人才大多与国外的机构或相关企业有所联系，由此搭建的关系网络有助于企业实施国际化合作战略并拓展海外业务，为企业接触到前沿的科技打下基础，快速掌握技术更新动态，提高科研创新能力。据此，提出以下假设：当家族企业的二代有海外留学或工作背景时，家族企业的研发技术创新表现越好。

代际传承是一个长期的动态过程，较多的社会情感财富考量，会影响企业的投资决策过程，汪祥耀（2016）等认为参与管理、共同管理、接收管理这三个传承的不同阶段具有差异性，为了顺利进行传承并延续社会情感财富，家族企业往往忽视创新，减少风险较高的研发投入。相比于创始人，家族二代或者职业经理人担任 CEO 都可能因为传承期中的合法性问题而降低对失败的容忍度，从而避免陷入长期性和不确定性的创新陷阱中（邹立凯，2019）。首先，不同于创始人，当家族二代担任董事长或总经理后，他没有经历过创业的艰辛，不懂得企业对创始人的重要性，因此家族二代对企业的感情自然也没有父辈那样深厚（严若森，2020），可能对企业可持续发展的重视不足。即使二代想要加大技术创新，但面对"少主难以服众"的尴尬局面，较难以驾驭父辈打下的"一片江山"。父辈形成的固有权威导致二代很难在短期内获得企业内部股东、管理层、员工以及社会的认可，很容易将错误归于刚上任的二代身上（Villalonga 和 Amit 等，2006；程霖和周艳，2018），并且相较一般投资决策，研发技术创新未来不确定性较强、风险较大，为了建立自己的权威，他们更愿意采取保守的战略或者通过短期项目快速证明自己的能力。其次，增加了具有未知性的研发技术创新投入，必然会影响到股东的利益，所以大多数股东同意采取稳健的投资策略，而不是投资不确定性较大的创新项目。在缺乏有效的外部监督的企业中，家族二代可能利用父母的利他主义心理而侵害中小股东利益（黄海杰，2018），引发中小股东与控股性家族的矛盾，结果增加代理成本和管理成本，企业创新的投入动力将更加不足，从而减少对创新活动的支持。最后，受中国"家"文化的影响，创始人对自己的子女会更加宽容，不会特别要求他们做出改变，即便存在不当行为也会加以保护（郑登攀，2019），如此便不利于培养企业管理者创新精神。（Bhattacharya 等，2017；顾夏铭等，2018）查阅前人学者的相关研究，可以将企业的内部环境大致划分为以下几个方面。

①财务状况。财务状况是企业进行研发创新的基石。财务状况如企业的资金与人员规模、盈利与偿债能力、成长发展能力等，这些因素均会显著影响企业的创新水平与表现（周建等，2012；鞠晓生等，2013；江轩宇，2016），但可能在企业所有制、薪酬激励等方面存在异质性。例如，田轩和孟清扬（2018）发现股票期权、限制性股票等不同的激励方式都对企业创新有显著的积极影响，且不同的激励方式的影响在不同产权性质的企业中具有异质性——股权激励对于企业创新的正向影响在民营企业中更大。然而钟宇翔等（2017）表明，企业创新活动的研发周期长，市场的经济环境变化快，

风险与收益并存，这就会导致薪酬制度不完善以及企业的短视行为，从而对企业的创新活动也有所限制。

②股权结构。朱冰等（2018）发现多个大股东的存在会给企业带来诸多负面的影响，例如，会导致公司的风险承担能力降低，造成“过度监督”问题，从而使企业创新受到抑制。企业或机构投资者、政府等不同类型的股东，对其企业创新研发的重视程度以及失败容忍度不同，这就导致了企业进行研发创新的驱动力有很大不同：由机构投资者作为股东的企业，其创新动力与效率相对较高，但是由政府作为股东的企业，其创新驱动力要低于民营企业或者个人持股的企业（李文贵、余明桂，2015）。另一部分研究表明，企业拥有更大的制度所有权，则其进行的创新活动会更多。

③股权集中度。有部分学者研究发现股权集中度能够给企业的研发创新带来积极影响，例如，其显著正向促进了企业的研发创新投入（鲁桐、党印，2014）；相反地，也有学者认为股权集中度与企业的研发创新的关系为负向（杨建君、盛锁，2007）；此外，还有学者认为股权集中度与企业研发创新之间并不存在显著关系（陈隆等，2005）。这是由于股权高度分散，股东具有不同持股比例，大股东想要利益最大化从而更加重视企业的生产经营问题，所以可能中小股东“坐享其成”而“搭便车”。

④企业家精神。葛宣冲（2019）认为企业家精神能够增强民营企业的创新能力与创新动力。企业家精神和研发成果是否能具体落实与顺利出售也都影响着企业的创新（李静、马宗国，2016）。

除此之外，中小企业与其他规模的企业相比具备特殊性和代表性。中小企业与大型企业在资金、内部沟通、技术人员、管理配置、经济规模、政策法规上均具有差异，每个企业的研发创新也面临不同的外部环境与内部条件，故企业的生产与经验机遇与挑战并存。中小企业的内部灵活性强，对技术以及市场变化较为敏感，对研发具有极大热情，与大型企业相比，中小企业对新产品研发更加重视。

4.3 企业管理创新

家族企业这一特殊的组织形式已越来越多地被学者们认同，然而该类组织形式普遍存在创新投入不够的问题。在企业普遍面临经济转型升级和实施创新驱动战略大背景下的中国，创新水平的高低决定了企业的短期经营绩效和长期竞争能力，如何提高家族企业在创新方面的意愿和能力，是国内外学者们亟须解决的问题。因此，家族企业创新的话题已经受到了国内外越来越多学者的关注家族企业往往被视为保守的组织形式，很少进行机会探索和创新行为。过去国内外学者们在研究家族企业创新问题时，大多将家族企业视为同质性的组织形式。然而，单纯比较家族企业与非家族企业之间在创新方面的差异显然会产生大量不一致的矛盾结果，表明家族涉入所产生的家族性对企业创新既有有利的一面，也有不利的一面，使得家族企业更加具有创新性或者缺乏创新性。为了解决家族企业创新的矛盾结论，学者们开始认识到家族企业内部之间的异质性，从家族企业异质性角度出发探究影响家族企业创新的有利和不利因素。

已有研究表明高管团队对于企业战略行为和资源配置至关重要，对企业创新有着直接的作用。家族企业提供的天然的高管团队多样性特征有利于更好的理解家族企业异质性问题，主要有两个方面：第一，基于家族与非家族属性，可以将高管团队多样性理解为家族与非家族混合管理；第二，基于代际多样性，可以将高管团队多样性理解为存在二代参与管理。从家族与非家族属性多样性角度来看，目前家族企业已经越来越多的引入外部非家管理人员和技术创新人员，一部分家族企业完全由非家族成员进行管理，企业主任命亲属担任高管职位的现象消失；一部分家族企业完全由家族成员管理，所谓传统意义上的家族式企业。然而，多数中国上市家族企业在配置高管团队时，既保留家族成员也引入非家族成员管理，形成家族与非家族共同管理的局面。从代际多样性角度来看，目前家族企业正处于代际传承的热潮，越来越多的二代开始参与企业管理，为企业带来新的知识和能力。很显然，家族企业高管团队组成的差异性形成了不同的目标追求、资源配置以及管理企业的方式。现有研究集中于家族管理或去家族化是否有利于促进企业新，忽略了家族和非家族混合管理以及二代参与管理这种高管团队多样性对企业创新行为的影响。

然而，鲜有文献研究家族企业高管团队特有的多样性来源对企业创新投入的影响，即家族和非家族混合管理以及二代参与管理所形成的 TMT 多样性。因此，探究家族企业高管团队多样性对于创新行为的影响为今后进一步理解家族企业异质性提供了一定的方向。

4.3.1 高管团队多元化

家族与非家族混合管理与企业创新投入，家族企业被视为保护现有社会情感财富的组织，通常不愿意选择损害家族非经济目标的创新活动。然而，家族企业之间可能存在很大的差异，有的家族企业可能更看重对经济目标的追求而忽视非经济目标，“去家族化”成为热潮。有的家族企业将非经济目标置于经济目标之上，“家族化”显而易见。有的家族企业介于两者之间，既有“家族化”也有“非家族化”。本研究打破现有研究对家族企业的固有观念，基于高管团队组成角度对家族企业进行重分类，根据实际情况把家族企业分成三类，即纯非家族管理、纯家族管理以及家族与非家族混合管理，提出过度家族化以及过度去家族化对企业创新投入形成抑制效应，家族非家族混合管理这种管理方式有利于促进企业创新。

越来越多的家族企业开始引入职业经理人来补充家族成员所缺少的专业技能和经验。然而，随着职业经理人的不断涉入，可能会形成纯非家族管理方式。对于家族企业管理层中不安排家族成员担任管理职位来说，从代理理论来看，家族企业特有的两权合一特征消失，形成家族所有权与非家族管理权的局面，非家族成员往往容易产生代理问题。因此，这种管理方式失去了家族企业固有的代理优势；从社会情感财富理论来看，此时家族企业似乎对家族控制和管理等非经济目标已经完全丧失，提高管理层知识与专业技能并获得短期经济效益的经济目标变得更加凸显，此时，家族企业保有社会情感财富的意愿最小化。此外，非家族管理者更注重如何提高企业经营绩效并获取短期收益，会避免具有风险性、周期长的创新投资行为。然而，对于纯家族管理来说，这种狭义的传统型家族企业明显的特点是控制权完全集中，任人唯亲，现代家族企业较少出现这种家族管理方式。从资源基础理论来看，家族成员之间的人力资本同质化程度较高，缺乏外部职业经理人所必备的专业技能，创新成功的概率远低于失败的概率，更愿意从事风险性小的业务活动；从社会情感财富理论来看，此时家族企业对于非经济目标的重视程度要远高于经济目标，为了避免研发投资行为所带来的所有权和控制权的减少，以及为了延续企业，将变得更加保守。与纯非家族管理和纯家族管理相比，本研究重点分析家族与非家族混合管理所形成的 TMT 多样性，这种主流的管理方式是否能够促进企业进行更多的创新投入，然而，家族与非家族混合管理所形成的 TMT 多样性会带来一些优势。在保留家族成员特有的社会资本和对家族企业特有的隐性知识外，非家族管理人员可以引入关键的管理能力，给高管团队带来专业知识以及广泛地组织经验，形成资源互补效应，既降低了家族管理人员能力的欠缺，提高了创新能力，对创新成功的期望要高于失败的风险，更愿意进行创新行为，又放大了家族管理特有的隐性知识对创新行为的作用。从社会情感财富理论来看，家族企业选择引入非家族成员进行管理，对社会情感财富的保护做出了让步，降低了对社会情感财富损失的厌恶，增强了对风险性创新行为的投资意愿。与过低或者过高的对社会情感财经济管理富的保护意愿相比，对社会情感财富适度的保有有利于促进企业创新投入。因此，本研究认为家族与非家族混合管理所形成的 TMT 多样性有利于提高企业创新投入水平。高管团队多样性（二代参与管理）与企业创新投入。关于二代参与管理所形成的 TMT 多样性与企业创新投入之间的关系，目前文献尚存在不一致的结论。有学者认为二代参与管理有利于促进企业创新，朱沆等认为具备代际传承意愿的家族企业其投资视野更长，为了获得延伸型社会情感财富所带来的效用，从而增加创新投入。黄海杰等认为二代涉入会降低代理成本，起到监督机制的作用，有利于创新活动。周立新认为随着家族参与代数的增长，有利于创新能力的积累。相反，有学者认为二代参与管理抑制企业创新，严若森等认为二代涉入会增强对企业的控制意愿和利他主义行为，不利于创新投入。邹立凯等认为出于建立合法性的原因，二代涉入会注重现有投资回报期短的业务，以获得短期效用来证明自己的能力。

基于中国代际传承的大背景下，整合过去学者们关于二代涉入与创新投入之间的关系。本研究认为目前二代涉入更多的是发挥其抑制家族企业创新投入的作用，二代参与管理的促进作用需要一定的期限。首先，由于我国二代参与管理属于代际传承过程中的早期阶段，势必为引发其他家族成员和有能力的非家族管理成员的不满和抵触，二代成员需要展现其具有胜任的能力以构建权威和消除不满。因此，二代参与管理并不会对现有业务范围进行调整或实施重大的战略变革，相反，二代管理会集中精力于现有具有盈利的业务，注重对现有业务的掌控和熟悉，以通过获取短期优良的绩效成果来平复其他成员的抵触和消极情绪；其次，二代参与管理是家族企业对代际传承延续企业的非经济目标的重要体现，在决策方面会更具长期视角。由于二代涉入会影响企业的发展和变革，对企业的运行产生不稳定因素，为了顺利度过代际传承期，二代涉入往往会避免重大变革和具有风险性行为，其长期导向并不会导致家族企业加大研发投入力度。相反，二代涉入往往是企业主为了进一步控制和管理企业，保持家族对企业的控制，注重对社会情感财富的保存。因此，二代成员的长期导向使得家族企业在代际传承期更加谨慎，减少对创新行为的追求；最后，二代成员大多为高学历、具有相应管理理论知识的年轻人，其知识储备要比一代创始人要多，但其缺少将理论用于实践的经验积累他们认识到创新对企业的重要推动作用，也知道创新的成功需要创新技术人员、充足的财务资源等。

由于，当前最重要的是熟悉企业的环境以及业务流程，在全面理解企业存在的问题的前提下，才能发现当前企业是否具有创新的机遇，一味地创新追求适得其反。因此，二代涉入所形成的 TMT 多样性会抑制企业创新投入。家族企业之间的异质性开始受到国内外学者们的关注，不同的家族企业在其高管团队组成上存在差异。高管团队的组成对企业创新至关重要，通过从家族企业高管团队特有的多样性角度，研究 TMT 多样性（家族与非家族混合管理、二代参与管理）是否会促进或抑制企业创新投入。本研究利用 2008 ~ 2018 年中国 A 股上市家族企业为样本，研究发现：（1）家族和非家族混合管理所形成的 TMT 多样性有利于促进创新投入，即同时具有家族属性和非家族属性的高管团队，可以实现不同家族性资源与外部职业经理人资源的优势互补，对社会情感财富的保护力度过低或过高都不利于企业创新投入，适度地保护社会情感财富提高企业创新投入；（2）二代参与管理所形成的 TMT 多样性抑制创新投入，即中国背景下的二代参与管理还未形成有利于促进创新投入的结果，正处于抑制创新投入的时期。本研究建议家族企业要合理配置高管团队的组成，建议同时保留家族成员和职业经理人，避免过度家族化或过度去家族化，此外，要提高现阶段二代参与管理对创新投入的承诺，提高创新投入水平。

我国独特的“家”文化传统使得家庭子女的结构对我国家族企业造成深远的影响，不仅决定了企业未来的发展，而且对企业的各种财务决策也会造成差异。即便如此，子承父业的传承方式依旧是我国最主要的模式，正如“吾国社会之组织，以家庭为单位，不以个人为单位，所谓家齐而后国治也”所述，中国传统文化极为重视家庭伦理（梁启超，2007），两千多年以来，家族形成了一种家族本位的宗法社会（张岱年，2004）。因此，家族领导人在面对“贤”与“亲”时，会优先考虑家族成员并存在“代际锁定”现象（胡旭阳、吴一平，2017）。一方面，家族企业的创始人相比较于“外人”更加信任家族成员。家族企业追求稳扎稳打，在家族企业中，创一代与自己的子女最亲密并对其能力也有所了解，而发生在实践当中的兰州黄河、国美电器等经理人的败德行为更加剧了家族企业领导者对外人的不信任度（王明琳、徐萌娜、王河森，2014），使得创始人认为把控制权给子女继承是最安全的方式，从而子女顺其自然的成为重点培养的接班人。另一方面，创始人将企业的所有权和经营权交给自己的子女，避免落入其他人之手，保持了经营理念的一致性，可以造就百年老店的诞生。从而，这种家族传承意愿会使创始人考虑企业的可持续发展，可供选择的继承人越多，企业家就会更加愿意把自己的企业交到优秀的继承者中，更不可能进行掏空行为，反而加大研发技术创新。

4.3.2　企业研发创新

查阅国内外文献，可以发现，在企业研发创新研究中，研发投入以及创新产出深受重视。当前社会竞争激烈、发展飞速，新时代要求各行各业都进行技术进步和科技创新，这也是企业发展的关键性因素。我国学者唐末兵等（2014）研究发现，企业着重提高研发创新水平，除了能够让企业自身变大变强之外，还对宏观经济稳定可持续发展有着不可忽视的重要作用。影响企业创新的因素多种多样，大致可将其划分为外部环境与内部环境（其中外部环境主要包括知识产权法律保护、融资环境、宏观经济政策等方面，内部环境则主要包括财务状况、股权结构、企业家精神等方面）。根据相关研究文献的研究内容和主体，可以将企业的外部环境大致划分为以下三个方面：

①知识产权法律保护水平。Spulber（2013）认为知识产权保护是对创新的补充。魏洁和巫俊（2018）通过实证验证了知识产权法律保护水平的提高能够显著激励企业的创新动力。相反地，也有研究发现知识产权保护对专利申请起到消极作用。Williams（2013）发现短期知识产权对随后的创新具有持续的负面影响。

②融资环境。多数学者认为良好的金融环境能够正向影响实体经济发展，推动企业进行研发创新。孔伍琴和王培（2013）认为，金融发展能够促进技术创新，但是区域之间具有异质性。Brownetal（2013）抽样调查并研究了全球三十多个国家的企业，他们发现良好可靠的股票市场融资渠道以及强有力的股东保护能够为企业带来更高的长期研发投资率，尤其是中小企业。周方召等（2014）研究发现更为便利的融资环境能够对企业的技术创新产生积极影响。进一步地，不同的外部融资方式如股票、债券、银行信贷、风险投资等，对企业的创新研发动力的影响不同，有证据表明，直接融资方式更能够充分发掘与提升企业的创新效率。Nanda 和 Nicholas（2014）发现在经济大萧条期间，企业的创新水平和质量越高，银行所面临的困境就会越小，尤其是资本密集型的研发企业。Atanassov（2015）通过研究美国公司群体，证明了更依赖公平交易融资（如债券和股票）的公司比使用其他来源（如关系型银行融资）的公司的创新成果更多且创新质量更高。此外，胡恒强等（2020）研究发现，企业不同的融资结构会对其创新带来不同的影响。

③宏观经济政策。国内外许多学者研究发现，宏观经济政策能够直接或者间接影响融资约束，从而对企业研发创新产生影响。如信贷紧缩政策（马光荣等，2014）、产业政策和政府补贴政策（章元等，2018）、政策不确定性（Acemogluetal，2016）。而中小企业的劣势也比较明显，李建军（2013）认为中小企业发展面临的最大问题就是外部融资约束。

同时，中小企业也面临基础资本不足、人才难以留住、新产品在市场中表现不确定或不稳定、管理体系不健全以及研发创新经验不足等缺点具体到家族企业创新，基于所有权与控制权特征对创新尤其是研发投入的影响占主导。有研究表明家族控股和公司 CEO 和董事会家族成员占有对公司 R&D 投资有显著的积极影响。也有研究发现，家族所有权会阻碍 R&D 投资，只有在家族所有者被分权或受到外部董事监督的情况下，研发投资才会发生改变。家族企业在公司战略机遇识别、人力资本投资及业绩表现与期望差异等不同的情境下对创新投入的影响都呈现出不一致的结果。

既有研究鲜有深入关注夫妻型与非夫妻型家族企业对创新能力的影响，或许上述研究结果可以从家族企业中不同家族内部结构特征中寻找背后的原因。为此，我们认为扎根中国制度变迁和文化变化渐进性，探究家族内部结构特征与企业创新的关系是一个更为基础的命题。在家族企业类型与创新能力研究相对缺失的状况下，聚焦夫妻控制人家族上市公司与非夫妻控制人家族上市公司对创新能力的对比，为企业组织管理与创新理论的发展提供了更具中国制度文化特征的经验证据。如果从东亚及中国历史文化的视角看，直至 1949 年之前，男主外、女主内是主流的家庭分工模式，儒家传统文化中“夫为妻纲”影响至深。

女子从事家务劳动、相夫教子等局限于家庭范围内的活动是社会所推崇和赞许的，在这种制度背景下，女性受刻板分工模式和社会规范、自我认知的禁锢，从而使得其从事商业活动的可能性和参与度非常低。改革开放 40 年来，夫妻在家庭生活与外部工作中的模式发生了巨大的变化，女性企业家群体在 A 股市场成为一道靓丽的风景线。截至 2018 年 3 月 7 日，A 股共有 174 家上市公司董事长为女性，约占全部上市公司董事长总数的 5%。尽管数量不多，但女性力量的崛起值得关注。女性企业家在风险的敏感性、经营的稳健性及在日常经营活动中的细腻程度上都具有独特的性格特质。由于其性格相对保守稳健，女性企业家对公司创新能力的影响往往并不显著，然而也有研究发现，女性企业家参与的高管团队更倾向于成为行业的领导者而不是追随者，并在创新行动上更为迅速。

对于占据中国家族上市公司近一半数量的夫妻控制人家族企业而言，夫妻关系既具有一般意义上的情感关系，又存在企业家精神性质上的合作关系。中国传统文化与现代市场制度共同构成的商业文化对这种“男耕女织”夫妻行为模式的改变是否会传递到公司的创新能力上，夫妻以何种模式内嵌于公司战略决策中，进而推动家族企业的可持续发展是本研究关注的核心内容。因此，本研究尝试解决以下两个问题：第一，夫妻控制人家族上市公司的创新水平是否有别于其他类型控制人家族企业？第二，聚焦夫妻控制人家族上市公司，夫妻结构特质对企业创新水平的影响机理是什么？为检验夫妻控制人家族上市公司是否与非夫妻控制人家族上市公司在创新上存在差异，利用 2007 ~2016 年所有 A 股家族上市公司作为研究样本，考察夫妻控制人对企业创新水平的影响及其机制。实证检验结果发现：

（1）与非夫妻控制人家族企业相比，夫妻控制人家族企业对企业创新水平存在显著的正向影响；（2）夫妻共同管理对家族企业创新水平有显著的促进作用；（3）在夫妻共同管理的家族企业中，夫妻间权威差异抑制了创新水平；（4）妻子具备专业技术专长的人力资本能够提升在夫妻共同管理下家族企业的创新水平。

Miller 等对单一创始人与家族为团队的企业之间的差异进行了研究，未对家族团队不同的组合与企业价值之间的关系做详细分析。不同的家庭成员纽带所激发的力量存在着巨大的差异，可能是积极的也可能是消极的。嵌入理论亦强调了在社会关系中异质性的重要性，不同的社会关系不同的逻辑镶嵌。在家族的亲属关系中，夫妻关系是最强的家族关系之一。夫妻构成了原始家庭的基础，依据关系的强度，夫妻的婚姻关系仅次于亲子关系，而且对于年轻夫妻而言，孩子的出现会增强婚姻关系的凝聚力。对于夫妻作为实际控制人共同持有家族上市公司股份的情境，夫妻婚姻生活中的有效沟通对作为企业家角色的夫妻在公司经营过程中的决策行为有积极的影响。

在婚姻生活中，无论是决策目标还是决策过程，都与个体决策有很大差异。婚姻关系的决策目标不单单考虑个体需求，家庭福利最大化使得夫妻共同决策成为重要的合作方式，夫妻共同持股并经营公司，能够更为有效地发挥夫妻各自作为男性与女性特质的优势。一般而言，丈夫在公司中把控宏观战略发展，妻子在具体的经营管理中发挥其细腻、柔和的角色功能，并且在管理决策过程中能够将信息的有效性发挥至极致，促进公司战略有效实施。制度研究者也指出，相较于其他家族亲属关系，婚姻关系强化了夫妻作为家族主要动力的角色，夫妻在创业或企业经营中会更有责任感，因为承担的家族繁荣使命激发了其内在创业激情。委托代理理论认为，不论在生活中还是工作中，夫妻双方都有着相近的目标，实施机会主义行为的动机较低，一旦夫妻做出企业创新的重要战略决策，势必会竭尽所能开展有效经营管理，增进企业价值。此外，交织的生活、工作目标又反过来对他们婚姻的维系及事业的合作产生积极影响，从而降低夫妻双方实施机会主义行为的可能，使得企业创新行为具有明确的创新方向。相较于父母子女之间由于观念、权力交接冲突所引致的不确定性、兄弟姐妹之间利益目标不协调所导致的家族矛盾冲突，以及单一“孤独”的创始人缺乏深度合作伙伴而存在的风险，夫妻控制人家族企业在家族目标、企业目标上更具明确性和融合度。Alchian 指出，成功的企业家在不断模仿和试错的过程中充分展现企业家创新精神，创新投入作为对家族企业未来成长的投资，对正处于新旧动能转换过程中的家族企业意义重大。然而，夫妻在创新战略实施的整个过程中面对许多不确定性，此时，夫妻之间的“化学反应”将起到至关重要的作用。一方面，夫妻以婚姻关系、感情基础作为纽带的力量使其在决策行为上区别于合伙人之间的决策行为，情感交往规则以促进或支持对方决策行为的方式开展行动，因而在创新决策上更容易取得共识性结果，即使意见不一致，夫妻配偶关系也会形成一致柔和的矫正机制，一方配合另一方，相互支持，这对于公司创新来说意义非凡；另一方面，夫妻在企业组织中表现出跟家庭生活中夫妻行为相异的方式，夫妻共同管理，各自发挥应有的角色功能，使得组织中正式权威与非正式权威有机协调，进而提升企业内部组织能力，加大了企业创新能力提升的概率。

对夫妻控制人家族上市公司而言，创新是这个时代的命题，社会情感财富理论（Socio - EmotionalWealth，SEW）也表达了夫妻控制人家族企业跨代延续家族控制的重要作用。夫妻控制人家族企业基于长期战略导向，强调家族利益和外部利益相关者兼容，重视维护家族声誉及企业合作伙伴和社区的持久关系，这会促进企业对家族和企业的声誉投资，让家族、企业与利益相关者共同获益。因此夫妻控制人家族上市公司在公司可持续发展的理念上目标更为一致，在家族、企业与利益相关者共同利益的追求过程中，夫妻对创新战略的渴求更为强烈。

在我国，80% 以上的民营企业都是以家族企业形式存在，家族企业已成为我国经济发展过程中最具活力的主体之一。我国家族企业在改革开放之初的大背景下发展起来，经过 40 多年的发展，目前正陆续步入一代创始人和二代继承人交接的关键时刻，“接班时代”带来规模空前财富转移的同时，往往也是家族企业在发展过程中最为脆弱的时刻。据国外相关统计数据显示，在家族企业代际传承过程中，第一代传到第二代成功率为30%，第二代传到第三代成功率只有10%～15%，而在我国也有类似于“君子之泽，三代而斩”的古训。因此，对我国家族企业来说，二代能否顺利接班，能否打破家族企业“富不过三代”的魔咒，促进家族企业不断成长，将在很大程度上决定中国家族企业的未来。但值得注意的是，当下我国家族企业正面临着代际传承以及由外部经营环境变化给企业带来转型升级压力的双重挑战，而在企业内实施多元化战略是实现企业转型升级和促进企业持续成长的一条重要且有效的途径。

因此，对正处于代际传承阶段的家族企业来说，二代能否在“守业”的同时还能像父辈那样具有创业精神，通过在企业内实施多元化战略来进行“跨代创业”，促进企业成长，从而实现家族企业“基业长青”的目标，对这个问题的探讨无疑已有关于家族企业代际传承的研究主要集中于二代涉入后对企业价值、企业创新以及对家族和谐度等非经济目标的影响，还有部分研究从二代培养方式的选（海外培养还是国内培养）、二代继任方式的选择（渐进式还是“空降式”）、政商关系等无形资产的传承视角来探讨二代涉入后对企业战略和企业表现的影响，但鲜有研究从二代“跨代创业”这一视角出发来探讨二代进入家族企业后是否会实施多元化战略，进而对企业成长产生影响。由于家族企业一代创始人与二代继承人的生活环境和成长经历大相径庭，从而使家族二代形成区别于父辈的信念、偏好以及经营投资理念。因此，分析家族企业二代继承人是否会在进入企业后，通过扩大产品种类或业务范围等来实施多元化战略，进而是否会对企业成长产生影响，具有重要的价值。此外，二代继承人在接班后是否愿意进行“跨代创业”，从而实现家族企业“基业长青”的目标，还会受到二代继承人海外经历的影响。

家族二代海外工作或学习经历赋予了二代继承人更为广阔的国际化视野，有过海外背景的家族二代在语言能力、对问题的思考和处理能力以及相关专业知识的掌握运用上具有显著的优势，更可能在企业内推行先进的管理实践，从而改善公司的治理水平，进而对企业的战略和绩效表现产生影响。所以，将二代海外背景纳入研究框架中也就显得十分重要。综上，拟从我国家族企业正处于代际传承阶段这一现实背景出发，利用沪深A股2014～2019年正处于代际传承阶段的家族上市公司为样本，对二代所有权涉入、多元化战略与企业成长之间的关系进行理论分析与实证检验。研究贡献主要体现在两方面：首先，拓展了以往相关研究单从委托代理理论出发研究二代继承后企业经营业绩表现，从社会情感财富理论出发研究二代涉入后对企业战略变化影响的相关文献，引入高管短视理论作为分析工具，弥补了委托代理理论和社会情感财富理论在家族企业相关研究问题中解释力不足或较为牵强的情况，为解释家族二代继承人涉入后企业战略行为的变化和对企业成长的影响提供了新的理论依据。其次，以往学者主要考察二代涉入与企业表现（企业绩效、价值、成长等）的关系和二代涉入后企业战略变化，而较少关注二代涉入与企业成长和二代涉入与企业战略变化之间的内在影响机理，对此影响机理进行深入探讨，可以扩充家族企业代际传承领域的研究内容。

4.4　企业文化创新

社会情感财富对家族企业创新的抑制。首先，家族对企业控制的追求会限制家族企业的研发创新活动。保持家族对企业的控制往往被视为社会情感财富的核心。一方面，国内的家族企业长期受到传统“家文化”的影响，家族控制也受到了家族更多的重视。另一方面，其他维度的社会情感财富也需要依赖于家族对企业的控制才能实现。例如，重视家族义务的领导者往往会不加选择地为家庭成员提供家族企业的工作机会，并通过企业的资源来满足家族的各项需要。而只有取得对企业的高度控制，才能不受阻碍地获得这些利益。家族对企业控制权看得越重，其对创新活动的投入就会越谨慎。一方面，创新及研发活动引入的外部资金可能会削弱家族对企业所有权的控制。研发活动通常需要大量且持续的资金投入，而外部投资者的加入会稀释家族对企业的控制权，并会对企业的战略制定、资金使用和日常管理提出新的主张。另一方面，创新和研发活动往往需要具备专业知识和高级技能的人才，这些人才的加入，也有可能会威胁到家族对企业的实际管理控制。当企业因为创新和研发需求引进专业人才的时候，往往会增加组织结构和管理上的授权需求，进而降低家族对相应研发部门和技术部门的管理控制。因此，当家族追求对企业高度控制的时候，为了保持自身对家族企业的所有权与管理权，会规避风险，尽量避免获取外部资金或将家族成员任命为重要的管理者且任期都很长。这些因素也就限制了企业对创新和研发活动的投入。

其次，在代际传承的过程中，尤其是在接班过程的初期，家族企业进行创新研发活动的意愿也会被削弱。为了使传承能够顺利进行，拥有企业控制权和管理权的家族倾向于规避代际传承所带来的风险。当二代刚涉入家族企业的管理时，企业中的大部分资深管理者容易对二代继任者产生不信任的心理，使得二代对于企业的影响力难以彰显。此时，二代往往会更加重视企业当下的利益和短期的业绩，期望做出一定的成绩而在短期内树立自己的权威。而研发本身具有长期性和高度不确定性，因而家族企业会尽量避免此类不确定行为。

最后，家族企业对社会联系，尤其是政治关系的追求，有时也会成为企业减少创新研发活动的因素。因为家族企业建立政治联系后，更容易获得当地政策的保护，即便不进行创新活动，也能保持较高的市场占有率，从而削弱了市场竞争对家族企业创新的刺激作用。此外，当企业通过政治联系获得丰厚回报之后，往往会挤压对其他方面的投资，尤其是对创新和研发的投资，并将资源注入维系政治联系之上。

社会情感财富与创新，并非可兼得事实上创新研发活动并不一定意味着社会情感财富的损失。而家族企业对社会情感财富的追逐，也会对企业的创新产生一定的促进作用。在 2019 年一项针对全球 1000 多家家族企业的调查（STEPSurvey）中，其结果也证实了这一观点。

首先，家族对企业控制的愿望，使家族企业产生了持续创新的需要。随着中国的市场化发展日益成熟，市场竞争变得愈加激烈。缺乏长期可持续竞争力的企业很容易被淘汰，因此，长期导向的家族企业势必要对创新和研发进行更大的投资，从而增强其在市场中的生存能力。在 STEP 的调查中，家族企业 CEO（家族成员）评估了家族对家族企业控制权的重视程度，并对企业过去五年的创新活动进行了评估。我们发现，对于中国的家族企业（含港台地区）而言，更重视家族控制权和管理权的家族企在过去五年间推出了更多新产品，在市场中首创的新产品也更多。

其次，作为社会情感财富的另一个核心要素，家族对跨代际传承的追求会刺激对创新投入。代际传承是家族未来导向和长期导向的重要表现，引导家族关注企业的长期发展。在进行决策时，这种长期的战略规划更有可能延长企业的投资评估期，刺激家族企业对创新和研发活动进行长期投入，而不仅仅是追求短期的经济利益。STEP 的调查数据也显示出，家族越重视企业的代际传承，其在市场中推出的新产品越多，对现有产品或服务的改进也越具有革新性。

再次，家族企业高质量的社会网络联创新系也对家族企业的创新有促进作用。追求良好的社会联系，也是家族企业社会情感财富的重要元素。家族企业往往十分重视维持并运用这种社会网络关系。社会网络，尤其是政治联系可以为家族企业提供产权保障，激励家族企业对创新活动进行长期投资。这种激励作用在正式制度不完善、私营企业缺乏政策保护的情境下，显得更为突出。这是因为政策的不确定性往往是阻碍企业进行长期性投资的重要因素之一。而家族的政治联系能为家族企业在一定程度上获得政策上的保障，有助于树立企业家长期经营的信心，从而对创新和研发活动进行长期投资。

最后，当家族有较好的政治联系时，更有可能获取银行贷款、税费减免、政府补贴和市场准入等关键资源，进而为家族企业进行创新活动提供了资源基础。家族企业创新投资研究是家族企业治理领域关注的重点。早期研究主要基于管家理论，发现家族企业更倾向于进行创新投资活动。原因在于：家族企业所有者与管理者两种角色重合，有助于缓解传统股东与经理人间的委托代理问题。家族所有者更有可能像企业管家一样，关心企业长期发展导向。

在此情况下，家族企业倾向于投资具有长远收益的高风险项目。因此，家族企业具有较高的创新投资水平。但从家族企业发展实际看，家族企业创新强度普遍不高。在此情况下，部分学者转向探究家族企业创新投资不足的前置动因问题，主要形成从企业内部因素出发的基于社会情感财富理论的研究，以及从企业外部环境出发的基于新制度主义的研究。从企业内部因素出发，基于社会情感财富理论的研究认为，保持和增加社会情感财富是家族所有者决策的参照点。控股家族对家族企业有情感，看重家族对企业的控制，这种情感依赖影响家族企业投资决策。家族企业进行创新投资难免会引入外部人力资本和财务资本，在一定程度上会影响家族对企业的控制权。同时，创新投资存在高风险性，如果创新失败，会导致家族声誉、家族权威等社会情感财富损失。

因此，家族企业会减少创新投资行为。从企业外部因素出发，基于新制度主义的研究认为，家族企业创新投资行为内生于制度环境。制度环境会影响家族企业控制权和家族财富的安全性，在较差的制度环境下，企业产权和财富安全得不到有效保障，进而会使家族企业减少创新性活动。因此，良好的制度环境是促进家族企业创新投资的重要因素。基于社会情感财富理论的研究和基于新制度主义的研究，两者的共同点在于都承认家族财富安全是影响家族企业创新投资的重要因素。基于社会情感财富理论的研究针对家族创新投资减少动因给出了合理的解释，但未给出如何促使家族企业加大创新投资力的有效办法。

4.5 家族企业投融资方式

4.5.1 家族信托与家族企业创新投资

基于家族风险规避假说的研究认为，家族财富通常集中于家族企业，家族企业主由此承担了较大的企业特有风险，因而具有降低企业风险的动机。创新投资是一种回报周期较长、风险性较高的投资行为（许为宾等，2020），如果缺乏相应的保护性措施，家族企业主就会出于风险规避的考虑而不愿意进行创新投资。家族信托作为家族财富风险的治理工具，能够有效提高家族企业主的风险容忍程度，进而促进企业创新投资，具体原因如下：①决策者风险容忍度是影响企业创新的关键因素，提升创新风险容忍度的关键在于增加收益和降低损失。②对于家族企业而言，如果创新失败，除导致家族经济财富损失外，还会导致家族声誉、家族权威等社会情感财富损失。因此，降低家族创新失败损失可以理解为在创新过程中减少家族财富损失，从而提高企业主对创新失败风险的容忍程度。因此，提高失败容忍度是激励企业创新的重要前置动因。

家族信托能够为家族企业主的决策行为可能导致的家族财富损失提供对冲保障。从家族信托的资产隔离功能看，家族信托资产独立于家族其他财产，即使在家族企业进行破产清算时，其设立的信托资产也不会包含在内，可以为家族财富建立有效的资产隔离，即为家族企业增加一层抗风险屏障。从家族信托的财富传承功能看，家族信托能够详细设置受益人的收益获取条件，因而可以最大程度规避委托人及受益人风险。因此，有必要重视家族信托发展对企业决策行为的影响。本研究认为，家族信托对家族企业创新投资决策的影响较大，相较于未设立家族信托的企业，设立家族信托的家族企业，其创新投资水平更高。家族企业加大创新投资对家族企业甚至民营经济高质量发展非常重要，但从现实看，在众多的中国家族企业中，设立家族信托企业的数量并不多。因此，有必要采取相关措施促进家族信托发展。一方面，要加强企业主教育，深化企业主对家族信托的认知，积极引导企业主设立家族信托；另一方面，政策部门要进一步建立和完善相关法律法规，从政策层面对信托财产所有权归属、信托登记制度、税法规制等方面的问题加以解决，从而推动家族信托产业发展。

企业的技术创新活动是在既定的内部环境下完成的，内部环境的完善程度取决于内部控制制度的有效执行。内部控制作为企业制衡和监督的控制机制，在企业风险防范和资源配置中起着重要作用，对研发投入是否能够有效地转化为创新绩效有着重要的影响。企业经营者和所有者的利益是不完全一致的，当经营者存在机会主义行为时，必定会对研发投入和创新绩效的关系产生影响，使得研发投入无法充分投入到研发活动中，而内部控制作为一种内部治理机制，能够通过内部审计制度、审批制度、财产保护等制度对经营者的行为进行监督约束，最终也将影响企业创新绩效。因此，内部控制对研发投入与创新绩效之间的关系会产生影响。内部控制可以通过严格的预算制度和考核机制有效抑制创新活动中研发资金使用率低效等代理问题，提高资源的配置效率。再者，内部控制可以通过严格的组织规划和分工，明确各部门、各岗位和各员工的职责，实现研发部门的制度化和规范化，提升研发活动的执行效果，进而提高创新绩效。

融资约束是家族企业发展的“卡脖子”问题，如何通过“去家族化”途径缓解融资困境对家族企业实现可持续发展具有重要意义。本研究以 2013 ~ 2016 年创业板上市家族企业季度数据为研究样本，探究家族企业“去家族化”对企业融资约束的影响机。研究发现：“去家族化”与企业受融资约束程度呈U形关系；股票价格、股权集中度在去家族化与企业融资约束关系中发挥双重中介作用，存在“‘去家族化’—股票价格—股权集中度—融资约束”的作用路径。进一步研究表明，未吸收冗余在其中起到关键调节作用；企业融资约束的缓解有助于推动家族企业的高质量发展。本研究结论揭示家族企业“去家族化”对企业内外部的影响，有助于家族企业合理安排“去家族化”进程、优化资源配置，也为推动我国家族企业高质量发展转型提供参考价值。

为解析家族企业“去家族化”过程的影响问题，本研究选取2013～2016年创业板上市家族企业季度数据，探究“去家族化”对企业融资约束的影响机制。研究发现：企业股权价格和股权集中度与“去家族化”程度呈倒“U”形关系，且企业股票价格在“去家族化”和股权集中度的关系中起到部分中介作用；而“去家族化”与企业融资约束则是“U”形关系，存在最优的拐点能够最大化缓解家族企业融资约束，但过高的“去家族化”程度则反而会加重企业面临的融资困境；“去家族化”与企业融资约束存在股票价格和股权集中度的双重中介路径，即“‘去家族化’—股票价格—股权集中度—融资约束”的传导路径。进一步研究表明：冗余资源调节“去家族化”与企业融资约束的关系，在冗余资源较多的情况下，“去家族化”与企业融资约束反而呈倒“U”形关系；对比不同类型冗余资源作用发现，调节作用主要通过未吸收冗余资源实现；后续实证结果验证了家族企业融资约束的缓解有助于企业向高质量发展模式的转变。家族企业创立初期资金主要来自控股家族内部，但当其逐步成长时，企业自身积累的资源难以支撑其发展需求（葛永盛和张鹏程，2013）。外源融资成为家族企业不得不选择的途径。而冗余资源是企业掌握的超过实际需要的潜在资源或未利用资源（Cyert和March，1963），对家族企业创新、管理、发展等方面均具有重要意义（刘小元等，2017）。作为一种闲置资源，冗余资源可在一定程度上缓解家族企业的资源约束（Meyer，1982），从而企业冗余资源会调节。

“去家族化”对融资约束效用的发挥。依据资源约束理论，当企业沉积的冗余资源较少，资源的匮乏促使控股家族不得不通过“去家族化”方式进行股权融资，从而保障企业的发展，这种情况下“去家族化”程度与企业融资约束的关系仍为正“U”形关系；但当企业拥有足够多的冗余资源，控股家族会优先选择对其加以利用，从而避免控制权危机，此时控股家族的股权稀释行为多基于自身利益而获取，对中小股东的利益侵占（Harms 等，2015）。动机较强，从而会加重企业融资约束困境。随“去家族化”程度的加深，控股家族权力被弱化，非家族股东尤其是战略或财务投资者的进驻，对企业资源、管理等带来的改善反而会令企业融资困境有所缓解，从而反“去家族化”程度与企业融资约束的关系，使之呈倒 U 形关系。依据冗余资源的利用便捷程度，可将其分为沉淀资源及非沉淀资源（Voss 等，2008）难以被使用的资源被称为沉淀资源（YS），流动性较强的资源为非沉淀资源（WS）。由于非沉淀资源相较于沉淀资源具有利用的便捷性，本研究认为冗余资源对“去家族化”程度与企业融资约束关系的调节作用主要通过非沉淀资源实现。借鉴杜善重和李卓（2019）研究，以期间费用率〔（销售费用 + 管理费用 + 财务费用）/营业收入〕衡量已吸收冗余（沉淀资源），以速动比率（速动资产/流动负债）衡量未吸收冗余（非沉淀资源），并以两者均值。〔（已吸收冗余 + 未吸收冗余）/2〕作为冗余资源的衡量指标。由此，本研究认为家族企业“去家族化”程度与企业融资约束的关系受到冗余资源的调节作用，且冗余资源的调节作用主要通过未吸收冗余资源实现。家族企业在国民经济中的贡献越来越大，但其所受融资约束程度却比国有企业更为严重（佟爱琴和马星洁，2013），使得企业发展较为缓慢，难以达到高质量发展的要求。家族企业受家族控制和管理，更偏向处于模糊环境（Anderson 和 Reeb，2003），不确定的模糊环境加剧了内外部信息不对称程度，从而使得家族企业所受融资约束程度较大。虽然前期家族企业可通过自有资金进行发展，但对内部资源的过度依赖可能成为其融资约束的关键（Chu 等，2016），同时也阻碍了对外部资源获取能力的培养，从而限制了企业后期的成长与发展。而随着融资约束状况的缓解，家族企业更易获取发展所需资金，企业投资更为活跃（李作奎和武咸云，2017），企业发展得到充足资源的支持从而更加稳定，为企业持续性发展奠定基础，提升家族企业发展质量，从而推动我国经济转型。

由此，本研究认为家族企业融资约束的缓解能够提升企业发展质量，进而推动家族企业高质量发展。理解家族企业“去家族化”行为提供一定的经验证据。就家族企业来说，要注意控制“去家族化”的力度，以使其对家族企业发展起到推动作用而非阻碍作用，同时也有助于家族企业重视冗余资源的管理，减少非必要冗余的存在，有助于优化企业资源配置；就投资者而言，有助于其理解市场中家族企业的减持行为，更加理性地分析“去家族化”背后的含义，从而做出理性的投资决策，避免盲目跟风；就市场监管而言，有助于上市家族企业减持相关规定的制定，识别非正常的控股家族减持行为，从而营造更加稳定和谐的投资环境；对于政府部门而言，融资约束的缓解是引导家族企业向高质量发展转变的途径，应进一步引导和拓宽上市家族企业的融资渠道，从而推动经济向高质量发展的转型。

目前，我国民营企业中80%为家族企业，家族企业对中国国内生产总值的贡献将近50%。由于科技创新的促进作用，企业经济增长速度越来越快，使得家族企业需要不断转型升级应对外界挑战，科技创新对家族企业发展的巨大影响也不言而喻。随着我国资本市场的不断发展，近年来风险投资机构数量和投资总量呈现爆发式增长，我国现已成为世界第二大风险投资市场。风险投资主要专注于创新能力强、成长性高的民营企业，其不仅为民营企业提供新的融资渠道，而且积极凭借其丰富的管理经验和资源为企业提供创新支持等增值服务。

由此，关于风险投资对企业创新投入影响的研究也如雨后春笋般出现，但研究结论依然存在分歧，而且这些研究成果主要来自于西方成熟资本市场，对于新兴加转型的中国市场以及具有特殊治理模式的家族企业来说未必具有适应性。本研究以中国创业板和中小板家族上市公司为例，重点探讨风险投资对家族企业研发投入的影响，从而有利于探讨我国风险投资在家族企业中的真正价值和创新驱动效应。

与其他投资不同，风险投资有其独特的运作特征，对研发投入的重视是它高额收入的来源。风险投资不仅针对企业日常生产经营活动进行投资，而且尤为关注有积极创新理念、具有一定市场基础的企业，投资方向为新技术研发及新产品的创造，所看中的投资项目大多为附加值高的高科技项目。风险投资一般都把科技创新积极性高、发展前景好的区域作为自己的重点投资对象，这样生产出来的产品与市场上同类产品相比往往具有更强的竞争力、更广的市场范围，为企业带来高额的回报，取得很大的利润，不仅给风险投资机构带来可观的投资收益，还填补了先前在其他失败项目上的投资亏损。

因此，在这种自带的投机性促使下，相关风险投资机构对被投资企业创新研发活动会更加支持。

通常来说，风险投资所占的股东比例越高，风险投资机构对企业的控制能力就越强。同时，风险投资自身的趋利性，也会激励着风险投资去挖掘更多有发展潜力、盈利机会的优质项目，并且通过灵活利用自身拥有的股权和资源优势，努力促成企业的技术创新，帮助其投入更多的人力物力资源以保证创新研究的顺利开展企业创新投入行为影响的研究较为缺乏，而学术界对机构投资者涉入企业创新的影响也暂无统一定论，其原因在于对机构投资者涉入家族管理的目标尚未统一，以及企业异质性也会产生影响。王斌等（2011）认为机构持股与上市公司研发支出存在显著正相关关系，机构持股能够激励企业进行长期投资。齐结斌和安同良（2014）对中国上市企业进行研究发现，机构投资者要跨过一定比例才能对企业研发投入产生显著影响，并且不同类型机构投资者会有不同的影响程度。

综上所述，本研究通过研究家族涉入并引入机构投资者以考察其对中国上市家族企业创新行为的影响机制，其研究意义主要体现在：第一，将家族涉入分成两种类型有利于弥补以往分析所出现的分歧，可进一步拓宽相关研究范围；第二，探究机构投资者的涉入与家族涉入产生的交互作用；第三，有助于解释影响家族企业创新行为的因素与机制，补充现有理论，并为家族企业在现实经营中推动企业创新、促进企业发展提出相关建议。为上市家族公司治理的重要组成部分，机构投资者涉入对于家族企业治理效率的研究也引起一些学者的兴趣。本研究认为对于机构投资者和家族涉入对家族企业创新的影响研究应该考虑机构投资者的异质性因素。

考虑到面对高风险创新时的态度，本研究将影响上市家族企业创新行为的机构投资者分为压力喜好型和压力厌恶型，主要从以下三个方面考虑它们对家族企业创新投入行为的影响。

1. 资本收益的特征。

压力厌恶型机构投资者往往会更加看重资本的短期收益，希望能用最短的时间收回投资，保证资产增值。当遇到高风险创新行为时更可能选择回避，因此这一类型的机构投资者可能会加剧家族涉入程度高的家族企业创新投入更低。而压力喜好型机构投资者由于更看重权益收益，愿意与家族企业共同成长，因此会在长期的创新投资上施加压力，有利于家族企业扭转创新投入低的颓势。

2. 参与治理的程度。

从治理的效率来看，不积极参与治理的利益相关者往往只会盯住自身的利益，而不会将自己和企业结合成一体。压力厌恶型机构投资者很多都是相对独立的金融机构，与被投资对象的关系也仅限于投资关系，一般很少关注家族企业的经营状况，所以对于创新行为不愿意一起承担，更不愿意去推动创新投入的增加，因此会加重家族企业创新投入颓势。而压力喜好型机构投资者恰恰相反，他们往往通过人际关系、商业往来以及投资网络与被投资对象建立了良好关系，他们会更加关注家族企业经营的成败，更愿意从企业的长期发展来推动创新行为。

3. 创新创业经验的多少。

压力喜好型机构投资者所具有的丰富的投资经验与较强的投资能力对被投资对象而言尤其重要。创新的高度不确定性使整个过程充满了模糊性和风险性，家族企业在人才能力的劣势就需要在某个关键决策点得到专业帮助，而压力喜好型风险投资者恰恰具备这样的优势。而压力厌恶型机构投资者在这一关键时刻往往会选择逃避等保守策略，降低创新投入决策很有可能会使该家族企业丧失很好的发展机遇。家族企业代际传承是一个社会化过程，具有一定的时间黏性。尤其是在子承父业的不同阶段，家族企业为了促进传承成功会采取不同的投资策略。在参与管理阶段，继承人加入家族企业的经营管理，造成传承人心理契约遭到破坏，企业风险增加。基于风险规避，同时考虑继承人权威不足，难以发挥异质性优势，传承人经营时期积极扩张的投资行为将会有所收敛，但对资本投资的影响不会太大。在共同管理阶段，企业内外环境、供应链关系、家族成员之间都非常敏感，意见矛盾尤为突出，并且企业的元老经历了和传承人的艰苦创业过程，更愿意听从他的指挥，从而引发新老班子的矛盾，新一代接班人无法实施新的管理理念。为了延续家族企业社会情感财富，帮助继承人树立权威，使其令人信服，家族企业规避公司特有风险的动机更为强烈，将更加关注这一阶段的短期利益，会采取更加保守和谨慎的战略决策，放弃净现值为正的高风险项目，降低长期投资规模。此外，传承人为了能将权力棒顺利地递交给继承人，也更倾向于减少投资特别是研发支出来操纵财务利润，使投资变得更稳健。而在接收管理阶段，继承人已成功转变角色，带领企业度过了不稳定阶段。此时企业应转变发展战略，将关注点转移到企业长期效益，扩大投资，推动研发创新。并且随着继承人在企业中不断融入，继承人与企业各个利益相关者所建立的契约关系就会越稳定，共同价值观也会越强，从而促进家族企业做出有利于企业可持续发展的长期投资决策。在经济转型不断深化的背景下，二代继承人更愿意通过研发来推进企业转型。因此，继承人完全进入家族企业往往会促进企业的研发和创新。

基于社会资本相关研究的理论分析，重点探讨家族性社会资本与非家族性社会资本对企业创新的联合影响效应，以及这种联合效应是否强于家族性社会资本或非家族性社会资本个体效应。鉴于强大的控制联盟（即家族）的存在为组织环境中社会群体之间积极互惠影响创造了条件，还探讨了家族涉入在上述关系中的调节作用。运用偏最小二乘法（PLS）对 318 份调研问卷数据进行分析，结果表明：家族性社会资本与非家族性社会资本共同对家族企业创新产生积极影响，且联合影响效应优于家族性社会资本或非家族性社会资本的单一效应；家族控制对家族性社会资本和非家族性社会资本与企业创新的关系存在正向调节作用；代际参与对家族性社会资本和非家族性社会资本与企业创新的关系存在负向调节作用。

家族信托作为对冲家族财富风险的治理工具，被广泛应用于发达资本市场，并成为近年来中国内地高净值人群主要的家族资产持有方式，如 2011 年龙湖地产的吴亚军家族就通过汇丰国际设立了家族信托。功能视角看，家族信托一定程度上可以为家族财富损失风险提供兜底保障，从而有助于降低家族企业主的财富损失风险。正向的结论——对外直接投资对企业创新具有促进作用，例如，毛其淋，许家云（2014）研究表明，对外直接投资对促进企业增加 R&D 投入具有正向积极作用；Huang 和 Zhang（2017）表示，用研发支出来衡量企业的吸收能力，使得企业从对外直接投资活动中更有效地获取逆向技术溢出，进而提高企业的全要素生产率。当然，也有反向的声音，Fu 等（2018）认为对外直接投资和企业创新绩效之间存在竞争与替代关系。在异质性分析方面，现有文献详细区分了不同的对外直接投资类型以及不同的投资目标国或地区之间存在的差异。毛其淋、许家云（2014）研究发现，对外直接投资行为能使中国企业的创新研发经费投入增多，并有效提高了新产品产值，其中投资目的国为高收入国家、研发加工型对外直接投资等能最大限度地促进企业的创新。赵宸松、李雪松（2017）发现对外直接投资使中国上市公司的有效专利数量得到总体提升，尤其是国有企业以及综合型投资企业等获益明显。王保林、蒋建勋（2019）的研究发现，对外直接投资使得跨国并购与国际合资模式的企业专利申请量有了稳步增长。刘晓丹、张兵（2019）认为，对外直接投资能够有效增加企业的专利数量以及全要素生产率，但是这一积极影响会随着非正式制度距离的远近而呈现出差异化。相反地，也有学者得到了不同的研究结果，李思慧、于津平（2016）使用部分江苏省高新科技企业数据，研究了企业的对外直接投资行为与研发创新的关系，结果表明，对外直接投资对企业的创新效率产生负向消极影响。

此外，还有一些文献关于其他因素在对外直接投资（FDI）与企业创新关系之间的调节作用进行了进一步的探讨。Wu 等（2016）认为，企业产权性质以及投资国的制度质量等，在对外直接投资与公司专利申请数量之间具有调节作用。Bauer 等（2016）研究发现，投资国与被投资国之间的文化差异，对企业进行海外并购的研发创新绩效存在非线性的影响。国内研究学者刘莉亚等（2015）研究表明，融资约束显著地抑制了企业的投资行为。也有少部分文献证实了企业投资行为能够缓解融资约束，张先锋等（2017）研究发现，企业对外直接投资（FDI）对其自身融资约束起到直接或间接的缓解作用。董有德、陈蓓（2021）研究发现，总体上，对外直接投资增量能够促进中国企业创新研发支出，然而随着融资约束的增加，该促进程度会降低。除此之外，相对来说，目前少有文献从融资约束的视角探究企业投资机会对其研发创新的影响。

4.5.2 融资约束与研发创新

1. 融资约束的含义及其经济后果。

若融资体制存在问题和缺陷，金融机构与体系不能够满足中小企业对于融资的需求，就会存在资金缺口即“麦克米伦缺口”。Fazzari 等于 1988 年指出，完美无瑕的资金市场并不存在，企业内部融资和外部融资对于企业来说都十分重要，它们相辅相成且不能相互替代，然而企业会对其内部资金更加重视和偏好，原因在于外部融资会面临融资溢价的问题，于是融资约束问题就会极大限制和制约企业的投资行为或投资决策。

针对中国的实际情况来说，中国实体经济和自主创新能力的发展一直受到上市公司融资渠道较少的困扰和限制。研究企业资本结构，核心关键问题就是拓展融资渠道，企业融资能力提高，生产经营规模得到扩大，企业稳健成长和发展，能够灵活应对外部环境，十分有利于实现可持续发展的战略目标。然而，内源融资耗费时间较长，且被企业盈利能力以及规模大小所限制，所以目前学术界对怎样有效合理的拓展企业外源融资活动例如债券与股权融资更加感兴趣。当前我国经济社会快速发展且各行各业都面临转型升级，金融市场和资本体系都需要进一步提升，商业信用融资已经成为企业看重的外源融资方式，因其能够减轻企业融资压力，融资途径得到拓展，资金周转率提升，极大地缓解了企业的融资困境，公司的资金管理得到优化。查阅整理文献发现，大多数研究学者都关注了外部融资约束。外部融资约束由外部资金数量以及价格约束组成，资金的数量约束是指外部金融机构等提供的资金数量较少，从而投资规模大为减少，企业出现投资不足的问题；资金价格约束使企业外部融资成本增加，有些企业为节省成本必然会选择减少外部融资。这两种约束都给企业造成了相差不大的经济后果，例如企业投融资体系出现无谓的内耗，最优投资难以达成，最终导致企业只能进行次优投资等。综上，本研究和关注对象也是外部融资约束，即进入外部资金市场融资的可行性大小。

2. 中小企业融资方式。

我国中小企业主要是以间接融资为主，直接融资为辅，从中小企业的融资结构来看，新常态下我国中小企业的融资方式主要有以下几种：

就外部融资渠道来说，我国中小企业最主要且最常见的获取外部融资的方式是占比将近 50% 的股权融资，该融资方式通常需要较高的融资成本，其中最主要的来源就是风险投资，对年回报率的要求极高，而且为了尽可能地降低投资风险，还会对企业的成长速度做出非常苛刻的要求，甚至要求企业管理者采用折价转让股权的方式让渡较大份额的股权等，这种要求使得许多企业苦不堪言。还有研究认为，在股权融资中通过新三板挂牌可以帮助中小型科技企业有效地获得融资，该种股权融资方式是缓解中小型科技企业融资难的最现实可行的融资手段。中小企业另一个重要的融资方式则是银行贷款。有学者表示，银行贷款相对于其他融资方式来说最为正规，该融资方式所耗费的融资成本没有太高相对节约，大多数企业能接受，通常具有灵活性较好等特点，若是企业效益良好盈利颇多，融资就相对较容易不会有太多障碍和限制，所以中小企业管理者也更倾向于银行信贷的融资方式。统计数据显示，银行贷款金额占中小企业总融资份额的60%以上，由此可见银行贷款对于中小企业融资的重要性。但是这种方式也存在局限性，在当前的市场运行中，大中型企业生存的较为轻松，而中小企业仍要面临“生存压力”，其市场淘汰率一直居高不下。即便是银行想要贷款给中小企业，还是免不了设置重重保障“关卡”，从而尽量避免自身承担更大的风险，因此，银行往往需要对中小企业提出的贷款申请进行严格的审核。这种严格且烦琐的审查过程，无形中使得审批时间变得非常长，通常银行也会提高利率，增大了申请企业的融资成本。

民间集资对于中小企业来说是一种相当重要的融资方式，这一融资方式绕过了银行等中介机构，企业直接向有资金的个人借款。这种融资方式操作上非常简单，企业能够立刻得到所需要的资金。但是民间集资缺少相关法律法规的严格保护，较高的利息会让企业背负巨大的融资成本与财务压力。中小企业融资方式除了上面提及的几种，还有债券融资、风险融资、申请政府补贴、金融租赁以及典当融资等，甚至很多地方设置了中小企业发展基金。这些方式同样各有优缺点，就不再一一介绍。

3. 中小企业“融资难”困境及原因分析。

中小企业在应对环境变化时较为灵活，还能吸纳众多劳动力，在我国起着不容忽视的作用。近几年，我国中小企业发展却面临着许多困难，2018 年出现失联的企业大约为 40%；亏损的企业比重从 2013 年的 6% 左右上升到 2017 年的 17% 左右。这些数据说明我国中小企业的生存发展环境依然严峻，一方面，企业经营状况不好，盈利愈发困难；另一方面，企业承受着较大的成本负担，在投资方面不具备充足信心。与大型企业相比，中小企业规模小、管理机制不完善以及信息披露不及时，外部投资者难以了解中小企业的真实情况，从而可能拒绝向其进行投资。总而言之，我国中小企业在经营过程中，缺乏进一步投资的动力，企业发展困难，死亡率高。

中小企业在其整个生命周期中具有不同的特点，本研究将从中小企业生命周期的三个阶段对企业所遇到的“融资困境”进行分别探讨。初创期是中小企业发展的初始阶段，在历经该阶段时企业会面临众多问题，比如企业运营过程中的成本过高、负担过重、其自身抗风险与抗压能力较弱等问题，并且企业进行技术或工艺的创新也需要大量资金。在初创阶段，刚成立的中小企业在产品市场定位、技术创新、战略管理等各方面都面临非常大的挑战，且企业抗风险能力弱，产品更新换代快，企业的失败概率很高。由于处在起步阶段，需要大量的、持续的资金来支持发展，而中小企业在这一阶段的融资能力比较弱，主要依靠自筹资本，然而金额很有限，难以满足初创期中小企业的快速发展需求，加之其自身具有较高的资金断裂风险，使得中小企业不得不拓展其他多元化渠道来争取资金。然而，孙德升等（2017）研究发现，在初创阶段能够在中小板上市数据来源于北京大学中国社会科学调查中心和西南财经大学中国家庭金融调查数据。

纵观企业的经营发展过程，融资、投资与分配股利这三大财务行为不可或缺，企业的投资行为作为财务决策的重中之重，得到了现代财务管理研究领域的聚焦和关注。在 20 世纪六十年代，MM 理论证明企业投资行为与其财务结构并没有必然的相关关系，但是这一理论是在理想状态下，在现实里不会存在完美的资本市场，企业投资活动或投资行为总是会受企业财务结构的影响，原因可能主要在于信息不对称问题。

造成融资约束问题的关键因素同样来自企业或市场中的信息不对称现象。现实资本市场的不透明会造成市场中双方处于信息不对等的地位，内部经营管理者了解的信息或公司“内幕”要远远多于外部投资者，从而在决策中更容易做出有利于自身的优势选择而处于优势地位；外部投资者处于劣势地位无法掌握企业内部信息，想要躲避投资风险，就会做出如增加贷款利率和限制贷款额度等限制行为，这些限制行为会导致企业的外部融资成本远远超过从内部筹集资金的成本，从而加深了融资约束。此外，企业研发活动还面临投资不确定性大、周期长、资金需求量大等问题，这也使企业的融资面临“雪上加霜”的境地。1990 年，Glichrist 使用欧拉方程证明了上市公司在面临较为严峻的融资困难时，股利支付率较低，内部现金流陷入周转不灵的境地，因此其投资行为会更加谨慎和理性。因此，本文研究融资约束在中小企业投资机会与企业创新研发之间的调节作用，这对促进企业打破重重融资瓶颈、努力挖掘潜在的投资机会，有效增强中小企业研发创新，缓解企业在创新活动中所面临的“融资痛点”具有重要实践意义。

（1）企业投资与研发创新

企业投资与企业创新之间的关系是不少研究学者感兴趣的地方，例如，MiroshnychenkoI 等（2020）认为，公司的投资机会集（IOS）反映了与实物和人力资本投资相关的预期增长机会。若一家公司不行使投资选择权即不合理利用其投资机会，IOS 的价值可能会被摧毁。一个企业投资于 R&D 的能力体现为投资组合的可用性。他们以拥有集中所有权的大型上市公司为样本进行实证检验，结果表明 IOS 是企业进行研发投入的一个重要决定因素，且相对于广泛控股企业，家族企业和国有企业对有利投资组合的反应更为灵敏。

目前看来，国内的学者大多关注了企业的对外直接投资（FDI），并展开了热烈的探讨。尽管不同文献对企业创新的度量方式有所不同，这些文献大多得到了的中小企业平均每年的融资额度大约是 5 千万元，而实际上由于上市的门槛过高，只有少数中小企业能够上市，对于绝大多数无法上市的中小企业而言，很难通过这种融资渠道来完成外部融资。因此，外源性融资困难进一步加剧了中小企业融资困境。成长期是其发展的第二阶段，此时中小企业已初具规模，市场占有率加大，原始投资资本已经开始盈利，但为了保持快速成长和市场份额和提高企业竞争力，就会积极扩大生产规模，投资于研发以及购置固定资产等，并将大量的资金投入到产品的推广以及销售费用等方面。在这个成长阶段，大部分创业者不再选择成本相对较高的风险投资方式来进行融资，内源融资方式尽管风险小，但是金额有限，也不再是创业者青睐的融资方式，这一阶段创业者更多的愿意寻求银行贷款等成本更低且风险较小的融资支持。处于成长期的中小企业，其生产的产品逐渐在市场中占有一席之地，规模扩大，企业资产逐步积累，管理和财务制度不断规范化，发展前景逐渐明朗化，商业银行等金融机构愿意为成长期的中小企业提供较低成本的贷款融资支持，此时股权融资方式比重大幅下降，部分企业甚至可以进入资本市场获取资金，开始借助债券融资的方式满足企业发展需求。

处于该阶段的中小企业，融资困境获得一定的改善，但所筹集到的资金并不能完全满足其自身发展较快的需求。中小企业想要在银行等成熟的金融机构中获得大量或者较为低廉的融资还是存在很大困难。我国政策性银行数量较少且服务范围有限，仅可以提供少量技术援助贷款、软贷款和特色融资账户等，难以满足大量中小企业的融资需求。大型商业银行对中小型贷款企业的资质和风险控制能力要求较高，若企业财务管理状况不完善，银行机构往往只能提供额度很少的贷款。中小商业银行专业性较差，并不能完全知悉企业的生产经营状况等，无法有效的控制贷款风险，因此也不愿意放贷，即使放贷也需要通过利率上浮来降低贷款风险。因此，银行资金也不能规模化地扭转成长期中小企业贷款难的现状。第三阶段是企业成熟期，企业已经投入了大量的资金和资源，抗风险能力较强，具有较为成熟和稳定的现金流，资本积累逐渐增多，企业信誉的不断得到认可，其融资能力较初创期和成长期有了较大改善，该阶段的中小企业的融资方式从股权融资逐渐偏向于相对成本较低的银行贷款融资以及债券融资。成熟期中小企业融资渠道更加多元化，为了构建良好有效的融资体系，中小企业更愿意将企业的留存收益和资本积累转化为下一步投资，或者去资本市场进行上市融资，发行中短期企业债券等。然而，由于中国的资本市场发展还不够充分，许多基础性制度可能现在还没有完全确立或刚刚起步，目前我国公司债券发行在融资额度以及上市条件等方面限制较多，且企业之间从资本市场融资的竞争非常激烈，因此，能够获得上市融资的只有极少数中小企业，其余的均无法进入资本市场，只能望洋兴叹。

那么，到底是什么造成了中小企业的融资被“卡脖子”呢？国内外众多学者对中小企业融资难的原因做了大量的研究，Hochberg 等（2009）研究发现，银行的行为是致使中小微企业融资难的重要因素，各个银行规模不同，所采用的制度、标准不同，而规模较大的银行不愿意花费高于其他银行的成本为中小企业提供贷款，缺乏贷款主动性。李朝阳（2016）认为，导致中小企业融资难的原因。主要是中小企业难以从传统正规的金融渠道获得融资，而民间融资的成本和风险都相对较高，当前的金融环境以及金融市场缺少健全的法律法规与监管制度，政府应大力支持金融体系的革新，不断完善金融体系制度，同时提出要建设中小企业信用体系，提供适合中小微企业发展的金融产品等措施建议。赵莉娜（2017）以上市公司作为研究对象，通过做假设检验的方法模型，得到速动比率、偿债能力以及融资环境是中小企业融资难的主要原因。何银瓶、肖扬清（2018）利用欧拉方程模型和 GMM 方法得出结论：我国中小企业面临显著的融资约束问题，商业信用也无法很好地缓解中小企业的融资约束。

罗志辉（2018）认为，国家政策存在一定的矛盾性也是导致中小企业融资难的部分因素，例如，既鼓励银行等金融机构满足中小企业融资需求，又强调商业银行需不断减小不良资产比重。

4. 中小企业“融资难”应对措施。

我国中小企业在面对融资困境时应当采取什么措施呢？一些学者给出了自己的见解：朱静（2016）认为当前我国中小企业信用水平低从而导致了融资难、融资贵等问题，我国应当尽早进一步完善相关中小企业的信用信息体系，并建立健全的信用模式来增强投资者对中小企业的信任信心；魏涛（2016）研究了我国中小企业融资情况，强调要重视政府的关键性作用，通过政府建立有利于中小微企业的平台，这样为数众多的中小企业的融资难题才能得以真正解决；李桂兰、周胥丞（2017）研究发现，如果给予外部担保机构一定数目的资金补贴或税收优惠，中小企业获得担保的机会就会大大增加，从而企业面临的融资困境得到缓解，这就需要我国进行担保机制以及融资活动的规范；李业鹏（2017）通过研究和分析科创板中小企业数据，探讨了我国科技型中小企业当前融资情况以及自身因素和外部环境因素，进而提出缓解或解决其融资难题的对策意见：增强科技型中小企业自我发展意识、加快完善中小企业信用服务体制、有力帮助和促进中小银行发展、增强对科技型中小企业政策扶持力度以及完善相关法律法规等；金银亮（2017）认为，中小企业要想摆脱融资困境，也可以通过社会途径即积极建立相关社会关系，形成企业自身或与社会资本的社会关系网，从而增加企业寻得融资的机会。

现有文献表明，由于企业的研发活动往往存在较多的信息不对称以及预期收益不确定等特点，所以相比较企业进行的其他投资行为而言，研发创新面临的“融资痛点”会更大，这也成为企业研发投资所遇到最大的一块“绊脚石”（熊广勤等，2019）。尤其是对于中小企业来说，自筹资金在其进行研发创新的资金来源中占比较大，固然中小企业面临着融资约束问题更为突出和严峻；并且融资约束对小规模、非国有以及劳动密集型企业的创新负向影响更为显著（康志勇，2013）。那么，有哪些因素能够缓解融资约束带给企业研发的负面影响呢？康志勇（2013）关注了政府资金补助；Chen（2017）关注了管理层激励；万佳彧等（2020）关注了数字金融发展。

于震等（2019）研究发现，中国企业（包括上市公司在内）普遍面临着亟待解决的融资约束问题。融资约束既降低了企业的投资选择权（即投资机会）也不利于企业研发创新的发展。那么，融资约束是否会对企业投资机会和企业研发创新之间的关系产生影响？相异于已有文献，本研究将融资约束、企业投资机会和企业研发创新放入同一个分析框架下进行深入分析。在融资约束这个大背景下，探讨企业投资机会对企业研发创新的影响是将这一命题增添了现实的翅膀，并关注了家族企业的异质性，同时还加入了作用机制研究，探讨了政府补贴这一外部政策环境作用是否能作为缓解融资约束的手段，促进中小企业创新发展。本研究既为中小企业投资和创新的战略决策提供了参考，也为政府更好地引导企业发展提供了政策建议。

4.6　商业模式创新

4.6.1　家族企业与研发创新

我国社会主义市场经济蓬勃发展壮大，民营企业不可或缺，家族企业更是我国市场经济中的中坚力量，不容忽视。我国家族企业在市场上迅速崛起，发展速度快，所做贡献大，得到了国家与社会的关注和认可。福布斯中国在 2010 ~2017 年，持续 8 年调查了沪深两地上市以及在港交所上市的大陆民营家族企业。在经济贡献度层面，截 2017 年底中国民营企业的注册资本已经超过 165 万亿元，对国内生产总值的贡献度达到 60% 以上。根据《2018 年全球家族企业调研——中国报告》我们可以知道，在主板市场中，我国家族企业数量正在稳步提升，2017 年年底，在我国所有私营企业中，家族企业所占比重约为 56% 。由此可见，家族企业已是我国的经济社会中一颗冉冉升起的新星。

本研究综合对比国内外各类文献的研究内容、研究方法和研究结果发现，很多学者都对家族企业感兴趣并进行了相关研究探讨，主要从以下多重视角进行了研究：家族企业的财务治理框架、内部的监管制度、内部控制的生命周期以及家族高层经营管理者的激励机制等。可见，各国各地区针对家族企业的研究与日俱增，家族企业已经越来越受到重视。有国外学者针对家族企业进行了研究。Graafland（2020）研究表明，大型家族企业的所有权与其清洁生产之间的关系弱于小型家族企业，且家族成员参与管理这一行为，会以非线性的方式调节家族企业所有权与清洁生产之间的关系。

Min（2021）以中国台湾地区企业为研究样本，发现家族企业集团（FBG）关联公司的创新研发利用率高于非家族企业。然而，如果控股股东行使的管理权大于法定所有权所驱动的权力，那么 FBG 关联公司比家族企业的这种更大的积极效应就会减弱。Yldz 等（2021）认为，在许多世界经济体中，家族企业是经济活动的主体，但它们的行为仍远未被理解，在效率驱动的环境中，家族企业的自主创新潜力有限，创新体系质量低下，创新政策薄弱。他们发现，在这样的背景下，内部能力、合作和政府支持能够促进企业研发创新，并减少家族企业成熟度和创新障碍的负面影响。

就国内学者而言，赵敏、林汉川（2017）发现企业家精神显著影响家族企业研发创新能力；家族企业进行研发创新的基本保障是企业的内外部环境。一些使用行为代理模型（BAM）研究发现，家族企业中所有者和管理者相对一致，他们不希望承担投资失败风险，所以上市家族企业的 R 和 D 投资确实比非家族企业要少。当然，在一些情形下，这种现象可能会发生逆转，比如企业经济表现水平大大低于家族预期或者家族经营管理者高度重视企业的长期目标，如寻求强大的跨代家族控制等。孙秀峰等（2021）以创业板上市家族企业为研究样本，发现家族企业“去家族化”与企业受融资约束程度之间存在 U 形关系；股权集中度和股票价格在“去家族化”与企业融资约束关系中具有双重中介作用；企业融资约束得到缓解，家族企业才能更加高质量的发展。李健等（2021）通过实证研究发现，并购商誉能够正向影响家族企业的创新投入，企业风险承担水平在二者之间起到中介作用，而标准审计意见能够进一步强化该中介作用。然而进一步考察了有关文献，发现中国学者以往对创新管理的实证研究主要集中在大型企业，我国中小家族企业众多，但是少有研究。故此，本研究将家族企业作为重要的异质性分析加入到文章中去以丰富研究内容。

4.6.2　政府干预与研发创新

政府作为一双“无形的手”对企业研发活动的干预手段主要有政府补贴、税收优惠等形式，政府干预对企业创新研发活动的影响或作用目前并没有统一结论。当前，有学者的研究表明了政府干预具有积极影响，苏畅等（2019）认为政府通过财政手段合理正当地扶持企业的研发创新活动，企业的 R&D 风险被分担，弥补企业的损失，研发成本降低，企业得到激励就会选择扩大研发投入规模等。随着对该问题研究的深入，也有学者们发现政府干预行为反而对企业 R&D 产生了一定程度上的挤出效应（杨晔等，2015），例如，政府干预的具体作用还会受到政府补助形式、补助期限、公司高管、公司资源结构以及公司环境等企业体系相关属性的影响（李香菊等，2019），即其激励作用具有异质性。

还有部分学者发现政府干预企业创新投入或创新产出的效应并不确定，熊和平等（2016）聚焦于企业生命周期，发现政府补贴对提高初创期企业的研发创新水平具有显著积极影响，但是成长期企业中却呈现出一种倒 U 形关系。夏喆、章梓钰（2021）研究了中国上市企业数据发现，融资约束对企业的策略性以及实质性创新选择具有抑制作用，而政府补贴恰恰会给这两种创新选择带来积极影响，并进一步发现政府补贴对成长期和成熟期企业的两种创新选择的调节作用显著，而只对处于衰退期的企业的策略性创新具有调节作用。此外，还有研究学者认为政府补贴对企业研发投入的影响是存在最优政策力度门限区间的，学者冯海红等（2015）针对我国制造业工业企业进行相关研究表明，当政府税收优惠政策位于最优的政策力度门限区间内时，该政策才能对制造业工企的研发投资起到显著正向作用，否则就会产生相反的效果。王晓燕等（2021）研究发现，政府补助对企业研发投入具有显著促进作用，但是由于存在财务冗余和资金使用偏好等因素的影响，该作用具有滞后性以及门槛异质性的特征。

Sirmon 等指出，家族企业代际传承的目标使其具有独特的耐心资本，促使家族企业追求更有创新性和创造性的战略。Chrisman 等共存的矛盾现象，因而难以推断出家族企业的创新抉择。吴炳德、陈凌认为家族企业并不一定是完全的风险规避者，家族企业会在维持家族控制目标和风险规避上寻求平衡点，并借助产品创新和过程创新来验证家族企业的这种特性。其研究表明，家族企业虽然在产品创新上弱于非家族企业，但在过程创新方面与非家族企业并无显著差异。研究表明，家族企业的传承意图促使其创新投入高于非家族企业。朱沆等分类探讨了家族控制目标和传承目标对企业创新的影响，其研究表明家族控制意愿抑制企业创新，而家族传承意愿有助于企业创新。家族企业的长短期导向使其呈现出风险厌恶与风险意识。避免管理权力被职业经理人剥夺的风险，即使自己的管理能力不如职业经理人也仍坚持由自己管理公司。吴超鹏、薛南枝和张琦等（2019）也同样指出，为了能让公司世代传承，家族企业创始人会更信任家族成员，并让家族对公司保持较高的控制权以规避传承风险。朱沆、Eric 和周影辉（2016）还提出社会情感财富收益与财务收益对于家族成员而言同样重要，损失厌恶的行为逻辑会使他们同样希望避免社会情感财富损失。乔坤元（2014）也指出，相比于国有企业，我国非国有企业对风险更加敏感和厌恶。进一步地，曾建光、张英和杨勋（2016）发现，由于家族企业管理者具有风险厌恶的特征，因此他们会通过信仰宗教来寻求心理安慰，并希望通过积极的捐赠来满足内心“祈求平安”的愿望，家族企业的经营风险和不确定性越大，家族企业管理者就越倾向于信仰宗教和积极捐赠。家族成员的风险厌恶是因为他们不希望家族财富受到损失，不希望失去自己对家族企业的管理权力。风险的发生会导致家族资产的受到损害，这不仅会对家族企业的正常运营产生影响，损害家族企业的声誉，还可能会使家族对管理者的管理能力提出质疑，家族内部的其他有力竞争者也会借此机会向管理者的职位发出挑战。

由于创新存在风险，而家族成员在管理企业时通常表现为风险厌恶。因此，家族管理者在对创新项目进行决策时，可能会有以下表现：（1）拒绝开展创新项目。家族管理者为了避免家族企业的财富和资产受到损失，也为了避免风险发生后自己的管理权受到家族的质疑、挑战或剥夺。因此，会尽可能地避免开展创新项目，维持经营现状。基于这个原因，家族成员在做决策时趋于保守，拒绝大部分企业创新项目的开展；（2）对创新成果的收益有更高的要求。由于风险厌恶，家族管理者会对创新成果要求更高的收益补偿。家族管理者的风险厌恶程度越高，要求的收益补偿也越高。因此，即使企业创新和研发团队发现了有价值的创新项目，也可能因为创新成果的收益率低于家族管理者的期望而被拒绝。出于这个原因，家族管理者往往只能接受风险相对较低而收益相对较高的创新项目，但由于此类项目的数量极为有限，因此公司开展的创新活动也相对较少。综上所述，由于创新存在风险，而家族管理者具备风险厌恶的特点，因此当家族成员参与管理企业时，可能会导致企业开展的创新项目减少，企业的创新活理论分析与假设提出家族企业作为民营企业，相比国有企业而言，资金获取的难度更大。张杰（2000）提出，民营经济的金融困境源于国有金融体制对国有企业的金融支持和国有企业对这种支持的刚性依赖，因此民营经济更难从国家控制的金融体制中寻求到金融支持。梅冬州、温兴春和吴娱（2021）研究指出，尽管 2016 年以来民营企业产出占据了 GDP 的 60% 以上，但其获得贷款仅占总贷款的 35% 左右。

国有企业规模更大，资质更好，因此相对而言更容易获得银行的贷款支持；国有企业在产业链中具备更强的话语权，因此可以发挥商业信贷的优势，短暂地获得占用上下游企业一部分资金的权利。而家族企业作为民营企业，在资金的获取上难度更大。银行出于风险的考虑，对家族企业的贷款支持意愿可能会相对较弱，在对家族企业提供贷款时也可能要求更高的贷款利率。家族企业对产业链上下游强势企业的话语权也相对较弱，可能会存在企业资金被其他公司占据的现象。由于家族企业资金获取的难度更大，资金获取的成本也更高，因此当家族管理者面临财务压力时，他们在管理企业资金会更加谨慎，避免因财务管理不善而对家族企业产生影响。外界的压力会导致企业管理者产生更多的顾虑，在这种压力情绪下，管理者不能很好地将精力聚焦于企业创新，还需要分散精力考虑其他的风险因素。

Chemmanur 和 Tian（2018）指出，反收购条款通过缓解公司管理层所受的股票市场压力，减少管理者的顾虑，使他们专注于长期价值创造，从而刺激了创新的产生。这说明，通过减少企业管理者的压力和顾虑，可以促进企业的创新。财务压力同样也是一种来自外界的压力。例如，如果企业管理者面临债务偿还的压力，那么他们则需要更多地关注企业资金是否能够按时偿还债务，避免发生违约。因此，如果企业管理者面临财务压力，他们将有更多的顾虑，导致企业不能很好地开展创新活动。面临财务压力的家族管理者需要综合考虑企业资金的运用方向，全面评估风险与收益。家族管理者不仅需要投入一定的资金用于企业研发与创新，提高企业的科技竞争力，还需要根据市场需求和市场竞争动向，将资金运用于经营方向与经营范围的调整。此外，家族管理者出于家族主义观念，会希望家族企业具有良好的声誉、家族企业得以传承，因此他们还需要预留一部分资金。

4.6.3 创新资金支持

创新不仅存在风险，还需要获得企业稳定的资金支持。充足的资金有利于创新活动更好地开展，Dang 和 Xu（2018）提出，企业利用股票市场的乐观情绪加大融资力度，能够有更多的资金投入到研发中。企业在研发的过程中，需要花费资金购买科研设备和研发物资。先进的科研设备是企业研发和创新的基石，通过运用先进的科研设备，企业能够提高创新的效率和创新的质量，领先于同业开发出优质产品。在科研的过程中，创新研发部门还会消耗大量的研发物资与耗材，科研的设备也需要定期进行维护，这些也都需要企业为其提供资金支持。企业的创新和研发需要优秀的人力资源，科技创新离不开优秀的人才。因此，企业在开展创新项目时需要依靠由各领域人才所组成的团队。创新与研发团队中的成员在各自擅长的领域施展能力，有利于企业更好更快地推动创新研发项目的开展与落地。为了吸纳优秀的人才，实现高质量的创新，企业还需要提供有竞争力的薪酬和良好的工作环境。企业的创新和研发需要稳定的资金投入。由于创新与研发周期较长，因此企业需要为创新和研发提供稳定的资金投入，保障研发项目的平稳运转。如果企业资金不够充裕，不能为创新和研发提供稳定的资金支持，就可能导致项目的中止乃至失败，从而前功尽弃。

如果企业的资金过多地投入到创新和研发领域中，那么企业用于正常经营和生产资金就可能会被占用。解维敏和方红星（2011）提出，依靠内部资金来为企业创新项目提供融资存在不稳定性，因为会面临商业周期波动的问题。鞠晓生、卢荻和虞义华（2013）进一步指出，企业为了保证创新活动的平稳持续，会用营运资本来平滑创新投入的波动，将有限的资金配置到调整成本高的创新活动上，避免创新的突然中断带来巨额损失。但企业在经营的过程中想要扩大生产规模，需要资金来购买厂房、生产设备以及原材料；企业想要调整产品结构或是扩大业务范围时，也离不开稳定的资金支持。因此，如果一个企业的内部资金不够充足，则当企业把更多的资金投入创新和研发领域中，可用于正常经营和生产的资金就会被占用，企业的正常经营与生产就会受到影响。

（1）民营企业引入职业经理人提高了企业创新投入。

Jensen（1986）认为，在两权分离的情况下，职业经理人往往偏向做大企业，造成过度投资。但中国家族企业目前董事长一般都为企业主担任（陈德球等，2013），同时股权集中度高，很少发生第二类代理问题，职业经理人有更灵活的主观能动性推动企业创新。

因此提出假设 4 - 3：家族股权涉入越高，创新效果减弱。

我国家族企业绝大多数从事制造业为主，而多数职业经理人也有过制造业企业管理经验，（黄菡等，2015）因此我国职业经理人市场中，制造业企业职业经理人储备更为充足，职业经理人之间竞争更加激烈，因此制造业企业职业引入的职业经理人职业能力更加突出，更有利于促进企业创新投入，扩大企业竞争优势。由此提出。

（2）制造业企业引入职业经理人对企业的创新促进作用更加显著。

家族企业作为社会发展的主要参与者，在促进经济增长方面发挥着不可替代的作用。家族企业若想实现长期发展，必然依靠创新。然而，我国家族企业普遍面临创新投入不足、创新产出效率低下等问题。基于 2010 ~ 2018 年中国上市家族企业数据，分析经济政策不确定性对于家族企业创新是否存在激励作用。结果发现，经济政策不确定性提高，会对家族企业创新研发活动投入与产出产生正向激励作用，促进家族企业创新。从融资约束与政府补助视角，分析两者在上述正向激励作用中的调节作用。结果表明，对于融资约束小以及受到政府补助的家族企业而言，其受到经济政策不确定性的正向激励作用更显著，有助于其开展创新研发活动。结论不仅验证了经济政策不确定性对于家族企业创新的激励作用，还揭示了融资约束以及政府补助的调节作用，可为政府制定相应补助政策，构建完善的金融市场提供理论支持和经验证据。

☞ 案例思考

巨隆——家族企业文化能量圈构建

宁波巨隆集团位于浙江省美丽的东海之滨——宁波，成立于1996年，2018年年产值逾15亿元，员工1800人，是中国自行车行业标准化委员会脚踏标准首席制定单位，公司以“脚踏”撬动了全球市场，本着“中国飞敏，脚踏实地”的经营理念，一步步发展壮大，与传统接轨，与健康同行，为人们的出行提供绿色原动力。“在细分市场领域实现了连续15年的快速稳健增长，脚踏全球市场占有率达到35%以上。公司秉承着提供高品质的产品及服务，为人们的出行提供绿色源动力的企业使命，始终为绿色出行及环保事业做着不懈的努力。怀着成为世界上最具竞争力的脚踏及碗件制造商之一的美好愿景，坚定不移地为十年内成为环法赛事供应商的企业目标而持续努力着。公司始终将人才战略作为扩张发展的第一大战略，特别注重人才的培育与引进，先后引进台湾以及国内知名企业优秀管理人才。时至今日，已培养了一支强有力的核心管理研发团队。

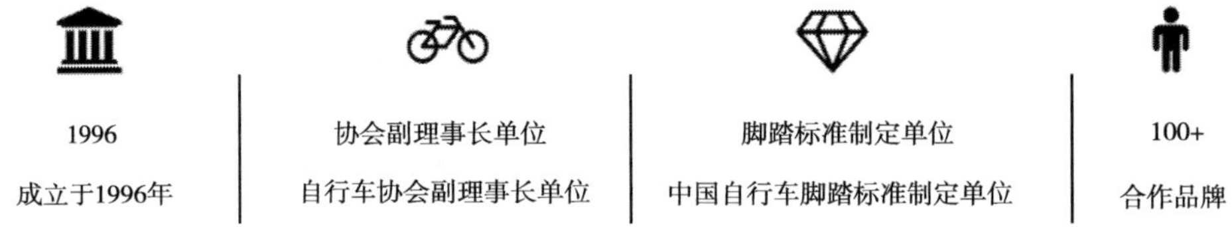

图4-1 巨隆集团的发展现状

在过去的几年中，巨隆公司非常注重员工的使命感，并特别设计出以员工使命为出发点的员工文化建设，并成为宁波市在员工文化建设方面的领航者。企业秉承员工使命感优先，并坚信员工对企业的忠诚、支持和信任，是企业长期发展源源不断的始动力。同时，巨隆也为每位员工从工作到学习到家庭的360度全方位发展制定了发展目标和部署。企业这一套系统和科学的员工文化建设体系也成为行业内其他企业的参照标杆和学习的榜样。

一、“使命感能量圈”创意萌芽

2014年，巨隆集团面临了企业成立以来最大一次浪潮的“员工离职”高潮，从创始团队核心成员的变更，到高层管理人员的陆续离职，再到基层工作人员的抱怨声连连，使得企业的正常运营都变得非常举步维艰。就在这个时候，巨隆集团的董事会成员就组织召开了几次重要的董事会，商讨巨隆集团的未来该何去何从。可以看出董事会成员也是一筹莫展，面临稳步递增的订单量，大家都高兴不起来。于是在这个时候，董事长徐总就拍板决定他们必须要转移工作的重心，从业务导向到人员导向。否则，再这样发展下去，企业没过多久连现状都无法很好地维持。那么到底要怎么做呢？大家又展开了一番激烈的讨论。

这时候总经理郑总提出来，我们要关注员工，员工是一切生产力的来源，员工更是企业发展的命脉。关注员工就是关注企业本身。于是巨隆就决定从中国台湾花重金聘请了一个职业经理人团队，来专门为企业员工的发展做“个性化定制”的方案，以及为企业员工最大程度“谋福利”。这个团队的到来像是唤起了巨隆集团的生机。他们前期先是花了大量的时间和公司的员工进行交流，有对公司高管的多轮面谈，也有和中层管理人员和基层工作人员的集中面谈，甚至他们还组织了去企业员工家里做“家访”，更进一步从员工家属的角度来了解他们真正的需求已经需要得到企业的哪些方面支持。在整个前期调研的过程中，员工开始对企业萌生了新的希望，甚至有员工表示：“被人倾听和理解的感觉真的太好了！”，也有员工说：“我们对公司有太多太多想说的话了，这一次终于一股脑儿都说了，感觉特别畅快淋漓。”

在整个正能量大环境的驱使下，巨隆认为，我们要改变，首先我们企业本身得正能量，其次我们才能带给员工正能量，员工才能带给他们身边的人正能量，慢慢地我们也就成为这个社会正能量群体中的一部分。基于这样的考虑，巨隆集团打造了基于使命感的员工文化“能量圈”。就在同年，2014年巨隆研发了员工文化能量圈，企业认为只有员工真正满意了，并自愿积极为企业做贡献才能推动长远高速的发展。企业相信，使命是一种责任，是一种状态，也是一种愿景，更是一种锲而不舍、坚韧不拔、不达目的不罢休的追求精神。所以，打造一支具有职业使命感的卓越员工队伍，是摆在每一个企业面前的历史使命，更是对于巨隆如履薄冰的现阶段所能给出的最好“破冰计划”了。

在使命感能量圈的设立初期，巨隆集团紧紧围绕责任、精神、愿景和价值这四个方面来全方位包围使命感的核心能量。总经理郑总表示一个员工的精神就是一个企业的精神，而一个企业的责任会落实到每一个员工的身上；一个员工如果感受到在工作中实现了自身的价值和意义，自然他本身也就变成了企业愿景实现的最好动力来源了。在使命感能量圈中，每个员工都深切认识到自己和企业是一个能量圈中重要的组成部分，彼此之间相互独立又融合，在能量的圈子里企业和员工之间相互影响，促进成长。

二、“使命感能量圈”建立推广

(1) 从“企业的文化”到“大家的文化”。

巨隆始终相信一个好的企业文化应当是由员工创造出来的而不是企业的管理层。在巨隆，每一个员工都是企业文化的塑造者之一，他们有对企业文化深深的认同感，同时他们也是能量圈企业文化中坚实的践行者。巨隆草拟了企业文化新规章，而这份推广文案的想法和撰写都是由企业所有员工共同参与完成的。巨隆认为一个企业的企业文化，并不只是董事长认为的文化，或者企业高管认为的文化，而应该是企业员工的共同信仰与坚信。巨隆为此还高薪聘请了企业管理的培训团队，在工作午休时间给各位员工做系统的文化理念普及与学习，让他们都能够充分理解“企业”作为一个特殊个体存在的意义，了解自己在企业中所处的“身份”和“地位”，同时也培育了企业员工具备能够参与为企业“出谋划策”的基本能力。有员工说：“我大学毕业之后就再也没上过课了，这次培训让我觉得又回到了校园，那种求知若渴的感觉回来了。”也有员工说：“我们知道这个培训团队授课费用是很高的，但现在我们有这个免费的学习机会，我们自己就想要好好听，也是非常难得的学习机会，特别感谢公司想的那么周到。”这一次大型培训会结束之后，巨隆感觉到员工们的士气大增，精神面貌也有了较大地改变，大家茶余饭后也时有提到在培训会时学到的东西。在公司各个部门的例会上，也有不少员工表示自己学习后，还是有不少的提升和长进，工作上遇到问题似乎也有更好的解决思路了，确实是受益匪浅。

趁热打铁，巨隆在单位食堂里摆放了“能量圈”集思广益箱，让员工们在午餐期间彼此交流和讨论，有金点子就贡献出来给大家一起分享。由于是在一个相对轻松和愉悦的用餐环境，大家的想法反而更多也更有创意。接着巨隆举行了“全体员工能量圈大会”，将大家提出来的各个想法整理和归纳之后，再通过员工们表决后形成最终的“巨隆能量圈”，这个提案一出来就得到了大家的高度认可和支持，很多员工就说：“我感觉到自己就是巨隆的主人，因为这个提案我也有参与到。”

(2) 从“同事的文化”到“合伙人的文化”。

在巨隆，没有领导和下属的直接上下级关系，没有部门与部门之间的距离感，他们并不单纯地把和彼此的关系称之为“同事”，因为这种关系是超越了阶层、专业背景和工作内容的，是彼此之间可以相互支持和共促成长的。他们之间建立起了互相信任和认同，不拘泥于竞争关系而更注重合作关系。在巨隆盛行着一种“合伙人”制，他们亲切地称呼彼此为 partner。总经理郑总在接受访谈时提到：“说到同事，总有一种莫名的疏离感，而合伙人就不一样了，我们和公司是命运共同体，每一个人对于公司来说都是不可或缺的宝藏。”

合伙人制文化其实就是合伙人都是共同创造、共担风险，总是优先做事，优先承担责任，只有做大事业，产生了价值才会有共享，这其中的核心精神就是共识、共担、共创、共享的精神。那么如何在一个以传统经营模式主导的企业中去推行“合伙人的文化”呢？这个问题迫在眉睫。巨隆认为合伙的第一要素就是要达成共识，那么什么是共识？古人言：道不同，不相为谋。所谓共识就是指道要相同，也就是企业文化中的价值观要一致，才能一起合伙做事。何为共担？巨隆向企业员工提出两个核心要点：一是共担经营风险，当企业出现经营风险时，真正的合伙人是要以公司利益为第一优先；二是共担发展责任，当企业面临分岔路口需要做重要决策时，合伙人应提升而出不遗余力出谋划策。同时，企业员工要和企业一起共同创造价值。合伙人是基于一份事业去创造价值，而是需要持续创造价值的动力和拼搏精神。这也再一次点醒了员工的根本思想需要从“我是打工者”的身份彻底转变为“我是创业者”。当然，员工对企业的贡献以及企业所取得的成绩也都是完全共享的。

但是看似前沿先进的管理理念，与员工解读起来可不是那么容易的。有些员工最开始觉得“合伙人”身份对我来说并没有吸引力，我不想做老板，我就踏踏实实做好自己的工作就好了。也有员工表示质疑，他们觉得是不是企业有困难了，故意拉我们进来做垫背。但随着“合伙人文化”机制的不断推进，员工们开始逐渐意识到了自己对工作的贡献和付出，自己为公司创造的价值是以一种非常“显现”的方式回馈的时候，有个别员工获得了“年度最有价值合伙人”“年度最有潜力合伙人”的时候，他们还同时获得了更高的报酬，其他员工也就开始愿意去尝试接受这样的文化，“感受一次自己当老板好像也还蛮过瘾的”。

现阶段巨隆的员工们都有自己非常清晰的身份定位，在股份制改革的推广和落实中，部分员工已经成为公司的股东，也直接变成了和公司的命运共同体。员工们的高度忠诚感表现了极低的人员流失和变动率及在公司的超长服务年限中。他们清晰认识到自己在企业中的身份，也进一步了解自己的岗位职责和自身贡献。员工们纷纷表示，在企业中工作感觉到自己被重视被尊重，这也是他们在工作中的重要追求。

(3)“家人的文化”到“家企一致的文化”。

巨隆集团的总经理郑总同时表示，我们知道员工对我们的重要性，我们也十分感谢员工们的付出和给巨隆在历史的发展中的重要贡献。我们打心底里把员工当成家人来看待，也真心希望员工可以把企业当做一个美好的大家庭，是一个温暖的庇护港湾。员工的家企一致感是巨隆文化中最鲜明的特色，员工们认为“家人文化”让他们感受到除了工作之外，自己和家人都有被照顾和关爱到，也同时有了更多的时间和精力能更好投入。巨隆集团力求在员工快乐生活的文化建设中，努力做好应员工所求，做好物质保障，以求后顾无忧；同时应员工所忧虑，做好情感关怀，共筑和谐；以及应员工所想象，实现自我和共同成长。在巨隆员工们表示自己及家人的生活都有被很好地照顾好，自己也能更专注投入工作中去，也得到了家人们的理解和支持。

巨隆每一年都从关爱员工的角度出发，也同时关爱员工们的家属。巨隆表示感恩员工更想感恩员工的父母。所以每年农历新年，巨隆都会组织员工父母感恩会，邀请员工的父母来公司吃年夜饭并发放红包，感恩父母养育之恩，培育了如此优秀的人才为公司所用；同时在每年的重阳节他们也会组织老人节的活动，并安排老人参加周边游。除了老人，巨隆也非常关注员工的伴侣，他们邀请员工的妻子丈夫来公司参观，了解员工的工作环境、工作性质和工作内容，同时还专门聘请了心理咨询团队来给夫妻量身定制了“夫妻营”活动，增进亲密关系的良好发展。

在“夫妻营”项目中包含了大量丰富的互动活动，如：三分钟对视，互诉真心话，给彼此感谢信，拥抱疗愈及共同绘制未来家庭蓝图等活动。在活动现场，也有很多夫妻感动地流下眼泪，称特别理解丈夫的不容易，同时也表示丈夫平时不善于表达，但感谢信的内容已经说明了一切。也有一位妻子在参加“夫妻营”后表示，特别感谢公司，因为两个人好像已经太久没有这样相处，平时都是各忙各的，这一次好像心与心的距离一下子拉近了，希望这样的活动可以定期举行。

与此同时，家里的小宝贝也是员工们的心头肉，巨隆深知孩子们的成长牵动着员工们的心，而很多员工都是自己出门打工，孩子们都在老家。巨隆认为除了平日的法定节假日，已经要创造机会让员工和孩子们多相处。于是，每年的寒暑假巨隆就邀请员工远在老家的孩子们来公司。白天他们聘请了当地小学的高级教师来公司给孩子们上课，写作业，户外运动，做创意手工等，这样员工们白天也专心工作。下班了，就把孩子们带回家享受亲子时光。除了白天的寒暑假托管之外，巨隆还专门派车在每周组织孩子们去博物馆、美术馆和展览馆等，希望培养和熏陶他们的艺术细胞。同时激发孩子对自我兴趣发展的潜能。同时，巨隆也会定期组织亲子活动，比如亲子爬山、亲子阅读故事会、亲子做面点、亲子咖啡师等，大家都玩得不亦乐乎。公司里还设有专门的儿童游乐场所和小型绘本馆，靠小朋友游玩和学习。除此之外，巨隆还每年组织两次的家庭日旅游，让员工带着家人一起参与游玩，增进感情；在巨隆工作的员工子女还可以享受就近读当地最好的小学的福利。巨隆表示：家和万事兴，我们希望我们关注的不仅仅只是员工本身，而是以员工为中心的能量圈辐射。

正如预期的一样 2014 年以后员工的离职率开始逐年下降，基本每年的离职率低于 2%，近几年连续低于 1%，相比行业内平均离职率 8.7%，实属非常难得，员工的忠诚度和满意度也就体现出来了。同时，2014 年后企业的业绩也一度飙升，同年创历史新高。平均毛利率达到了 32.87%，远远超过了行业内的其他企业，净利润率也高达 18.75%，且近几年都保持在一个稳定增长的模式。由此巨隆更加认为，关注企业文化，培育员工的使命感，会使能量以高倍数的方式进行传递。

那么巨隆到底是如何来发挥“使命感”能量圈作用的呢？

三、使命感能量圈辐射路径

2014年，企业改革并发布了“员工使命”核心价值观，成效显著。当年企业开始引入人才的国家化培养模式，也同时引入有海外背景的高层次人才，企业开始走向国际市场，并成功拿下捷安特自行车公司的一级代理商。从之前主要目标市场在国内，大步迈入了国际市场，并占据了全球自行车脚踏市场份额的三分之一，延续至今。在核心价值观调整中，“人”也就是员工成为改革的核心，他们开始转变观念，认为员工不再是企业的资产而是企业的资源。只有真正去激发员工的使命感和责任感，才是企业未来发展的原动力。企业的核心价值观：管人、团队、改善、管理、战略。企业的核心价值观是关注一切的发展，而发展的一切就是员工。时代在变，行业在变，但专注领域一直都没有变也不会变，巨隆相信扎根的“工匠精神”。

培育“工匠精神”也是一个系统工程。第一，巨隆大力提倡“干一行爱一行、干一行钻一行”，给予高级技工很高的荣誉和待遇，培养出了大量内部优秀的高级工匠。第二，需要用文化在全公司重塑劳动光荣的理念。工匠精神的缺失，从根本上看是劳动光荣理念的缺失。因此，培养高精尖工匠，提倡工匠精神，首先要大力弘扬劳动光荣的理念，重视职业教育，创新教育体制，为培育高精尖工匠，重塑工匠精神营造良好的社会环境。第三，重视对高精尖工匠的教育和研究。对工匠的教育和研究要在科研与教学相结合上下功夫。要就工匠涉及的政策背景、历史脉络、文化体系、技术标准、结构优化、平台建设、成果应用、服务社会等多环节、多方面进行全面、深入和系统的研究，从而为工匠精神的培养教育做出更大的贡献。

正因为如此，员工根本上对企业的认同感和自发的使命感就起到了关键性的作用。那么巨隆以“使命感”为核心的能量圈到底是如何辐射其作用的呢？

（1）关注晋升空间，重视成长潜能。

在巨隆，快乐工作的字样随处可见，从员工的工作状态来看，不难看到忙碌但却轻松的样子。公司通过提供适合岗位给员工，促成员工做你“力所能及”之事业；通过打造多样平台，训练员工“超越梦想之未来”；建立适宜环境，更公平、公正、安全和舒适地就业。

从组织创新方面，巨隆设立了三大部组织机构，提升组织工作效率、加强组织监控能力，推行代理人管理制度，一方面是自总经理至组级干部，层层确定代理人；另一方面是按职务跨部门代理人。巨隆有非常明确的轮岗制度，每年组级以上的干部相互轮岗，达到“一人三岗”和“一岗三人”的基本模式，2017～2018年还组成了80后“小鬼当家”经营团队。从晋升通道方面，2020年巨隆首次推行了经理级年度轮岗，推动轮值执行副总当担培养，也为公司内部想要并有能力晋升的员工提供了更清晰和多元化的路径。同时巨隆内部还针对不同岗位员工的工作性质和个人特色分别开设了三条晋升通道，分别为：技术线、技能线、管理线，每阶段晋升经理级主管、课级主管、组级干部、领班级、职称晋升、组级、精力级年度PK晋选上岗这样多样性员工发展平台也进一步让每个员工都更清晰自己的职业生涯规划。在创意改善方面，巨隆引入了阿米巴、QCC、QA网络等专案改善，员工也可通过自己智慧减轻工作强度，保障工作安全，提高工作收益，提升公司效率与品质。这些前沿的管理模式和管理理念的渗透也让员工更有信心相信企业给自己提供和创造的平台价值。

（2）鼓励自我提升，配套奖励机制。

快乐学习也是巨隆倡导的文化理念，他们认为工作和学习是密不可分的。工作中需要不断地学习来提升，学习中也可以无形间提高工作的效率。巨隆支持员工们参与进修和学习，公司给予全力支持和经济上的补贴。在巨隆有这样的一个风俗：你学习我买单，学有“动力”；你学习我策划，学有所“成”；你学习我激烈，学有所“为”。

从学历再提升方面，公司每年组织员工进修学历，2008年至今，巨隆已与上海华东师范合作，完成65位核心人员大专学历晋升，23位员工专升本晋升，资助5位员工攻读硕士学位。公司同时也结合当地政府政策鼓励所有高层主管就读EMBA进修，并承担其大部分学费。从学费报销来看，在职员工技能、技术证书等学习，公司补贴学费50%～100%不等，年度总额80万。在人才培养方案设置时，巨隆发布了三个晋升通道，公司设置三个培养计划：精益人才、销售人才和研发人才，推行一年四次岗位等级考核，并通过等级考核及技能提升，获得相应工资等级收入外加高额的技能激励费用。从技能考核方面，全员每年至少举行多次技能比赛，所有干部需通过ISO内审员及阿米巴“巴长”考核。在考核过程中，也进一步优化及提拔卓越人才的薪资待遇，每年在之前基础上再评选出26位优秀员工，额外激励奖金15万。从外部培训到内部讲师制，巨隆一直孜孜不倦地优化培训计划。目前，巨隆已经优选出内部讲师40位，每月经理级别至少进行6个小时以上培训，科级以上员工至少4小时，其他员工至少2小时。外训每季度至少一次，通过聘请外部的职业培训团队入司讲课，结合派员工外出学习和进修。在过去的三年中，员工分别参加了由清华大学、北京大学、南开大学、华东师范大学、新加坡国立大学等国内外高等学府的学习计划，受益匪浅。有一位在公司已经工作了十五年的员工说："我从来没想过我有一天居然会在清华大学里学习，这种感觉简直不可思议，我特别珍惜这一次的学习机会，培训后我还将我学习到的知识分享给公司的其他员工。觉得特别有意义。"

（3）贯彻快乐理念，全家联动支持。

2016年，企业设计了一整套学习完整的体系"快乐工作、快乐学习、快乐生活"。企业鼓励真正意义上的"快乐"理念，张贴墙上，通过培训计划将这些理念深入员工人心；将"能量圈"的建立充分细致到每一个可以实施的指标，经过指标分解真正落实实际操作，实现从员工真正的需求出发，参与一致决策的途径，远超员工期待的形式来真正用"文化"管人管事管公司。

自企业开始推行"贯彻快乐"企业文化制度以来，公司内的企业文化氛围更加浓郁。员工开始有一种"家"的意识，有的员工开始戏称企业是"家族企业"。因为企业除了关爱员工之外，定期举行"总经理开放日"之外，还崇尚优先照顾好员工的家属（尤其是老人和小孩）。员工开始把企业当作自己的第二个家，员工家属也参与"贯彻快乐"的制度中来。每年的"家庭日""夫妻营""亲子会"也开展如火如荼。员工家属成了企业发展强有力的支持和保障，也为企业未来的可持续发展奠定了良好的基础。员工的使命感培育和家庭的支持是分不开的。

四、"360度使命"培育的优选机制

首先，让所有的员工有使命感。就是知道自己在做什么，以及这样做的意义。一个组织的存在，并不仅仅是为了自身的生存。如果组织存在的目的仅仅是为了自身的生存，那么这个组织的存在对社会就没有多大价值了。一个企业如果从管理层到普通员工都能形成这样的使命感，那么这个企业最终

一定会有很大的发展。巨隆的员工们，每个人都有自己的使命便签条，而在企业内部有专门的“使命墙”。用财务总监徐总的话说就是：“我们每个人对自己都有清晰的认同，我们也很清楚地知道自己为什么在这里工作，自己的热爱在哪里，自己能创造什么样的价值，这就已经足够了。”在巨隆员工墙上，有看到一些有意思的员工自己贴的使命感，“我喜欢这份工作”“我在这里工作是开心的”“我的父母都觉得巨隆很不错，让我好好工作”“我是合伙人啦！梦想成为老板的愿望居然实现了”“在这里工作是我做过正确的决定，这就是我的热情所在，使命所在”等，看了都非常激动人心。

其次，是让留在组织中的员工有安全感。对于那些符合组织要求的员工，巨隆利用了各种机会，运用各种途径，表示组织对他们的认同，让他们有一种职业安全感。员工会有一种很强的归属感，员工在安全感非常好的工作环境下，会对自己职业产生一个良好的预期，更加会看重自己长期职业素养的提升，从而能激发自己的全部潜能，投入工作。这个时候，员工对组织会有很强的感情依附。在巨隆，员工们表示自己的需求，哪怕是生活上的需求都能够被照顾到，甚至是家人的年度体检、小孩的读书问题、自己的买房买车需求，公司都能为其争取到最好的福利和优惠。同时，巨隆还定期组织员工进行自我评估和审视，同时与企业对员工的期许做契合，从而达到动态平衡的稳定模式。

最后，就是让所有的员工有认同感。认同感的形成，除了前面提到的要认同使命感之外，还要在员工内心植入更多的情感和思想。认同感需要更长时间的经营。让员工了解组织的内部活动和相关信息是提高员工认同感的一种有效手段。员工会通过对组织日常行为的观察，来了解组织的特征与行事的准则，如果这些准则和员工的价值观有某些相似的话，这时员工就会不断地对组织产生认同。巨隆董事长徐董说：“我们的公司章程，我们的企业文化，我们的规章制度都是员工自己参与制定的；我们一轮一轮地开会商讨，从基层员工的角度到高管的视角，都有被照顾到。所以公司很少有说违反规章制度的，因为从源头上来讲，自己制定的东西本身的信服度就会很高，这一点是肯定的。”同时在接受访谈时，巨隆的两位高管也提到，我相信我们和公司的愿景是一致的，我们就是命运共同体，正是因为如此，我们的奋斗目标是一致的，我们也更能够彼此支持和信任。

五、以“使命感”促员工、企业共发展

(1) 构建积极良好的员工文化氛围。

巨隆创建了企业“家”文化，引进现代化管理方式，就是要理解人、尊重人、关心人。理解人，就要对员工的想法及行动表示理解，对在工作中有良好的思维方式、行为要进行成果的奖赏，以此鼓励其再接再厉。而对工作失败，出现差错的，除了进行批评惩罚外，还应给予有效的帮助，帮助纠正错误。尊重人，首先要尊重员工的人格，保障其在企业的主人翁地位，尊重员工才是企业发展的立足之本，当员工的人格得到尊重，企业才有更坚实的后盾在社会发展的浪潮中披荆斩棘；关心人，要关心员工的精神状态，家庭背景等，让员工感受领导的温暖，不断输入正能量，员工才会在不断感动的基础上不断为企业效力。在巨隆除了职业化技能培训之外，还有定期的安全课、管理体系、价值观等的教育与培训，为员工提供了更多的发展空间和机会。不断的培训，不断的沟通慢慢灌输到日常工作中去，这种对员工的教育与指导，不仅丰富了员工的阅历，而且增加了知识点，在此基础上巨隆员工的积极性和主动性将会自然而然地提高。企业“家”文化的创建，对巨隆来说就是营造一个良好的工作氛围，慢慢地员工便更加热爱自己的企业，也会更加尊重、理解自己的领导，在这感情交融的基础上，巨隆企业文化建设就更全面，企业发展也就更牢固了。

(2) 认同统一的企业和员工价值观。

企业文化是以价值观为核心的，价值观是把所有员工联系到一起的精神纽带；价值观是企业生存、发展的内在动力；价值观是企业行为规范制度的基础。巨隆以使命感为核心的能量圈文化，就是该企业精神的灵魂，同时也保证员工向统一目标前进。企业价值观的发展与完善是一个永无止境的工作。巨隆各级管理人员在不断认真考虑究竟什么是企业最实际、最有效的价值观，然后不断地检讨和讨论，使这些价值观永葆活力。事实上，这样做有助于员工统一思想，步调一致，促进发展。目前，在巨隆由员工自发参与制定的“企业文化”和“价值观”已经成为大家的共同信仰，这也指导着巨隆在走向未来新的管理革新之路。

(3) 强化“精神”激励的使命感培育。

在巨隆，从“入耳”——“入心”——“入行”的“精神”激励已经

成为培育员工忠诚感、安全感和价值感保驾护航的灯塔。在马斯洛需求理论的指导下，巨隆创新性地认为与其说是从满足物质需求的基本面出发，还不如换一种全新的思路，从激励和培育员工价值感的角度入手，让员工由衷地去认同，去维护，甚至在此基础上去创造。随着员工积极性的大幅度提升，公司也顺利摆脱了几年前人员大调动的情况，反而迎来了春天。对巨隆来说是改头换面的创举，也是扭转局面的正确决策。现在的巨隆已经告别了整天需要担心员工是否离职的情况了，而更多的是关注和尊重现在的员工，使得员工和企业一起去共创美好的未来。

六、巨隆文化再革新之未来的路

巨隆集团以“使命文化管人”推进的稳发展已经为公司开辟了全新的局面，对于巨隆来说，管人就不仅只是根据岗位和层级制定职业发展的专业素质和品德素养要求，而是要深入渗透员工价值 + 企业价值双向驱动，进而实现远超预期的成果转化。当然，巨隆的创举主要在于贯彻全面激发员工的“使命感”，开发全员智慧、共同商讨决策、争做掌控未来的行业领袖的基本理念，将员工群体进行性格特征划分、个性化培养方案定制和实时跟进，并同时从卓越团队和优秀团队为目标导向来实现其管理模式上的转型，使得“巨隆”和“巨隆人”共同创建企业价值最优的新生态。

4.7　家族企业两代共存治理与技术创新

两代共存治理主要存在于家族企业代际传承阶段，且会对企业创新绩效产生重要影响。程晨研究发现，家族企业代际传承会导致企业创新活动减少。具体而言，二代进入家族企业管理层参与管理或者二代与一代共同管理企业日常经营活动抑制了企业创新，即参与管理减少了研发资金和研发人员投入，共同管理也降低了研发投入强度。闵亦杰等研究发现，随着家族涉入程度上升，家族企业技术创新强度下降，即当治理主体复杂程度上升时，家族涉入对企业技术创新投入的负向影响加重，具体表现在以下两个方面：①创新不确定性破坏代际传承稳定性。两代共存治理主要是为保证家族企业传承稳定性，而创新本身带来的不确定性极有可能破坏传承稳定性，因此，两代共存治理对创新具有负面影响。虽然创新会带来经济绩效增加，或者有利于提高家族企业未来收益，但当经济绩效与家族绩效发生冲突时，家族企业一般会优先选择家族绩效；②两代共存治理增加了创新决策的复杂性。两代共存治理模式下，两代管理者都需要考虑更多因素，包括二代继任者权威建立、家族成员团结、家族控制权传承、家族企业元老信任等，这会使得管理决策变得更加谨慎和保守。而创新作为一项高风险性且失败率较高的决策，在诸多因素影响下，特别是对二代继任者权威建立存在一定威胁的情形下，企业管理者往往会延后实施创新决策。但是，周立新（2014）认为，管理企业家族代数对家族企业创新能力有显著正向影响。这种正向影响机制主要在于两代共存治理时，二代继任者创新意愿与一代创始人创新能力整合有利于家族企业创新。对于二代继任者而言，其所接受的教育程度和成长环境等使其先天具有创新基因（Duran，2016）。而一代创始人经历过艰难的创业阶段，因此，其具有更强的企业家精神和管理技能，并且倾向于将资源投入到技术创新领域，同时能够在短时间内整合不同的特殊资源实现创新。一代创始人比较善于利用持有的社会资本开发和利用新商业机会，并且探索新组织核心竞争力，而这些反过来又会促使其更加倾向于技术创新。

因此，两代共同治理家族企业时，特别是在中国传统文化和家庭教育背景下，企业创新绩效表现比较复杂。基于以上分析，本研究提出如下假设：

案例 H1：两代共存治理对企业创新绩效具有显著影响。

案例 H1a：两代共存治理对企业创新绩效具有正向影响；

案例 H1b：两代共存治理对企业创新绩效具有负向影响。

家族企业治理主体呈现多元化模式，除关键的一代创始人和二代继任者之外，其他家族成员一般作为高管团队（TMT）成员对企业决策产生影响。家族成员作为高管参与企业管理对创新具有显著影响。大部分研究认为，家族涉入与技术创新投入间存在负相关关系（Block，2012；Kotlar，2013；闵亦杰，2016），但蔡地等（2018）却认为家族成员作为高管参与企业管理有利于克服经理人的机会主义行为，并促进创新。

然而，随着我国信用制度的不断完善，以及家族企业逐渐进入后代管理时代，这种情况将发生改变。基于 SEW 理论进行分析，家族成员作为高管的目的是为了避免家族社会情感财富受损。为维系家族稳定，家族成员高管一般不会遭到解雇，担任高管的家族成员即使存在不当行为也会由于家族身份而得到保护，这将导致“管理者堑壕”效应。另外，家族成员高管薪酬与企业绩效间的关联性也较弱。以上因素均会导致高管期望维持现状，从而降低风险性偏好，不利于家族企业开展创新活动。另外，基于知识管理理论分析发现，家族成员高管人数增加往往会减少外部经理人的引入，导致企业缺乏对外部新知识的获取。而对于创新而言，新知识引入是关键环节和前提条件。因此，为强化家族企业控制权而大量聘用家族成员作为企业高管并不利于创新。随着家族企业进入二代传承高峰期，学者们不断关注家族企业如何顺利实施二代传承问题。但是，实证研究较少关注两代共存情形下家族企业创新绩效表现。本研究在公司治理理论的基础上，对二代继任者在董事长和总经理职务担任及 TMT 家族成员数量对创新绩效的影响进行分析；同时，考虑到中国传统文化中长者为尊、一代创始人对权力的掌控及对二代培养等因素，二代继任者担任正式职务可能并不能反映其实际决策权。因此，本研究对一代创始人在企业重大决策方面对创新绩效的影响也进行了分析；另外，规模大的中国家族往往面临着更为复杂的家族内部关系，这种关系对企业决策的影响反映在 TMT 中家族成员数量方面。

| 第5章 |

我国家族企业的创新路径研究

5.1 我国家族企业的创新要素构成

5.1.1 制定工匠培育长远规划

中国家族企业要重视产业工人对企业的重要性，将培育工匠和弘扬工匠精神纳入企业发展的重要议事日程。一是从员工进入企业后，企业就应全方位致力于培养“时代工匠”的工作，打造一支真正的、适合家族企业发展的工匠队伍，为企业发展储备高技能、专业性工人。二是针对当前年轻人不愿意成为蓝领工人的现实，家族企业应对专业性工人制订一套晋升激励方案，除了合理的物质奖励和多元化的精神奖励，还可以通过培训、先进评选和员工疗养等方法，将业绩、能力与晋升相结合。三是可以借鉴德国的学徒制模式，年龄比较小的工人可以每周在企业里工作3~4天，再用1~2天在职业学校学习工作相关的理论知识，并规定学徒培训至少两年，费用由企业和政府共同分担。在培训以后，工人只有通过考核才能进入企业工作。为了提高工人的核心竞争力，还可以采用“终身雇佣制”，以持续进行培训和考核。

5.1.2 完善家族企业治理结构

一是可以通过间接融资方式筹措资金，即企业与民营银行或合作银行保持紧密的合作关系。这些银行应了解家族企业的经营状况，甚至可以参与到家族企业的经营决策中。二是让员工参与到企业的经营决策中，高素质的员工是家族企业的核心竞争力，可以在家族企业中成立员工或职工委员会，员工不仅享有对企业经营的知情权，而且还有权参与到企业的经营决策中，使员工充分表达自己的利益和诉求，从而对家族企业有一种归属感。三是由股东和企业员工共同行使权利，从而减少委托代理问题。只有股东和员工都将提升产品质量、企业长期发展作为永恒目标，家族企业才会长久地发展下去。如方太集团就是家族所有、家族控制和职业化管理相结合的典型治理结构。

5.1.3　建立健全创新激励机制，提高品牌价值

中国家族企业由于内生动力不足，自主创新能力较弱，因此需要在企业内部建立健全创新激励机制，注重发明创造和技术创新，增强品牌的技术含量和价值含量。一是需要鼓励员工进行技术创新，为创新提供一定的平台，建立员工技术创新激励机制。二是积极与科研机构合作，共同研制和开发产品和先进技术。三是加大产学研合作力度，引导创新资源向企业集聚，在合作过程中，形成以家族企业为主体、市场为导向、产学研结合的技术创新体系。四是加强品牌的科技化水平，提升品牌价值，取得相应的产品竞争优势，维护品牌核心价值，最终提升中国产品在海外的形象。

5.1.4　掌握核心技术和产品，建立全球业务链市场

中国家族企业应专注于做细分市场或行业的领跑者，培育细分市场的核心产品，这就需要企业通过国际化来分散产品集中策略风险，建立全球业务链市场，拓展市场空间。据调查，79%的“隐形冠军”企业把自己的产品列入高端行列，94%的产品都处于市场的成长期和成熟期，这表明“隐形冠军”企业的产品并不是新产品，市场上存在长期的需求，企业只有不断研发，才能使产品满足客户不断变化的需求。中国家族企业的产品要成为国际市场的领导者，就要提高产品的加工深度和软实力，不断研发，从而掌握核

心技术，靠实力进入国际市场。同时，需要在产品中融入优质服务和系统整合，增强家族企业自身的管理水平，提升自身软实力。在走出去战略背景下，有实力的家族企业已实施国际化战略，比如万象集团通过积极并购与整合国外企业，购买和引进先进的专利与技术，巩固自身的技术实力。如今，万象集团已成为全球万向节专利数量最多的企业。

5.1.5 优化教育体系，培养具有工匠精神的高级技工

德国将职业教育视为经济发展的支柱，中国也应重视职业教育的发展。在人才培养方面，应改变培养过程中学校培训供给与企业需求不平衡以及理论与实践相脱节的现状，改变社会上唯学历、唯文凭的风气，优化职业教育体系。职业教育要因地制宜和整体规划，根据家族企业实际情况确定培训内容。政府对于家族企业的职业培训应给予一定的补助，充分发挥政府的宏观调控职能，合理有效地整合职业教育资源。还可以借鉴德国的“双轨制”教育，即工人在进入工作岗位之前，都必须接受企业开展的针对性岗位技术培训，在获得资格后方可参加工作。另外，德国工人的职业声誉与产品质量紧密相关，如果技术工人生产出的产品质量出了问题，工人就会被解雇，这为造就工匠精神提供了扎实的基础。

5.1.6 重视顶层设计，提供制度保障

德国政府为聚焦未来重点尖端技术发展，以推进高技术战略为方向，制定了一系列提升核心竞争力的制度和政策，中国也开始逐渐在培育“隐形冠军”企业方面注重顶层设计。工信部于 2016 年发布了《制造业单项冠军企业培育提升专项行动实施方案》，于 2017 年公示了两批制造业领域的单项冠军示范（培育）企业的名单。政府致力于引导以技术为核心的中小企业，加强金融市场监管、打击投机行为，通过降低科技型企业的税费从而加强其技术创新和可持续发展。同时，引导社会重新树立对实践的认识。知识除了基础理论层面和应用研发层面，还有非常重要的是“干中学”，即制造行业的工艺和技术同样是知识，而且是典型的实践性知识，因此制造企业本身就是

一所最好的创新大学。一方面，应为家族企业技术创新制定制度和政策，为相关研究机构提供经费，加强研究机构与企业的合作，以弥补家族企业的研发短板。另一方面，应加强中介机构建设。科技中介服务机构可以将企业和大学等联系起来，是联结科技和经济的桥梁，能有效提升家族企业自身的科技实力。

5.1.7　为家族企业提供直接融资渠道

政府需要加大对家族企业的金融扶持。深化国有商业银行改革，如可以设立专为民营企业提供融资服务的金融窗口。大多数家族企业都没有上市，不能通过证券市场进行直接融资，因此政府需要为它们提供直接融资渠道，比如成立储贷银行或合作银行。为保障稳定性和规范性，这些银行应受到政府的严格监管。它们可以参与到企业经营决策中，形成长期合作伙伴关系，从而与企业实现共赢如图 5 – 1 所示。

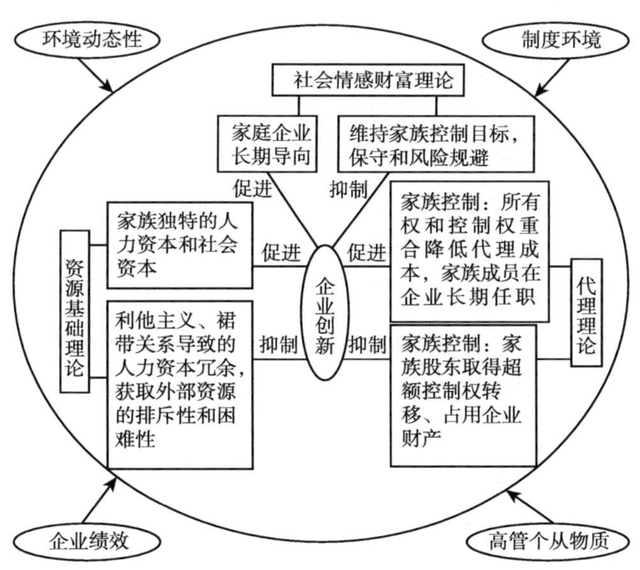

图 5 – 1　家族企业创新体系构建

推动消费升级，引导民众消费理念从价格导向转变为价值导向，形成注重品牌的理性消费氛围。德国消费者高度认可和信任“隐形冠军”企业的产品，并愿意为此付出高价，他们看重的是价值而非价格。正是由于良好的消费心态和意识，促使德国的消费“土壤”孕育了更优的“隐形冠军”。因此，中国也应营造重视品牌的消费氛围，引导消费者的理性消费，关注产品品质和价值，从而避免消费者购买到假冒伪劣产品。

5.2 我国家族企业的创新体系构建

家族涉入维度的多样性以及理论视角下家族涉入对企业创新影响不同的推论使得从多维度探讨家族涉入与企业创新之间的关系成为必要。然而，即使是分维度探讨二者的关系，学者们对同一维度的定义也略有差异。例如，在家族所有权涉入的衡量上，部分学者采用 Schmid 等提出的以实际控制家族持股比例作为代理变量，毕立华等则进一步将其细化为最终家族持有的控制权和现金流权。此外，学者们的研究结论也不尽相同。Qiang 等将家族涉入区分为家族治理层涉入和家族管理层涉入，其实证研究显示，通过批准和监督创新决策实施，家族成员在董事会占有席位（家族治理权涉入）可给企业创新绩效带来正向影响，而管理团队中家族成员的参与会抑制企业知识共享、吸收和创造的过程，因而家族管理权涉入限制了企业的创新效益。Schmid 等的研究表明，家族所有权涉入抑制企业创新，但这种抑制作用并不明显，而由于家族人员具有积极参与管理的行为，家族管理权的涉入对企业创新具有促进作用。李婧等探讨了高管团队中家族所有权和管理权所占比重对企业创新的影响，其结果表明家族权力涉入程度过高或过低都不利于企业的创新行为，在高管团队中家族成员和非家族成员应当适度配置。毕立华等的研究则表明，家族所有权和治理权涉入都不利于企业创新。

从众多学者的研究结果来看，家族企业的创新行为似乎仍是一个谜团。家族企业及家族涉入维度的定义差异是造成该现象的原因之一，而另一个要原因则可能在于家族企业之间的异质性。Chrisman 等指出，在探讨家族企业的创新行为时，需要对家族企业的异质性进行充分考虑。家族企业异质性因素包括家族文化、家族涉入组织管理行为、家族关系等，是家族企业特有的不可模仿和不可替代的能力或资源，代表着家族企业的优势或劣势，影响着家族企业独特的创新行为。周立新实证研究了家族权利（包括所有权、管理权、家族专家权利）、家族文化、家族经验对企业研发创新的影响，结果表明家族专家权利、家族文化以及管理企业的家族代数促进家族企业创新投入，而家族管理权则反之。陈士慧等对于家族关系对企业创新的影响展开了研究，结果表明家族成员间适当的凝聚力对企业创新具有积极作用，家族适应能力与企业创新存在正向关系。赵英男等研究发现，家族适应力能促进家族企业中非家族员工的创新行为。

企业绩效：绩效是企业的目标导向，当企业的实际绩效无法满足期望时，企业会通过调整战略决策来缩小这种差异。Chrisman 等的研究表明，当企业绩效低于期望水平时，家族企业会由风险规避转向风险偏好，增加对研发等风险项目的投资，此时家族企业的创新水平将高于非家族企业。吴炳德等指出，家族企业具有较低的差绩容忍度，在面临生存威胁时，家族企业具有出乎意料的创新贡献。

高管个人特质：高管的个人特征影响公司行为，其认知水平对企业的研发投入决策具有决定性作用。Graham 等指出，高管的行为特征比如自信和风险规避，会影响企业的财务决策。冯文等的研究表明，CEO 的创新性、先动性和风险承担性构成的企业家导向决定了企业的创新方式，而家族涉入管理权并不一定会抑制 CEO 的创新决策。

生存环境：外部环境是企业赖以生存的基石，企业需要适时调整自身的战略以适应环境的变化，通过不断创新来满足顾客的需求。当外部环境复杂动荡时，家族企业面临的不是如何维持家族企业的控制目标，而是如何生存的问题。此时家族企业对亲友的非制度化管理使得家族企业更具灵活性，能更好地处理动态环境的挑战。毕立华等的研究表明，当环境的不确定性较高时，家族企业会主动寻求风险，加大创新投入。

制度环境：制度环境影响企业的组织行为和战略选择。完善的制度环境具体可体现在四个面：弱政府干预、强法律保障、发达的市场要素、重视对知识产权的保护。朱沆等认为，产权保护能保障长期投资收益，帮助企业建立长期导向，其研究表明完善的制度环境对企业创新具有积极的促进作用。李常洪等的研究表明，当企业的信息披露质量较高时，家族控制对企业创新的抑制作用会得到缓解。蔡地等指出，由于历史因素、地理位置、经济发展水平等方面的差异，我国的制度环境具有明显的地域特性，东部沿海等经济相对发达地区制度环境更趋于完善，家族涉入对企业创新的影响可能因样本所处地区制度环境的不同而存在差异。

家族成员在管理上的涉入可以在一定程度上增加企业战略风险偏好和进一步增加其与企业的联系。一方面，家族成员在管理上的涉入加剧了与企业的情感维系，与非家族员工相比，前者往往会将企业作为自身财产的延伸 Zellweger 等（2008）。根据 Kyootai 等（2019）的研究，这种情形容易增加家族成员对企业的归属感和心理拥有权，进而产生“为企业工作即为自己工作”的目标。而这种情感联系更多了体现了一种延伸性型的社会情感财富导向，即如何使企业在家族的带领下在未来发展得更好，这种心理导向可以诱导管理者的责任和授权感知，增加控制的需要，导致管理者在企业运营过程上投入大量精力，追求创造力和创新，并承担更大的个人风险（Sieger 等，2013），甚至会采取以牺牲自身利益为代价的基础上去保护集体利益（Hernandez 等，2012）。尽管开发式创新的实施可能会在一定程度上使家族成员的短期利益受损，但由于开发式创新技术的突破有助于企业在长期竞争中获得稳定的市场地位，这对于企业的长期发展导向具有重要作用，有利于家族“基业长青”的期望目标。因此，企业在创新战略的实施方面，管理层上的家族成员在维持目前技术或产品的稳步更新前提下，会在一定的程度上进行开发式创新的研发活动，不会仅仅由于开发式创新的风险因素呈现出了短视行为从而只是过多地偏重于利用式创新。另一方面，家族成员在管理层的涉入有利于促进管理团队成员之间信息交流的顺畅，加强了组织成员之间的连通性。根据 Yan 等（2010）的研究，连通性是指组织单位的成员，不论其等级或职能如何，通过直接的个人联系，彼此之间能够接触和相互联系的程度。家族成员在管理层的涉入加强了与企业非家族员工的信息交互，进而整体提升了整个组织的连通性。

由于开发性创新是建立在新知识的基础上是组织技术发生根本性的变革（Alexiev 等，2010），而在企业研发团队背景或知识较为单一化的情形下，其与组织高层联系较弱，一项创新计划或战略往往都是由高层下达，底层按部就班的实施，即使后者碰巧发现了一个有用的想法，也难以通过渠道让企业决策层领会，也无法动员足够的资源来进一步开发它，这就造成了企业的技术很难进行重大的革新和突破，只能实施那些层层推进的利用式创新。

因此，当家族成员在管理层时，容易使得组织中较低层次产生的新想法和策略更容易传导到高层的耳中，这种较强的内部信息交互程度有利于创造力和新想法的产生以及增加其计划被成功付诸实践的可能性（Floyd 等，2000）。而且对于非家族成员的高管，在制定创新决策时，往往有可能因为害怕承担风险，而规避这种行为，从而选用稳健型的利用式创新，但企业也会因此丧失了掌握新型技术的机会，但随着家族成员的在管理层的涉入，会加深对企业技术瓶颈的了解，在是否加大开发式创新的决策时，家族成员的加入减小了非家族管理人员独自所承担风险的压力。因此，家族成员在管理层的涉入有利于开发式创新。

改革开放以来，经过 40 多年的发展，家族企业已经成为国民经济中一支举足轻重的力量。数十年的风雨兼程，第一代创业的企业家们渐渐老去，中国的家族企业进入了代际传承的高峰期。不同于西方的家族企业，改革开放后的中国家族企业传承时间较短，且第一代中国家族企业的创始人经历了中国社会制度环境的一系列变迁，见证了中国从一个最不发达的经济体成长为当今世界第二大经济体，个体私营经济的地位也从原来的不被承认到成为社会主义市场经济的重要组成部分。在这个过程中，面对不确定的市场和制度环境，这些家族企业的第一代创业者往往在创新的策略上比较保守，偏向于对资源的积累，对公司的决策和投资进行严格的控制，加之他们往往具有超长任期，容易导致企业的僵化，阻碍对业务进行彻底改革的尝试。当新的时代来临时，他们可能无法完全掌握新技术或者理解新的消费趋势。加之，过去中国的家族企业常常扮演着中国制造的角色，过度依赖于低利润的制造业。随着人口红利的逐渐消失，中国正处在转型升级的关键时期，创新驱动已成为引领经济发展的第一动力。因此，过僵化的经营策略很难适应当前新兴市场的需求。如何在代际传承过程中保持持续不断的创新活力是家族企业顺利传承、实现基业长青的关键。

与第一代家族企业创业者不同，中国家族企业的二代很少有贫穷的经历。由于上一代财富的积累以及独生子女政策，他们通常受过良好的教育，许多人拥有海外名校的教育背景，对全球新鲜事物和技术趋势更为敏感。随着新一代的管理层不断介入公司的运营，他们和上一代年龄、教育背景和生活环境的不同影响了他们的管理观念，从而使得企业在创新的意愿和能力上逐渐产生了代际差异。在这种情况下，新一代的家族企业传承者们的出现给家族企业的创新带来拐点。

5.2.1 管理层能力与创新投入

管理层是企业发展战略的制定者与实施者，对企业各项经营决策具有直接且关键影响，在家族企业中这种作用表现更为显著。在经济新常态下，家族企业若想实现其基业长青的战略目标，必须不断实施积极的创新战略，利用高强度的创新投入获得具有领先性的先进产品，获得较好的产品溢价，从而通过核心竞争力的不断提升实现可持续发展，而管理层正是创新战略的具体实施者与执行者。相对来讲，创新是一项周期相对较长、占用资金规模大、高风险但伴随着高收益的投资活动，对于管理层来讲具有极大的冒险性，会提升企业风险规避情绪与行为，为应对企业所有者的业绩考核以获得较好的薪酬，管理层倾向通过降低创新投入的方式获得较好的短期绩效，易于形成短视行为，但是对创新投入的削减不利于企业的可持续发展。因此，管理层能力就成为关键，学者姚立杰等发现管理层能力对企业的创新水平和创新效率均具有显著额度正向促进作用，进一步发现不同产权性质下管理层能力对创新水平和创新效率的促进作用并不存在显著差异，发现管理层能力越高越能有效缓解委托代理问题，同时越倾向采用创新等方式不断实现自我价值，另外拥有更高的效率，从而对企业创新战略的实施产生更好的助推效应。对这种收益高但伴有高风险的投资项目进行抵制，从而降低了企业创新投入强度。相较于非家族企业，家族企业的战略目标具有较强的连贯性，即基业长青，因此会更为注重对长期投资项目的维持，同时为避免过于单一经营对企业可持续发展所带来的损害，家族企业更为注重创新对企业绩效提升带来的激励效应，会对管理层的创新行为具有较高的容忍度。高能力的管理层能利用有限的资源进行最大化的价值创造，能通过高风险高收益的投资项目为企业带来较好的财务绩效水平，从而获得较好的私有收益。管理层能力越强，价值创造能力就越强，就能较好的完成家族企业股东制定的业绩任务，实现较好的薪酬，从而有效缓解了委托代理问题，同时企业股东对管理层的认知和认同程度就越高，在管理层能力的推动下家族企业实施创新战略的态度更为积极，创新投入就能得到显著提升；另外，能力越高的管理层就越乐意实施创新战略以实现自我价值，也就是说能力高的管理层倾向于通过创新这种风险程度相对较高的投资项目实现更好的企业绩效水平，其主要原因是能力越高越能对创新过程中的资源进行最大程度的合理利用，在创新投入的保障下能持续获得创新产出。

家族参与管理对企业创新绩效的提高有积极正向作用。首先，家族企业不会一味规避风险、拒绝创新，为了企业持续经营和出于保护社会情感财富的目的，会积极进行创新。其次，当家族成员担任高层管理者时，他们与企业的联系紧密，感情黏稠，利益相关，因而更加精明能干，对企业的风吹草动更加敏感，个人管理能力显著提高。最后，在积极创新的大环境下，家族企业管理者对企业创新发展更加关注，从而增加研发投入。而更多创新活动的开展意味着需要家族企业管理者与外界进行频繁接触和交流。一方面，这有利于企业人员学习新知识，管理者获得新的管理技能，为企业带来新工艺和新技术；另一方面，在与外界交流或者与其他企业联盟合作学习过程中，有利于企业获得独特的社会资源和支持。这都有利于提高企业创新绩效。代理理论认为，家族成员参与家族企业管理，担任高层管理者，会降低企业管理成本，从而提高公司业绩。此外，出于培养接班人以及可持续发展的考虑，家族成员在家族企业高层管理团队中的存在可能有助于培养长期导向。而这种长期导向使得企业管理者与所有者目标一致，有助于降低监督和奖励制度的管理成本，也有利于提高家族企业决策效率以及决策科学性，从而提高公司创新绩效。

随着家族参与管理程度的提高，对家族企业创新绩效有负面影响。社会情感财富（SEW）主要通过家族关系影响家族企业的代理合约。有研究表明，家族关系对代理合约的影响体现在家族高管的任期通常比非家族高管长，而且担任管理职务的家族成员即使失职也会因家族关系而免于担责，即“管理者堑壕”效应。因此，随着家族成员越来越多地“涌进”企业各个管理层，将更加凸显家族成员担任管理者的弊端。一方面，家族管理者相较于非家族管理者而言往往更缺乏管理才能，不利于企业管理创新变革；另一方面，家族成员之间越来越繁杂的“裙带关系”和出于对家族成员的感情依赖都会使得家族管理人员对家族成员的行为表现出不求回报的利他主义。无论是为了降低管理成本还是碍于“裙带关系”，抑或为下一代接班人培养得力助手，家族企业均更加倾向于内部提拔而非外部招聘，从而减少了非家族成员的自由酌处权。这些都不利于企业创新活动的投入和产出，反而成为企业的负担和忧患。“齐家治国平天下”“家和万事兴”也是家族企业所追寻的，但事实上家族参与管理到达一定程度，将不可避免地在管理层出现各种矛盾，比如利益分配不均、多头领导以及内部滋生腐败行为等。当参与程度较低时，家族企业内部可以有意避免和忽视家族内部冲突。

但是，当参与程度累积到一定水平时，这些问题随时可能爆发。据《2018年全球家族企业调研——中国报告》显示，并未发生内部冲突的家族企业低于全球平均值，而报告认为基于强调家庭和睦的传统儒家价值观，中国家族企业不像全球其他家族企业那样坦然承认家族内部存在矛盾冲突，而许多内地家族企业为了维护名声而倾向于回避家族成员之间的矛盾冲突。家族人员都身负要职一旦管理层出现问题，对企业来说有可能是致命的伤害。总之，随着家族参与管理程度的提高，不仅不利于企业创新活动的开展，还可能增加企业管理成本，对企业创新绩效也有着负面影响，最终可能使企业步入僵化局面。

在CEO任期较短的情况下，他们为了在最短时间内做出成绩或者证明自己，可能会引入有风险的短期权宜之计（例如，缩小规模）来改善季度数据。虽然这种权宜之计可以降低成本，但也会打击士气，侵蚀公司的人力资本和知识基础。此外短期任职也可能使执行官为了增加薪酬而肆意削减成本，虚增利润，不顾企业长期发展。而CEO长期任职将促使他们对企业采取有远见、有管理眼光的战略，不轻易冒险，同时也会增加CEO对家族企业业务的了解，促使其积极投资长期项目。即使CEO长期任职下，如果缺乏长期导向，也会使得他们不能用发展的眼光经营管理企业，甚至陷入谋取私利和巩固势力的漩涡之中，导致企业僵化或破产。而长期导向战略部署可以加强家族企业CEO长期任职的管理优势，使管理者与企业长期发展目标一致。

出于企业可持续发展的考虑，一致的发展目标会使管理者增加对长期项目的投资，如基础设施建设和研发，从而提高企业创新绩效。此外，长期导向还可以减少长期任职的 CEO 对家族企业的负面影响总之，本研究认为家族企业长期导向可能是 CEO 长期任职与企业创新绩效之间的重要中介机制，这种观点的提出有助于更好地理解 CEO 长期任职如何对家族企业创新绩效产生影响。基于此，本研究提出如下假设：长期导向在 CEO 长期任职与家族企业创新绩效间起中介作用。

组织惯例是理解组织变革和学习、创新、战略柔性、知识转移等一系列组织现象的核心，也是当前许多被广泛接受的组织和战略理论的重要解释机制。Dosi 等认为惯例是组织的重复活动，这种重复活动是潜意识的行为，与组织其他资源一起构成组织的潜在能力。此外，国内外很多研究家族企业的学者也普遍认为家族企业内部存在组织惯例，这种组织惯例可能是家族企业创始人在创立阶段确立的信念和做法，或是一种代代相传的文化。综上，组织惯例必然对家族参与管理、长期导向与创新绩效的关系产生重要影响。

传统即“有意识地传递信仰和实践，表达对共同过去的认同”。传统对公司的长期发展来说至关重要，尤其是对家族企业来说，传统不仅有助于延续家族的信仰和做法，还可以基于共同的历史和惯例促进家族成员加强交流，在各代人之间建立紧密联系。而且，家族企业中，创始人在创立阶段确立的信念和做法已成为惯例，影响下一代参与企业的决策过程。尤其企业初创时期，家族管理程度较低，需要更多地借鉴前人的做法，以规避对企业控制不足带来的风险。这时存在于家族企业内部的惯例指导家族管理者的创新行为和战略决策，不断积累其他企业无法复制的独特优势，有利于促进企业创新绩效提高。而随着组织惯例强度的增加，家族内部的信念和做法日趋固化，不仅不利于企业创新活动的开展，还可能增加企业管理成本（遵循以往管理模式)，从而强化家族参与管理对创新绩效的抑制作用。Aaltonen 等认为随着组织复杂程度的提高，惯例往往促使企业产生较强的路径依赖性，而这种“较强的路径依赖性”将阻碍家族企业将要素转化为绩效，最终导致家族企业很难超越竞争对手。

家族企业有独特的优势可以进行长期投资，往往有着较高水平的长期导向。对家族企业 CEO 来说，即使企业面临高失败风险，家族 CEO 的任期通常也比非家族 CEO 长 7 年。CEO 长期任职往往与企业的长期导向相关，出于规避风险的考虑，家族企业会利用其对企业的影响赋予 CEO 一定的权利，例如，长期任职、自主决策等；而长期任职的 CEO 出于个人薪酬、家族企业 SEW 和长期发展的考虑，会更倾向于进行长期投资，确立长期目标。基于长期发展视角，家族参与管理下赋予 CEO 长期任职的权利可能导致持久的路径依赖关系，这种组织惯例不容易被竞争对手复制，容易产生竞争优势，如加强研发投入、基础建设等，提高创新水平，提升企业创新绩效。

5.2.2 二代介入与创新投入

相较于非家族企业，家族企业拥有着更为显著且相对统一的认知，就是保持基业长青，在企业发生代际传承也就是二代介入时这一原则也不会发生改变，因此家族企业对于长期投资具有一定的偏好与坚持，尤其是在创新等这种风险程度相对较高的投资项目中。随着时间的推移，家族企业在资本市场和整个国民经济增长中贡献着越来越多的力量，在整个资本市场中家族企业具有控制能力高、财富相对集中的优点，分散风险相对较低，因此对创新战略的实施能保持一贯的认知与维持，同时家族企业还具有创始人风格鲜明、社会资本雄厚等特点。当二代通过多种途径介入企业管理中时权力交接成本虽然较低，但创始人的社会资本、技术能力等多方面关键资源进行转移的成本且相对较高同时周期相对较长，因此当二代介入时会通过更为积极的创新策略寻求新的战略发展资源和方向，避免因代际传承发生传承成本过高且周期过长对企业的不利影响，Hsuetal 认为二代介入家族企业管理或者董事会就表明企业开始进入代际传承阶段，在这一阶段企业经营与管理模式会发生巨大的改变，二代由于教育背景、认知能力等多方面与企业创始人均存在较大差异，从创始人手中进行社会资本、技能等资本转移会发生较大的成本支出，基于基业长青的战略思路，二代更倾向于采取积极的创新策略寻求新的发展，此创新投入强度就会随之不断提升。另外，随着家族企业的逐渐规范化发展，职业经理人的引入已成为家族企业持续发展的共识，二代介入是应对职业经理人市场失灵的一种非常理性的选择。许静静等认为二代介入企业能比职业经理人发挥更好的监督与约束作用，降低了职业经理人通过信息不对称对企业利益进行侵占的可能性，从而保障企业有充足的自由现金流用于创新活动中。同时，对于二代来讲，权威性和公信力均要远远低于创始人，为进一步完全代际传承中的权利交接，二代会通过更为积极的创新战略尽快实现自身的价值体现，提升对企业的控制力。

5.2.3　企业家政治资本的影响在体制转型

民营企业经营过程中面临的产权保护风险会促使其与政府建立政治关联来管理外部制度环境，这种政治资本使企业有可能获得非正式的产权保护。其原因在于：一是企业通过政治关联所形成的政治资本，使其可以与政府或政府官员之间建立起良好的社会关系。在中国，关系具有替代正式法律制度的功能，良好的私人关系可以帮助企业通过非正式渠道获得难以获取的资源或特权保护。二是企业家政治资本使其具有监督政府的作用。企业家担任人大代表或政协委员，可以享有法律赋予的民主监督和政治协商权力，从而能够对政府官员产生一定的制约力，进而可以在一定程度上抑制侵害行为、保护企业产权。吴文锋等的研究表明，企业家的政治资本有助于企业应对遭遇的权力侵害行为，发挥产权保护作用。罗喜英和刘伟的研究发现，企业家的政治资本能够对企业发挥庇护作用。王永进和盛丹的研究也证实，企业与政府官员建立政治联系有助于改善企业的契约实施环境，提高产权安全水平。

因此，企业家政治资本同样可以为企业财产安全发挥政治保障的作用，进而缓解所有权形成途径的“原罪”嫌疑对企业创新投资的负向效应。

5.2.4　信息透明度的中介作用

企业研发投入与销售、生产、固定资产投资等其他企业活动相比，具有较高的信息风险和资金风险。信息风险来源于研发项目中的信息不对称和信息不完全，资金风险表现为研发资金的供应不足或不能持续都会增加研发失败的概率。对于外部投资者，并不能很好的判断创新投入是否是一个好的信号，所以他们更愿意将创新投资归类为会损害当期利益的“过度投资”。现有外部投资者更关注企业的当期利益，并不希望有过多的资金投入到损害当期利益的创新活动中。而对于正在观望的外部投资者，过多的高风险的创新投入可能会影响投资者的投资兴趣。对于家族企业，控股股东与外部投资者之间的信息不对称程度是家族防御的一个重要原因，家族在追求家族控制和跨代传承等社会情感财富时，家族控制者更聚焦于家族成员的利益，这样就加大了家族成员的“壕沟”动机。

透明度是有效缓解企业代理冲突和信息不对称的重要因素。从缓解代理冲突的角度，我国民营企业大多都是股权高度集中，这样就造成控股股东与中小股东之间的利益不一致，从而产生代理冲突。企业高质量的信息披露可以通过吸引外部融资来提高投资效率，减少创新投入的不足；同时信息透明度能真实有效的反映企业控股股东和管理者所做出的努力和业绩，帮助外部股东有效激励和监督。

5.2.5 社会资本与创新发展

创新是企业生存与发展的重要因素，反映了企业参与创新的倾向，从而导致新产品、服务或生产方式的产生。熊彼特首次强调了创新在通过创造性破坏刺激经济发展中的作用。随后，德鲁克认为，创新是创业精神的主要活动，哈默指出创新是企业战略中最重要的组成部分，企业可通过创新战略获得优于竞争对手的优势，因此创新被认为是卓越回报和竞争优势的主要来源。创新需要整合内部以及外部资源，董保宝和李全喜指出创新源自现有与新的概念和物质资源的重组。创新的实现需要有效管理通过社会内部社会资本已被证通过鼓励组织内个体之间的互动支持创新投入。家族企业中，家族性社会资本通过亲属之间存在的紧密联系得到强化，并提供了相互建议和沟通的渠道，有利于实现创新。实际上，通过家族成员互动形成的信任、友谊、尊重和互惠的氛围创造了一种有利于协作并较少机会主义行为的关系环境，反过来又进一步促进了开放的互动与试验。此外，家族性社会资本强调共同的文化背景，促进家族成员共同目标的形成，使各方能够理解整合资源的潜在价值，并制定激励适应、变革和创新的战略目标。

非家族性社会资本对于组织中新知识的同化与整合也至关重要，非家族性社会资本可被视为家族企业吸收能力的关键前提，即企业获取、吸收、转化和利用知识以产生动态组织能力的组织惯例和过程。事实上，非家族成员雇员间的关系有助于发展更多元化的能力，刺激创业与创新，当家族企业能够吸引和留住有才能的员工时更甚。与家族成员相比，非家族成员雇员表现出专业知识，并且更易于访问外部网络，而家族成员可能更依赖于密切而强大的联系网络。此外，非家族成员雇员的凝聚力和承诺促进了企业内部运营中的专业知识共享与使用。总而言之，两个社会系统中嵌入的资源似乎存在差异性，在促进创新方面具有互补性。在实际的家族企业战略中转移社会资本资源需要做适当的权衡。资源基础观表明有关资源管理的重要战略决策涉及明确目标的定义和共同资产的价值创造一致。在家族企业中，这些决策受到家族控制程度和企业内部代际参与的显著影响。

家族成员无法具备避免企业能力过时并应对动态环境所需的所有相关知识，获取外部知识并将其有效地整合到组织中对于维持创新至关重要。因此，非家族成员雇员及其社会关系在获取和吸收知识方面具有重要意义。非家族成员雇员更有可能在家族企业之外拥有过往经历，并且成为不同专业社区的一分子。另外，家族性社会资本是知识转化和利用过程中的基础。即结合现有知识和新引入知识并将其应用于企业运营和战略的能力。非家族性社会资本通过提供有利于激发家族成员网络中发生的知识整合过程的资源强化家族性社会资本的积极影响。同时，家族群体的凝聚力通过社会传染效应提高非家族性社会资本的有效性，家族成员之间的相互依赖及其对企业的承诺可以通过情感和认知影响过程在非家族成员雇员中产生类似的情感反应。已有研究表明企业的领导者是影响员工行为的主要来源，因此在家族企业中，家族成员以坚定的方式行事并表现出高水平的群体内吸引力，刺激了非家族成员经理人和员工之间出现类似的行为。进而强化非家族性社会资本，提高其对创新的潜在影响。非家族性社会资本也有助于突破创新方面不太突出的家族性社会资本固有的可能限制。家族性社会资本既定和相互联系的性质可能阻碍创新与变革，并且无法适应快速变化的环境。此外，家族成员的社会资本之间的重叠大于职业经理人之间的重叠。因此，家族成员的社会资本与由职业经理人引入的动态社会资本的组合可以扩大企业可用的联系范围，同时保留基于家族关系的知识深度。

5.2.6　创新环境的调节作用

创新环境是激发企业创新活力和促进企业创新投入的外部动力。然而，在经济转型时期，由于各地区宏观经济条件、市场需求潜力、制度文化背景等基础不同，中国各省市的创新环境有着很大差异。基于前文的分析，社会情感财富的损益是家族企业是否增加创新投入的重要决策点。然而，企业的战略决策是内外部环境综合作用的结果，外部环境的差异会导致家族保护社会情感财富的效价不同，进而使家族企业的创新投入水平有所差别。在创新环境较差的地区，家族企业往往面临创新人才不足、融资渠道单一、法律环境不完善等问题，这将会增大企业创新活动的风险。在这种的情况下，为避免社会情感财富损失，家族企业将会减少创新投入。相反，在良好的创新环境中，市场普遍具有完善的法制环境和健全的金融财税体制，并集聚了大量的优秀人才，企业拥有更多自主选择权，能够根据市场需求选择自己偏好的项目进行创新投资。在这种情境下，企业进行创新所带来社会情感财富损失的风险将会大大降低，从而有利于促进家族企业增加创新投入。此外，已有研究表明，在企业生存和发展受到威胁时，家族企业会提高风险承受能力，增加企业创新投入水平，以期通过创新建立竞争优势，实现企业长期生存，从而保护家族的经济和情感财富。

☞ 案例思考

鑫颛科技 Vs 乐美智能商业模式创新

随着房租成本以及人力成本的不断增加，可以节省店铺和营业员人工成本的自动售货机日益受到人们的青睐。鑫颛科技与乐美智能的创始人识别到市场机会后分别创立了鑫颛科技与乐美智能，成为在中国比较早进入运营自动售货机领域的企业。本阶段，自动售货机运营公司从设备制造商购得自动售货机，从产品供应商处购得置于自动售货机中的商品，如饮料、零食等产品，然后通过业务员营销找到摆放自动售货机的市场点位，再将产品放置在自动售货机内进行销售，消费者使用现金或手机支付从自动售货机中购买商品。因此，自动售货机运营公司通过产品的进销差价实现盈利。鑫颛科技与乐美智能在初始阶段就运用以上业务体系进行公司经营。最终，鑫颛科技与乐美智能凭借市场先入优势，通过业务员的营销迅速占领大量优质的市场点位，而优质的市场点位能提高自动售货机的存货周转率，增强单位自动售货机的经济效益。截至 2010 年，鑫颛科技与乐美智能成为自动售货机运营行业中的领先者，铺机数量和营业额均位居前列。

竞争阶段

2010 年以后，大量竞争者涌入，行业竞争加剧。竞争对手之一友宝公司异军突起，凭借资本优势，一方面通过加大资金投入等方式来获取市场点位和吸引加盟商，另一方面布局自动售货机联网、移动支付等功能。至 2011 年，在初始的业务模式下，传统自动售货机运营公司出现铺机速度迟缓、先入优势逐渐消失的危机，单位售货机的经济效益在竞争对手的冲击下弱化。面对不利局面，传统售货机运营公司开始进行商业模式创新，而鑫颛科技与乐美智能就是两个商业模式创新的典型，鑫颛科技偏向于技术革新与扩收活动，乐美智能在技术改基础上进行业务体系的变革。

鑫颛科技的商业模式创新

(1) 鑫颛科技的第一次商业模式创新

鑫颛科技加大投入对自动售货机进行升级，实现自动售货机支付宝、微信收款功能，既可提高消费者的便捷性也提高了交易效率。同时，鑫颛科技大力发展物联网技术，实现公司与自动售货机信息的实时传输，使得公司能实时获得自动售货机库存余量，基于物流可以进行优化升级，做到对库存定点定量补货，提高了配送效率。另外，鑫颛科技通过在新开发的自动售货机上投放广告等增加收入。

(2) 鑫颛科技的第二次商业模式创新

鉴于第一次商业模式创新前鑫颛科技由于技术落后而落后于竞争对手，鑫颛科技管理层愈加关注外部的技术进步。天猫等电商推出无人商店刷脸支付时，鑫颛科技积极与支付宝公司合作，将自己的自动售货机进行技术升级以支持刷脸支付，相较于支付宝、微信刷码收款功能，刷脸付款将进一步提升客户购买的便捷度，顾客的购物体验提高。在一段时间内有效提升了自动售货机的竞争力，但经过一段时间，竞争对手也相继推出刷脸收款功能。

乐美智能的商业模式创新

(1) 乐美智能的第一次商业模式创新

在李克强总理于 2014 年提出“大众创业、万众创新”、国务院相继发布一系列政策措施支持“双创”高质量发展的背景下，“双创”小企业涌现，乐美智能利用这个机会对传统自动售货机的业务体系进行革新，试图在竞争对手凭借资本力量抢夺市场点位的竞争中占优势，在新的业务体系中，首先，由创业者成立政府鼓励的“双创”小企业，然后乐美智能与这些“双创”小企业合作并将寻找市场点位的具体项目发包给他们，由乐美智能将自动售货机转卖给“双创”小企业并放置于“双创”小企业寻找的市场点位，并负责对所铺设的自动售货机定期补充产品，根据点位上自动售货机所销售产品收益与“双创”小企业之间按照事先约定的比例进行划分，实现共同盈利。其次，乐美智能与银行合作，在“双创”小企业用银行贷款从乐美智能购买售货机的情况下，对“双创”小企业的小额贷款向银行提供担保。

“双创”小企业通过自身关系寻找的市场点位，由于小企业与合作点位关系牢靠，一般情况下，竞争对手难以用高租金方式挖走，而优质的点位将给乐美智能带来竞争优势；另外由于是通过“双创”小企业进行贷款购置自动售货机且收益共享，对于乐美智能而言相当于实现了间接融资。存在的不确定性与风险是因为乐美智能为“双创”小企业提供贷款担保，如果“双创”小企业存在虚假信息或违反合同规定，乐美智能都将面临偿还银行贷款的风险，可能导致其面临财务困境。

(2) 乐美智能的第二次商业模式创新

随着O2O模式在国内的快速发展，乐美智能管理层意识到公司已有自动售货机与配置物流的相关资源，有机会通过该模式促进公司快速发展。于是，乐美智能打造网上生活用品购物平台，小区居民可以在平台下单并且预约送货时间，然后由乐美智能对自动售货机进行补货时将生活用品带到居民所在小区的自动售货机上，居民可以凭借个人信息在自动售货机上提取。虽然美团也有类似业务，且推出大量优惠活动抢夺市场，对乐美智能初期业务开拓带来巨大压力。但美团模式下每次商品配送都需要配货员来完成，物流成本要远高于乐美智能，乐美智能具有相对竞争优势。相对于自动售货机运营对手，乐美智能要在这项业务获取竞争优势，前期同样需要巨大的投入，特别是同互联网企业一样要培养消费者在该平台的购物习惯，并且何时能够实现盈利难以预测。

☞ 案例分析对比

鑫颛科技与乐美智能的社会情感财富与企业家精神对比分析

对于鑫颛科技而言，一方面，由于公司决策者主要为家族成员，且存在排斥非家族成员情况，人力资源驱动缺乏是限制企业快速发展一大阻碍；另一方面，由于企业经济利益与家族成员的经济与非经济利益密切相关，为避免企业失败而给家族社会情感财富带来巨大损失，企业难以接受中高风险战略。因此，鑫颛科技倾向于战略保守，旨在缩小与竞争对手的差距或形成暂时性优势，避免通过大的变革导致企业变革失败，因而其发展受到约束型社会情感财富影响，导致鑫颛科技战略保守。创新精神主要体现在提高管理和生产效率、开辟新市场两方面。在提高效率方面，具备创新精神的管理者会关注企业运营中的产业内的交易成本，通过对企业内部的改革进而减少系统内部的成本，具体地可以通过提高创新投入改进生产技术、优化业务流程以及管理模式等方式提高生产和管理的效率来实现。其次，具备创新精神的管理者致力于拓展产业生态系统内的交易网络，通过与其他企业家交流或参加其他商业组织，积极探索新的市场领域和交易渠道，据此形成和推广新的价值主张，优化升级产业，以期拓展新的市场，并且可以形成新的商业模式来实现拓展交易网络的目标。

鑫颛科技在战略保守的情况下，采取缩小与竞争对手差距或形成暂时差异的方式，一方面提高自动售货机支付效率与客户体验，另一方面提高自身自动售货机货物配送水平减少企业经营成本，同时在自动售货机上布置广告而达到增收的目的，这些举措收益与成本可预测，且风险较小，缺少冒险精神，而在提高管理、生产效率与开辟新市场方面富有创新精神。

对于乐美智能而言，第一，虽然企业中存在家族成员，但其没有股权与决策权，只参与日常经营，因此家族成员对于企业的认同感较低，有利于引入外部管理人员，有充分的人力资源推动企业快速发展；第二，董事长及其家庭已经聚集大量的财富，更倾向于从企业长远发展的角度来做公司的战略决策，并由于企业经济利益与其他家族成员无直接相关关系，企业决策不会受其他家族成员束缚，能做出接受中高风险的企业战略变革的决定。董事长与决策层希望乐美智能能通过变革获得企业核心竞争力，而非暂时性优势，由于变革而失败相对可接受，因而乐美智能受到延伸型社会情感财富的影响而趋于长期导向。

冒险精神是企业家精神的核心特征之一，要赚取高额利润，具有冒险精神是必不可少的。企业家是天生的冒险家，可以进行熊彼特式的破坏性创新活动，从事存在风险的活动以期得到高额回报。有冒险精神的企业家会主动寻找机会，提高创新能力，倡导变革，提升企业的整体竞争力，积极主动地迎接外部挑战；开拓新的市场及客户，建立新的人脉网络，优化升级交易模式，为企业带来赚取更多利润的机会，且在行业内具有更大的竞争力。基于短期而言，鑫颛科技可以在竞争市场生存，但乐美智能在面临自动售货机点位难以获得与获得成本高的情况下，利用“大众创业、万众创新”的双创政策，通过与小企业合作获取较高经济效益的市场点位并能长期持久，但在塑造优质点位的同时，也将面临小企业诚信问题与贷款担保问题，给公司运营带来相对不确定性。另外，在O2O模式兴起之时，公司针对小区居民需求，在自动售货机配货基础上建立全新的业务，但搭建与运营平台需要大量前期投资，且未来经济效益难以预测。可以发现，乐美智能趋于长期导向下，主动迎接外部挑战，建立新交易网络，在塑造核心竞争力时富有冒险精神，能承担破坏性创新活动给企业所带来的风险。

因此，当企业层级企业家精神受到约束型社会情感财富影响，企业战略趋于保守而富有创新精神；当企业层级企业家精神受到延伸型社会情感财富影响，企业战略趋于长期导向而富有冒险精神。

鑫颛科技与乐美智能的商业模式创新对比分析

鑫颛科技第一次商业模式创新的特点：第一，在顾客支付方式中实现自动售货机支付宝/微信收款功能，提高客户购物的便捷性与体验度，提高了在收款方式上的服务，但并没有改变自动售货机整个服务客户的模式，属于价值主张要素中产品与服务的量变；第二，实现自动售货机实时联网，基于自动售货机库存实时数据改善物流配送，实现定点配送降低物流配送成本，公司对于产品配送这一关键活动进行了完成方式方面的创新，但整体配送业务方式不变，是基于信息获取后的物流配送路线、货物数量的优化，是关键活动要素中关键活动价值创新的量变，由于这一活动的成本降低同时也造成了成本结构要素中成本额度的降低，但对整体的成本与成本结构并未造成大幅影响，是一种量变的表现；第三，在自动售货机投放广告拓展收入来源，在收入模型要素的收入来源创新维度增加广告业务收入，在收入对象创新维度中增加了需要投放广告业务的人群，但在收货机上搞广告业务是一种利用现有资源的增收行为，并且营业收入额度与比例影响不大，对于鑫颛科技而言不能产生质变。

鑫颛科技第二次商业模式创新的特点：在支付宝、微信收款的功能上进一步技术升级，推出刷脸收款功能，提高客户购物的便捷性与体验度，同第一次商业模式创新中收款功能优化一致，并没有改变自动售货机整个服务客户的模式，仍属于价值主张要素中产品与服务质量的量变。乐美智能第一次商业模式创新的特点：与“双创”小企业进行合作，从由业务员寻找市场点位转为由“双创”小企业寻找市场点位，而优质的市场点位的获取与持有是现阶段乐美智能核心竞争力的来源。从伙伴网络要素合作伙伴角色创新而言，利用“双创”小企业的社会关系等塑造乐美智能持有自动售货机优质市场点位的核心竞争力，是一次质的改变；从关键活动要素关键活动价值创新维度而言，对完成方式做出改变，从业务员获取市场点位转变为从“双创”小企业获取市场点位，从关键活动结构创新维度而言，企业将寻找优质市场点位放置自动售货机的活动部分外包给“双创”小企业，自动售货机获得收益再在乐美智能与“双创”小企业之间进行分配，要素的改变不在优化与改善的层面，而是彻底革新了该项活动的完成方式与活动结构。因此，对于关键活动要素亦发生质变。

乐美智能第二次商业模式创新的特点：基于企业现有自动售货机与配置物流的相关资源，在 O2O 模式潮流下，提供居民在乐美智能技平台下单、在乐美智能自动售货机提取货物的新业务。在价值要素方面，目标顾客发生质的改变，之前自动售货机只针对临时需要购买饮料、零售等商品的人群，现在目标顾客针对小区居民；顾客价值增加，便利小区居民生活；产品与服务从之前的自动售卖商品到提供网上预约商品，再由乐美智能将商品运送到自动售货机，然后顾客自提商品，针对商品的种类不再局限于自动售货机内的商品，而包括生活日用品等。因此，对于价值主张的三个维度都将因为新业务的改变而发生根本性的改变，是质的变化。同样也引起收入模型要素根本性变化，收入来源维度从自动售货机贩卖商品收入到社区居民平台下单、乐美智能配送到自动售货机的新业务收入；收入的对象也从原本售货机针对的人群转为社区居民，这些都不仅是原有业务的提升，本质上是一种新业务，因此对于收入模型要素同样产生了质变。如图 5－2 所示。

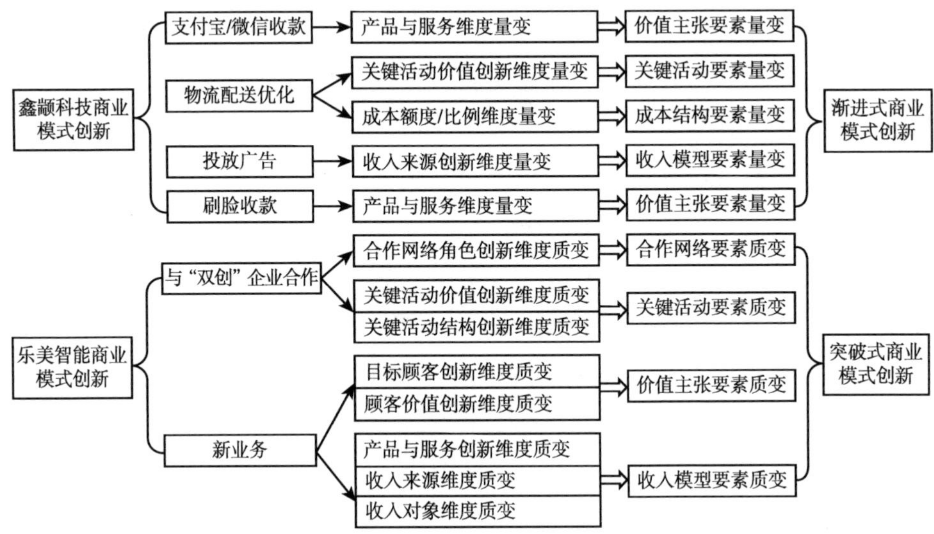

图 5－2

| 第 6 章 |

我国家族企业的未来发展方向探索

6.1 我国家族企业创新促进发展的重要性

企业社会责任行为和创新能力是市场发展的重要基石，在家族涉入情形下，企业社会责任实践及创新偏好一直存在很多争议。但与开发式创新相比，企业社会责任对利用式创新行为的促进作用更加显著。在考虑家族传承这一情景因素后，二代交接导致企业呈现出较为保守的导向，其正向调节企业社会责任与利用式创新的关系；而对于开发式创新而言，其调节效应恰好相反。从家族企业社会责任视角出发，对创新类别进行划分，有助于加深对家族企业创新行为的认识。

目前，学者关于企业社会责任与创新关系的研究结论尚未达成一致。一方面，有些学者基于资源基础观和利益相关者等视角，认为活跃的社会活动能够提高企业在市场竞争中的公信力，从而带来更多外部资源，促进企业创新能力提升；另一方面，也有学者指出，企业社会责任行为加剧了企业运行成本，导致企业创新投入减少。而且，不同类型的社会责任行为存在投机现象，影响企业内部运转效率，从而抑制了企业创新能力提升。面对这一争议性话题，本研究从两个视角对这些观点进行调和，可为当前企业社会责任与创新关系研究提供一定的借鉴。

根据 Keller - manns 等的研究，企业在践行社会责任过程中，不同企业可能因目标导向不同而存在差异性行为。考虑到目前家族企业的蓬勃发展，其“非经济性目标”能够在很大程度上影响企业创新决策。企业社会责任被定义为“企业在努力处理、建立与众多利益相关者及自然环境间关系时所制定的一系列广泛的战略和实践操作”，与之相关的活动反映出企业对其利益相关者的态度和导向。目前，学者普遍认为积极践行社会责任更容易使客户、员工对企业产生满意度和忠诚度，有利于建立更深层次的社会网络关系，从而维护企业利益相关者的既得利益，并且还会促使利益相关者与企业共享信息和知识，而这些资源能够充实企业内部知识库，为企业在市场技术竞争中建立优势，进而促进企业创新。

对家族企业而言，基于家族成员对于 SEW 的偏好，企业声誉和形象往往与家族成员个人紧密相关，家族成员会将企业视为自身的延伸，因此家族企业被描绘成一种“亲社会”的组织形象，从而使得许多学者认为家族企业更青睐于社会责任行为。但考虑到企业社会责任的概念嵌入在利益相关者观点中，家族成员在追求不同维度 SEW 情形下，可能会对不同利益相关者需求呈现出不同的态度。具体而言，在企业内部，SEW 中的企业控制和情感依附导致企业内部利他主义的存在。家庭成员间相互依赖的关系极易导致家族成员使用特权满足自身利益需求，进而在家族企业实施社会责任行为过程中将家族成员与非家族成员的利益区别对待。而在企业外部，当社会责任行为涉及外部利益相关者时，由于企业形象与声誉也是 SEW 的一个维度，与内部利益相关者不同，外部利益相关者对家族成员在企业控制和情感依附方面并不构成直接威胁，加之家族成员对企业外部形象的重视，由此导致家族成员实施更多有益于外部利益相关者的企业社会责任行为。这种内外部利益相关者区别对待的情形，导致家族企业在践行社会责任行为时同时具备“负责任”和“不负责任”的双重特征。

尽管在非家族企业中也存在内外部利益相关者差别化对待现象，但由家族成员对 SEW 的追求而在企业内部形成的不公平现象，从理论上更能够解释其异质性行为对企业战略导向的重要影响。因为根据双元创新观点，其所包含的利用式创新和开发式创新两种创新驱动因素存在一定差异。Romijn 等认为，利用式创新是通过对现有产品进行改进和完善的一种创新行为，具有较低的新颖性，适用于那些风险保守型企业，尽管该类创新技术和经济潜力较低，但却具有较快的回报和较低的现金流不确定性。而探索式创新则恰恰相反，该类型创新所创造的成果往往能拓展至某一行业技术领域，导致组织或企业竞争地位发生根本性改变，但也因为周期长和高度不确定性而存在大量风险。相对于前者，探索式创新难度更大，更依赖于企业技术人员的努力以及风险偏好程度。因此，家族企业在实施社会责任行为时，由于对利益相关者所产生的差异性影响以及自身所具备的“非经济目标”，可能会使双元创新行为存在不同偏好。

基于外部利益相关者视角，具有企业社会责任行为能够为家族企业塑造良好的形象，为企业带来诸多优质资源，进而为双元创新行为提供助力。一方面，积极的社会责任行为有助于企业在市场中建立正面组织形象，而家族企业往往与家族名称联系在一起，这种独特身份或品牌间的维系关系为整个家族市场利益相关者创造了良好的知名度和声誉。Kashmiri 等发现，相比于一般企业，家族企业长期发展导向以及由家族内部控制的稳定组织结构有益于增强市场利益相关者对企业的信赖度，而良好的家族企业形象则进一步增强了两者间的联系。产品是企业与市场利益相关者建立桥梁的媒介，因此积极正面的形象有助于家族企业获取更多市场利益相关者对产品服务建议的相关信息，这些来源于市场的反馈能够使企业更加清晰地了解到自身产品优劣势及未来市场需求，在此基础上，企业可利用现有知识体系对当前产品、技术进行打磨和升级，充分发挥知识库的潜能，从而有利于企业对后续相关系列产品进行改进和完善。另一方面，外部利益相关者有助于加强家族企业社会联系，良好的家族声誉有助于拓宽信息资源交换渠道，并且有利于企业从外部吸引更好的专业人士。而企业开发式创新需要大量储备知识与新想法的相互碰撞，那些高层次交流知识与专业技能的引入，有助于扩充企业内部知识库及隐性知识分享，识别与突破企业技术壁垒，这些资源对企业新产品开发和设计提供了助力。

企业技术创新很大一部分来源于研发团队的努力，研发人员的主动性有助于新想法的产生与新技术的实现，具体体现在员工利用自身对新技术的正确理解，克服高层对于发展新技术和新产品的潜在阻力，并将其进一步推向市场。因此，企业员工主动性程度对开发式创新思想的产生和策略推进有直接影响，而团队氛围和待遇与员工主动性息息相关。然而，尽管家族企业通过社会责任行为帮助企业在市场上与利益相关者建立了更加紧密的联系，进而为企业创新提供了更多便利性资源，但在实际践行过程中，出于对 SEW

多重维度的追求，容易造成企业对内外部利益相关者区别对待的情形。相比之下，非家族员工自身利益难以得到有效保障。而且，基于家族成员对内部控制及外部形象和名誉的追求，这种践行社会责任行为过程同时“不负责”又“负责”的态度和行为导致员工产生心理落差，不利于企业内部和谐氛围的形成，在一定程度上阻碍非家族员工以主动、积极的态度实现技术突破和跨越。

而反观利用式创新，在积极的社会责任行为导向下，企业得益于稳健的社会关系网络，外部信息资源为企业目前产品提供了良好的反馈条件，在自身产品问题和缺陷改良上有明确目标和市场导向。尽管研发工作的主动性较弱，但基于目前市场竞争激烈程度及创新带来的积极效应，有利于增加企业对员工以任务、绩效考核等方式而进行的利用式创新行为。同时，家族企业因保护 SEW 而催生的风险规避性战略偏好也会使企业创新行为更多偏向于稳健型创新模式，尽管开发式创新对企业发展较好，但出于维持家族对企业稳定控制的情感需求，也可能导致家族领导人过多偏向于低风险创新行。

内生增长理论认为科技创新与技术进步是推动一国经济增长的决定性因素。我国经济已经转向高质量发展阶段，迫切需要激发增长新动能，释放发展内在活力。

党的十八大提出“实施创新驱动发展战略”以来，我国将创新作为“引领发展的第一动力”，并强调提升创新能力和效率。2019 年 12 月举行的中央经济工作会议再次强调“以创新驱动和改革开放为两个轮子，全面提高经济整体竞争力，加快现代化经济体系建设”。由此可见，科技创新在我国经济结构调整与产业转型升级中扮演着越来越重要的作用。企业在创新链上承担着研究开发、规模化生产和商业化的重要任务，但由于创新活动有高风险、高投入与高收益不确定性的特点，研发获得的知识和技术具有公共物品性质，使企业创新投入无法达到社会效益最大化水平，导致企业缺乏自主创新动力，研发有效供给不足，引发“市场失灵”，亟须政府通过政策工具予以调整。

财税政策被认为是企业自主创新活动的“扶持之手”被各国政府广泛应用。一方面财税政策增加了企业的收益，补偿了研发活动需要承担的高风险；另一方面降低了企业的研发投资成本，并向市场发出未来市场需求的

"信号"，肯定企业研发质量与发展前景，从而激励企业增加研发创新投入。政府不断加强对企业研发财税支持的深度与广度，各项财税政策也得到了企业广泛的应用与认可。2019 年中国创新指数研究的数据显示，有大约一半的规模以上工业企业认为国家各项财税政策是积极有效的。政府对企业研发的财税投入也逐年增大，财政科学技术支出从 2010 年的 4114.4 亿元增长到 2018 年的 9518.2 亿元，年均增长率 10.27%。由于我国没有编制税式支出预算，无法准确衡量税收优惠对企业研发支持规模，但来自工业企业的数据显示：2010 ~ 2015 年，规模以上工业企业使用来自政府部门的科技活动资金从 261.74 亿元增长到 537.34 亿元，年均增长率 7.81%，享受所得税减免税额由 346.31 亿元增长到 702.34 亿元，年均增长率 15.19%，享受研发加计扣除减免税额由 178.19 亿元增长到 449.27 亿元，年均增长率达到了 18.67%。可以看出，税收优惠较政府补贴的增长速度更快，并且从规模上超过了政府补贴。政府为激励市场主体的研发活动"让渡"了大量的财政收入，基于财政资金的公共性、稀缺性和使用效率，科学的评价财税政策的效果是理论界与实务界共同关心的问题。在政府补贴政策方面，大部分研究者认为政府补贴能够激励企业创新投入。Leeand Cin（2010）、Klette 等（2012）与 Jourdan（2017）等以韩国、挪威以及法国等国家的企业数据为对象研究后发现，府补贴补充了企业的现金流，降低研发成本，帮助企业跨越风险性研发障碍，鼓励了企业增加研发投入；张爽等（2016）、陈玲和杨文辉（2016）、孙晓华等（2017）与姚东旻和朱泳奕（2017）等利用中国企业数据研究后同样肯定了政府补贴对研发投入的积极效果；但还有一些研究显示政府补贴对企业研发投入可能产生"挤出效应"，郑世林和刘和旺（2013）、Marino（2016）、Guo（2016）、Boeing（2016）等研究均指出企业在获得政府补贴后缩减了自身的研发投入。

税收优惠对研发投入的激励作用得到了广泛认可，Parisiand Sembenelli（2003）和 Czarnitzki（2010）研究指出，各项税收激励政策对意大利、加拿大等国家的企业研发投入发挥了积极的作用；吴松彬等（2019）提出研发加计扣除与所得税减免均促进了企业研发投入的增加；但在对研发产出的影响方面还存在不同结论，李维安等（2016）提出虽然总体而言税收优惠对企业创新绩效有积极的作用，但高新技术企业更多的将这项政策作为规避税收的

“税盾”；冯泽等（2019）肯定了研发加计扣除的积极引导作用，但提出研发加计扣除对研发产出强度无显著影响。还有学者对不同财税政策进行了比较，郑春美和李佩（2015）的研究肯定了政府补贴的积极作用，但税收优惠在一定程度上为企业研发带来了消极的影响；柳光强（2016）提出政府补贴对部分新兴行业具有显著的激励作用，但对生物技术、新能源行业的抑制作用显著，且税收的激励作用对各细分行业并不显著；寇明婷等（2019）提出税收优惠政策显著的激励的企业的研发投入与产出，但政府补贴“挤出”了企业研发投入且对研发产出缺乏实质性影响；宁靓和李纪琛（2019）基于中小企业问卷调查数据得出政府补贴显著的激励了企业研发投入，但税收惠对研发产出的激励作用更加显著。

由此可见，现有研究成果多集中于关注单项政策工具对研发投入、产出或收益等某一维度的影响与效应且并未形成统一结论，因此仅面向企业某一类研发行为的评价无法全面地说明问题。也有研究者开始关注不同财税政策对研发投入与产出的评价对比，但缺乏从创新链全视角对财税政策效应差异的系统性评价，难以形成针对提升政策结构性和精准性的有效建议。

基于此，本书将从以下三个方面推进现有研究：第一，国内现有研究成果多基于上市公司数据，但上市公司在创新层次，对政策的理解和利用以及资源配置吸收能力等方面与非上市公司可能存在较大差异，难以真实反映政策效应，以陕西省高新技术企业为样本，对现有研究成果形成有效补充，加之高新技术企业是国家财税政策的重点扶持激励对象，承担了培育新市场动力的任务，在财税政策效应评价上具有一定的代表性。第二，将基于创新链视角全面评估不同财税政策所发挥的效应。创新链是以市场为导向，企业创新需求为基础，由创新活动构成的链条。基于“科学—技术—生产”范式，创新链被分为基础知识研究阶段、知识应用阶段和商业化阶段，企业主要承担了后两个阶段的任务。因此将企业创新过程分为技术研发和技术转化两个阶段，分别从投入端、产出端与收益端对比讨论不同财税政策的作用，并能在一定程度上揭示让渡给企业的财政资金是否得到了有效配置。第三，政府补贴与税收优惠激励企业研发行为的作用机理并不相同，税收优惠又分为直接优惠与间接优惠两种实施方式。在信息不对称的情况下，企业会结合财税政策的作用特点与自身的需求在不同的激励政策间有所侧重，文章选择政府补贴、所得税减免与研发加计扣除代表不同特点的财税政策，研究结论能够为政府研发财税激励整体体系调整提供重要的参考。

6.2　我国家族企业未来多元化的战略发展目标

（1）转变政策制定观念，构建全过程引导模式。

单独一种财税政策的引导作用是片面的，政府补贴与所得税减免更关注对高新技术企业投入端的激励作用，忽略对产出或收益的考核，在一定程度上导致补贴低效。研发加计扣除以研发产出为导向，在实施时对研发成果严格限制，可以有效避免高新技术企业“寻补贴”投资或“策略性”创新，但却无法“事前”扶持，帮助高新技术企业跨越研发起步阶段的约束性障碍。因政策的制定者需要消除不同政府职能部门之间的信息壁垒，有必要从企业“投入—产出—收益”创新链全过程视角审视不同财税政策的协同效应与整体效应。

改革开放以来，家族企业规模迅速发展，成为我国国民经济的重要组成部分。家族企业作为我国民营经济的主要形式，必然在全面建设小康社会的进程中扮演更加重要的角色。与国外相比，中国的家族企业常见“富不过三代”的境况，而很多国家的家族企业发展百年仍充满活力，二者形成鲜明的对比。结合企业可持续发展理论，对“新生”的中国家族企业进行深入研究，提出可持续发展的路径模式，促进改善融资环境、人力资源、管理机制等方面的问题，进一步完善治理模式，为家族企业可持续发展提供决策依据是理论界和企业实践中亟须解决的问题之一。本研究按照提出问题、分析问题、解决问题的思路，力求重点分析中国家族企业可持续发展的影响因素，深入探析当前中国家族企业在发展中遇到的障碍与问题，提出构建中国家族企业可持续发展的路径模式。

（2）加大税收优惠力度，完善研发政策体系。

从实证分析的结果可以看出，所得税减免与研发加计扣除政策在创新链不同维度发挥了更积极的作用。所得税减免的普惠性让更多需要扶持的高新技术企业受益，激励其扩大研发投入规模，研发加计扣除激励企业研发产出与技术转化与政策扶持企业研发活动的最终期望一致。因此可以将税收优惠作为激励企业研发政策体系中的首要工具，政府补贴可以作为短期内税收优惠政策的有力补充。家族企业在代际传承中除考虑继承人的职业能力外，更多应思考利用代际传承的时机结合财税制度、公司治理机制以及市场等因素对公司股权架构进行重新设计和创新，以满足消除家族内部矛盾及公司未来发展战略的需求。企业应充分利用股权架构的优势，通过产业链设计和组织架构设计，对企业的融资、风控及税收进行重整和筹划，提升企业应对市场的能力，并创造新的成长点。

企业的传承是每一个家族企业都会经历的过程，家族企业代际传承过程中往往缺乏传承计划或创新，对于一些突发情况也缺乏预警方案，很多继任者上任更是毫无战略规划，仍然依据传承前辈的经营模式继续开展经营活动，往往导致传承的失败。家族企业在进行代际传承时，应结合企业的实际战略发展需求和家族实际情况，充分考虑各种因素，提前设计完善合理的传承计划，结合自身现状合理规划传承阶段和时机，制订传承紧急预案制度，对传承过程中的突发情况做好充分的准备。在企业传承的过程中，通过股权架构创新设计可以避免传承人与被传承人产生矛盾，同时可以将新的股权架构与现代企业管理制度对接，利用合理的股权架构和组织架构，真正实现管理创新、机制创新以及财税创新，使家族企业在融资、税收、激励以及商业模式等方面拥有更广阔的空间，推动代际传承顺利进行和企业长远发展。

（3）提高财税协同效应，实施差异化政策组合。

政府针对特定行业或某一政策目标“一刀切”的财税政策加剧了财税效果差异，甚至对某些类型的高新技术企业的激励效果并不理想，这有可能会造成政策浪费。国家税务总局表示要“继续落实落细减税降费政策”，提高政策的精准性，关键在于明确不同财税政策对创新链各维度影响的异质性，明确需要政策扶持的特定类型微观市场主体的特殊性，实施差异化、结构性的财税政策。如对盈利能力较低的或者暂时性亏损的高新技术企业，可以适当侧重政府补贴与所得税优惠在企业研发投入端的倾斜；加强产出端与收益端研发加计扣除政策的倾斜；灵活利用各项政策组合，不仅要发挥“杠杆效应”激励企业加大研发投入，也要防止企业内部研发资源冗余，提高研发能力与技术转化能力。多元化投资战略通常被认为是企业进行资源配置、分散风险、寻求新的利润增长点的重要方式，家族企业在代际传承过程中进行多元化战略调整也是保持家族企业竞争优势和家族永续经营的关键因素，然而近年来，家族企业多元化经营的道路并非一帆风顺，家族二代继承人进行多元化经营致使家族企业走上绝路的新闻与案例此起彼伏，相关问题引起了社会各界的广泛关注。

基于此，本书以 2003～2018 年中国沪深 A 股家族控股上市公司为研究样本，通过手工搜集家族代际传承的相关数据，实证检验了代际传承对家族企业多元化经营的经验影响关系。结果发现：①与没有发生代际传承的家族企业相比，发生代际传承的家族企业的多元化经营水平显著更高，表明代际传承会提高家族企业的多元化经营水平；②当家族创始人具有多个子女时，家族企业代际传承对企业多元化经营水平的正向影响关系显著更强，意味着潜在继承人的竞争会增强代际传承对家族企业多元化战略的影响；③相对于女性二代继承人，男性二代继承人更容易做出多元化经营的选择，即男性二代继承人会增代际传承与家族企业多元化经营之间的正向影响关系。上述研究结论在经过内生性问题、键变量度量方法等稳健性测试后仍然显著成立。本书进一步分析发现：首先，代际传承对家族企业多元化水平的正向影响会随着传承阶段的推进而不断增强；其次，二代继承人金融背景、海外经历、高学历等背景特征会强化其对家族企业多元化经营水平的影响，而二代继承人在家族企业中较长的历练时间有助于缓解其对多元化经营的倾向；最后，我们还发现家族的代际传承最终降低了家族企业的长期市场价值。

当代家族企业成长的过程中，风险投资起到了不可或缺的促进作用。本研究就假设“有风险投资背景的家族企业比没有风险投资背景的家族企业研发投入水平更高”，研究了风险投资对家族企业研发投入的影响，并选取了 2017～2018 年在深交所上市的 A 股家族上市公司作为样本，利用统计软件进行了实证分析。实证结论验证了假设的成立。

从国家来看，政府应当加强引导作用，重视风险投资的发展，为风险投资促进企业发展创造良好的制度环境和金融环境，同时也强化对风险投资的法律监管，防止过度投机行为，损害多方利益。从企业来看，既要积极拓宽融资渠道，制定合适于企业成长的融资途径，又要形成全面的、与时俱进的融资理念。借助风险投资的力量，增强自己的实力，实现双赢甚至多赢。在选择风险机构时，不仅要比较各风险投资机构之间的投资实力，还要看其在自己所属行业的资源和经验积累，选择适合自身企业成长的机构，实现企业效益的最大化。从投资者来看，不仅要关注企业的财务指标，还要关注目标企业的股东结构和性质对企业科技创新和未来发展的影响。

在当今创新成为企业发展之本的前提下，家族企业可能需要考虑“去家族化”管理的治理措施。外部治理可能是一个比较好的途径，但从目前我国的现实情况来看，家族企业提高创新投入水平还需要从内部着手进行变革。在创新战略的引导下深入探讨家族继承问题，可能是家族企业实施创新战略的重要途径。同时，在如何利用外部治理手段。如：机构投资者方面也需要在合作共赢的基础上创新发展，控制关键战略创新资源一定是未来合作的重要导向。

①源自西方的公司治理理论并不能完全解释中国的企业委托代理问题。民主和分权并不绝对是提高公司创新效率的“灵丹妙药”。本书实证研究表明，在信息不对称性强、技术更新换代快、创新风险高的信息技术行业中，绝对集权更有利于发挥控股大股东的公司治理责任感和“支持效应”，同时形成大股东间的“同舟共济”效果，降低内耗，提高创新效率。

②应重视非执行董事在信息技术企业创新中的决策和监督作用。提高非执行董事在企业创新投入决策过程中的参与度，充分发挥其创新决策作用。同时，也可通过适当超额委派，扩大董事会中非执行董事占比，强化企业创新产出过程中的监督力量。在相对集权企业中，应通过两权分离提高总经理的相对独立性，降低控股股东的“掏空”能力。

③家族企业应结合自身特点，构造有利于技术创新新的股权结构形式。重视建立现代企业管理制度，规避家长式“一言堂”，释放非执行董事的决策和监督功能，通过管理层持股等形式激励、吸引更多创新人才。同时，政府应更关注信息技术行业家族企业的健康发展，在融资及其它政策层面提供与国企同等的平台和竞争机会，提高市场化程度和家族企业创造力。为家族

成员参与企业管理提供建议，也能够为政府机构引导企业创新和投资机构投资创新型企业贡献参考价值。

6.3　本书研究结果的启示

6.3.1　对家族企业的意义

研究结果显示，家族成员在董监高中所占的比重越大，企业的研发投入越低，专利产出越少。其结果说明当家族成员参与企业管理时，可能会抑制企业的创新活动，这是由于家族成员的风险厌恶以及面临的财务压力所导致的。由于对家族企业的情感因素，家族成员在管理企业时会表现出风险厌恶的倾向。一个企业最初风险偏好越大，当家族成员参与到企业的管理中时，便会出于风险厌恶而在管理中克制企业追求风险的行为，这样也造成了部分存在风险的创新活动被抑制。多数创新都具有风险性，家族管理者出于风险厌恶，会认为这些创新活动带来的风险远大于其潜在的收益，因此在决策中否决这些创新活动，导致企业的研发支出减少，研发产出也减少。

（1）家族成员的风险偏好与职业经理人不同。职业经理人更倾向去挑战具有风险的项目，因为职业经理人失败所承担的最坏结果就是被辞退，并且被辞退后仍可以在新的一家公司任职；但如果职业经理人取得了成功，就能够为自己赢得更好的声誉和更多的薪酬，有助于职业经理人后续的职业发展。而家族成员失败所面临的后果，不仅是造成家族财富的损失，还将背负家族情感道德的压力。风险偏好的不同使家族成员不愿意接受有风险的项目，因而家族成员参与管理会导致企业的创新活动受到抑制。因此，一个有效的解决办法是在决策中尽可能地用调研、数据和模型等理性化手段来辅助决策，减少主观因素对决策的影响。企业的财务压力越大，当家族成员参与企业管理时，对企业创新的抑制越大。当企业财务压力大时，家族管理者需要对企业资金进行更谨慎的规划，除了需要考虑如何更好地运用企业资金，还需要对短期需要偿还的债务进行合理安排，避免发生债务违约，影响家族声誉。如果家族管理者对企业的资金管理不善，导致企业出现现金流断裂或其他财务状况不佳的表现，家族管理者可能会面临家族内部的指责，家族内的其他竞争者也对管理职位发出的挑战。出于这些原因，家族成员在管理企业资金时会更加谨慎，这使得企业会在一定程度上削减研发投入，厌恶与财务压力给企业创新带来的负面影响，政府可以经常性地举办讲座和分享会，邀请知名的学者、专家和顾问来分享最新的研究观点、行业动态以及管理方法。企业管理者能够在与同业、专家们的交流沟通中学到许多有用的知识，在管理与决策上更加科学化，使企业的创新活动能够得到更好地开展。

（2）为企业之间构建创新合作关系，形成协同效应。政府可以在企业之间搭建创新合作关系，使企业发挥各自的优势，共同开展研发与创新。企业之间携手并进，能够在一定程度上分散创新的风险。产业链上下游的企业进行合作研发与创新，还能够使创新产出真正贴近实际需求，让创新发挥更大的价值。

（3）完善政策法规的制定，优化科技创新环境。政府可以通过深化知识产权工作，维护企业合法权益，切实保障企业的创新产出，确保创新成果不被非法盗用，提高企业创新的积极性。政府机构还可以发挥协调引导功能，提高科技创新成果的转化率，使创新产出更好的面向实际与产业，促进社会经济的发展。

6.3.2 对家族企业利益相关者的意义

创新型企业通过不断的创新，可以构建和加深自己的护城河，使企业在市场竞争中取得更大的优势。创新型企业对于投资者和投资机构而言也是良好的投资标的，投资者和投资机构通过投资创新型企业，能够获得长期的收益。因此，有价值的创新在带给企业业绩增长的同时，也能够让投资者从企业的成长中获得投资收益。在投资民营企业时，投资者和投资机构需要分析民营企业的创新潜力，关注企业管理层的管理能力。投资者和投资机构可以通过了解企业管理层对公司长远的战略规划，判断公司是否重视企业创新能力的发展。一个具备优秀管理能力的企业管理者能够有效构筑企业的核心竞争力，使企业发展成为行业领头羊。投资者和投资机构还可以从多个角度分析企业的创新实力。投资者和投资机构可以调研企业的研发团队，了解其专业背景和过往的研发经历，分析人才团队的创新能力。投资者和投资机构可以深入了解同行业公司以及行业专家对企业研发成果的评价，了解企业创新成果的口碑与质量。

投资者和投资机构还可以梳理企业的发展历程与过往业绩，分析企业过往的某一项或若干项研发成果给企业带来的改变。此外，企业的财务信息也能在一定程度上体现出企业的创新能力。例如，企业的投资资本回报率高，说明企业拥有较为优秀的战略眼光，在创新活动使企业的创新受到抑制。因此，一个有效的解决办法是运用现代化财务管理方法对企业的财务进行更合理的规划，使不同时间跨度、不同风险程度的创新活动与企业的长短期债务相匹配。

6.3.3　对企业管理的建议

（1）在家族企业管理中引入科学的分析机制。科学的分析机制可以减少因为管理者的主观情绪而做出的错误判断。在企业创新中，管理者可以安排专业团队开展调研，获得真实客观数据，并借助模型对数据进行分析，使管理者在决策时能够掌握更全面的信息，做出更正确的决定。

（2）对企业的财务进行合理的规划与安排。企业可以运用现代化财务管理方法对企业的财务进行更合理的规划，使不同时间跨度、不同风险程度的创新活动与企业的长短期债务相匹配。对财务进行合理的规划与安排能够让企业更好地运用和分配企业资产，将更多的资金投入到创新与研发领域。合理的财务规划与安排还能够让企业具备更强的抗风险能力，即使创新失败或外界环境对企业的经营产生冲击，也能将风险对企业的影响降到最低。

（3）积极吸纳创新型人才。创新活动的开展需要人才的支持，优秀的创新型人才能够为企业发掘高价值的创新，实现创新风险的降低和创新收益的提高。积极吸纳创新型人才，能够让企业的创新走在行业前列，引领行业格局，使企业在市场竞争中立于不败之地。

6.3.4 对政府的意义

近年来，我国的政府机构在积极引导企业开展创新活动。政府对民营企业的帮扶力度不断加大，以政策优惠、现金奖励等多种方式，为民营企业的创新提供激励与支持。这些鼓励企业创新的政策与行动支持，能够激发企业的创新热情，营造良好的创新氛围。基于本研究的研究结果，政府还可以从以下方面帮助和引导民营企业，使民营企业更好地开展创新活动，实现更优质的发展：

（1）邀请专家学者为企业管理者分享与介绍优秀的管理方法。投资者和投资机构通过对企业的管理能力与创新实力进行全方位的分析，能够为自己的投资决策提供许多有价值的信息。中国“多子多福”“传宗接代”“传儿不传女”的传统家族文化对家族企业的相关经营决策产生了深刻的影响，而对研发技术创新决策的影响尤甚。如何让创一代摒弃“男女有别”的家族传统文化，真正实现“男女平等”将对家族企业研发技术创新产生更加积极的促进效果。国家放开“二孩”的生育政策对家族企业的长远发展和研发技术创新投入的延续或许将起到一定的促进作用，但真正促进家族企业内生增长，仍需要创一代摒弃不良的家族传统文化观念的束缚，培养良好的家族企业文化，聚集家族企业创新氛围，将创一代自身的创新精神很好地传承。在选择家族企业接班人以及接班人的创新精神培养方面应该更多地注重二代自身的素质而不是性别，创一代应更加注重家族二代的教育投入以及海外学习或工作的历练，在二代掌权家族企业后，创一代们应客观看待家族二代经营过程中短期的业绩下滑，鼓励二代们有长远的发展眼光，不去过分追求短期的速胜以证明自己的胜任能力，能以容错的家族氛围去激励家族二代们进行更多的创新尝试，这样才能确保家族企业真正实现可持续发展并确保基业长青。情感财富视角下，对家族企业和政策制定者的启示从社会情感财富的视角，可以更好地解释家族企业在创新战略上区别于非家族企业的原因。同时，从这个视角来研究家族企业的创新和研发活动，不但为家族企业促进创新研发活动提供了新的依据，也为政策制定者引导家族企业创新提供了政策启示。

首先，对于家族企业而言，应该着眼于自身的长远发展，将长远的社会情感财富作为战略决策的考量。家族企业应该意识到，参与研发与创新活动，接受创新带来的适当风险，并非一定会造成社会情感财富的损失。长期的战略导向不仅会促使企业进行长远的创新投资，还会增强家族企业在市场中的可持续竞争优势和生存能力。相反，短期导向的家族企业，不会为了未来或许会有的收益而损失短期内的社会情感财富。这样的家族企业很容易在激烈的市场环境中掉队，并最终被淘汰。

其次，家族企业应该对外部的人才抱持开放的态度，破除对“外来打工者”的偏见，吸引更多优秀的创新型人才为家族企业工作。家族企业可以通过现代化的人才管理，打造新型的员工关系在不稀释家族所有权的情况下，加固非家族员工与企业的心理纽带。这样，既能为创新提供人才保障，又能维持家族企业的社会情感财富。

最后，家族企业不应该过于热衷建立社会网络与政治联系寻求。虽然在短期内可能带来一定的资源优势，但长期来看，过度地进行政治寻租，忽视可持续性的创新投入，会大大抑制家族企业的长期绩效表现。对于政策制定者来说，不能片面地要求家族稀释对家族企业的控制权，打破家族的管理权，而是应该鼓励家族企业的跨代际传承，制定长期的发展愿景。另外，不管是在融资中遇到的歧视问题，还是产权保护和职业经理人市场不完善的问题，都会有损家族企业进行创新的积极性。为此，政府部门应该制定更加完善的制度保障，创造良好的金融、法制与经营环境。于资源互补性一般观点，本研究得出家族性社会资本与非家族性社会资本共同对家族企业创新产生积极影响。表明强大的控制联盟（即家族）的存在为组织环境中社会群体之间积极互惠影响创造了条件。

本研究还强调了不同形式的内部社会资本对创新影响的互补性，丰富了现有社会资本关于探索嵌入于内部和外部社会维度的资源之间交互效应本质的相关研究。通过评估家族控制和代际参与的调节效应，本研究还表明决策制定对于实现社会资本的创新潜力非常重要。换言之，家族控制在家族所有权和家族管理方面与代际参与的组合如何形成影响家族性社会资本和非家族性社会资本对家族企业创新共同影响的关系的不同配置。当非家族性社会资本高时，在家族性社会资本与创新之间存在正相关关系；当非家族性社会资本低时，这种关系被削弱。可知家族性社会资本和非家族性社会资本与家族控制（所有权和管理）的三项交互效应，但当家族性社会资本和非家族性社会资本及家族控制很高时，可实现家族企业创新的最大化。另一方面，发现当家族性社会资本和非家族性社会资本高，代际参与低时，可实现家族企业创新的最大化。

（2）探索家族涉入影响企业创新的内在机制。现有研究多从理论视角出发，对家族涉入与企业创新间的关系进行推导，然而并未进一步实证探讨家族内部因素对企业创新的影响机制。例如，在资源基础理论视角下，机构投资者对家族企业的信贷歧视是家族企业创新融资受限的主要原因，而家族内部人员的社会资本又可促进家族企业创新活动的顺利开展。基于家族企业资源特性分析，本研究认为未来研究可沿着理论分析路径，探讨家族企业银企关系、家族成员社会资本等因素在家族涉入与企业创新之间发挥的作用。

家族涉入的多维性是家族涉入与创新投入相关研究呈现百花齐放、百家争鸣现象的原因之一。家族涉入对企业创新投入的影响是一个综合、复杂的过程。不同理论基于的不同视角反映了家族涉入的不同维度，单从某种理论出发探讨家族某个维度涉入对企业创新的影响可能会得出相对片面的结论。因此，从多维度出发探讨家族涉入对企业创新的影响或是调和现有争论的重要途径之一。

企业在创新方式的选择上是多样的，既包括新产品、新技术的研发，亦涵盖管理方法和工作流程的创新。现有研究多以研发支出和专利申请量衡量家族企业的创新努力程度，而这仅仅能体现家族企业对研发创新的态度。在多种因素的共同作用下，家族企业并非是完全的风险规避者，基于家族控制和风险收益的双重考量，家族涉入可能会促使企业选择独特的创新方式。因此，未来研究可探讨家族涉入对不同创新方式的影响。

考虑企业成长阶段、社会文化背景及不同环境情境。在家族企业中，家族成员的关系可能会随着企业的发展而发生改变。在企业发展初期，家族成员是企业资源的主要提供者，彼此信任、依赖程度高，更愿意提供不计报酬的投资，为家族企业创新提供资源保障，促进家族企业创新行为的实施。随着家族企业的发展壮大，家族成员之前的付出成为企业不得不偿还的人情债，给后续的人事管理增添了难度，导致人力资本冗余，削弱企业的创新实力。因此，未来研究可探讨不同规模家族企业家族涉入对企业创新的影响。

（3）家族企业孕育在不同的社会文化背景中，只有充分了解企业背后的文化因素，才能深刻理解家族企业的独特行为。我国家族企业根植于以儒家思想主导的“家文化”中，与欧美国家的“个体主义”文化具有较大区别。因此，对家族企业创新问题进行探讨时，为了避免研究的片面性，可探讨不同社会文化背景下家族涉入对企业创新的影响。同时，从社会情感财富理论、代理理论和资源基础理论进行家族涉入研究发现，家族涉入对企业创新既存在抑制作用也存在促进作用。同时，社会情感财富理论与代理理论关于家族企业的长短期导向问题和家族风险承担性问题的结论也并不一致。这说明考虑家族涉入对企业创新投入的影响时并不能仅仅以这些理论为基础。企业战略的选择与实施是企业内部条件与外部环境共同作用的结果，在探讨家族企业创新行为时，可结合具体的情境进行。以家族企业创新投资决策为研究对象，考察家族信托设立如何影响家族企业创新投资，以及两者关系是否在不同成长经历的企业主之间存在差异。结果发现：家族信托设立有助于促进家族企业创新投资；在有过贫困生活经历的企业主中，家族信托与家族企业创新投资间的正向关系更显著。同时，相对于具有体制内工作经历的企业主，在没有体制内工作经历的企业主中，家族信托与家族企业创新投资间的正向关系更显著。研究结论可为理解如何激励家族企业创新投资提供新的研究视角和理论解释。研究结果表明：①加大研发投入对创业板上市公司创新绩效的提升具有促进作用。因此，在研发经费投入方面，企业要做好资金的统筹规划，在保证正常生产运营的情况下，加大对研发活动的资金投入，做好研发创新的资金预算，简化项目审批和资金流动环节，避免资金沉淀，提高研发经费投入的使用效率。在研发人员投入方面，企业应注意引进高素质的研发人员，提高高精尖科研人才在研发人员中的比重，采取晋升、奖金、头脑风暴等方式激发研发人员的创新积极性；②内部控制在研发投入与创新绩效的关系中起到正向调节作用，是半调节变量。因此，企业应健全公司内部控制制度，建立独立性强的内部审计部门，加强对研发项目中资金流动过程的监督，确保研发资金得到充分的利用，而不是挪用他处；应切实执行内部控制制度，对各责任部门和员工的执行情况进行评价，并将其纳入绩效考评体系；③在对家族企业与非家族企业的对比分析中发现，相比于非家族企业，家族企业中内部控制在研发投入与创新绩效之间调节效应更弱，家族企业的内部控制制度仍不完善，应重视内部控制制度建设：一是家族企业应该克服家长制管理模式带来的制度化约束，进行职业化管理，尤其是加强决策的规范化程度；二是注重高管团队的培养，在聘用人员上由任人唯亲向任人为能上转变；三是加强绩效管理，家族企业不可避免地会聘用本家族员担任员工或管理者职位，但是为了营造公平的竞争环境，提升员工工作和创新的积极性，绩效管理要作为内部控制制度的重要部分去执行。④从控制变量角度，企业应根据市场情况，提高产品竞争力，扩大生产，不断扩大企业规模；建立合理的筹资融资机制，避免过高举债；提高生产效率，不断寻找新的利润增长点，提升盈利能力；建立合理的公司治理结构，在监督有效的机制下，可采取 CEO 兼任董事长和适度集中的股权结构的治理方式，从而为企业的创新发展创造良好的条件。

在子承父业模式中，代际双方关系的亲密度和继承者的“双重烙印”，共同促进了家族企业创业精神的有效传承。综上所述，家族企业创业精神传承必须具备一定的资源基础与传承条不同的组织情境对创业精神传承效果的影响各不相同。相比于其他传承，创业精神传承有明显的烙印效应。在创业精神传承中，父辈企业主对继承者造成的印象，是继承者传承后能否二次创业的关键。本研究围绕访谈资料，对整个创业精神的传承维度做了详细的解释；借助案例，反映了烙印理论、资源基础观等理论的实践运用。但对于创业精神维度中的各种要素的重要性，以及创业精神传承对传承后企业绩效影响的评价等，还有待后续做进一步研究。

本研究具有重要的实践意义和政策启示。首先，对家族企业主而言，应该树立危机意识，对传承过程中的各项变革提前做好准备，例如，在多个潜在继承人之间合理分配家族企业的经营财产权，针对二代继承人的性别设计差异化的传承计划等。同时，家族企业主还应该加强与二代继承人的沟通，减少创一代与继二代之间价值观和经营理念的冲突，增强二代继承人对家族企业的认同感，把家业主业做强做优，最终实现“家业长青”的长期目标。其次，对于外部投资者，在选择家族企业投资标的时应该特别关注企业的代际传承情况，当家族企业处于代际传承阶段而且潜在继承人特别是男性继承人比较多时，企业将倾向于实施多元化经营战略甚至是以牺牲经济收益的过度多元化战略，这时投资者应该“用脚投票”的方式既避免遭受不必要的投资损失，也可以间接给家族企业主施加一定的市场压力以规制其过度多元化的经营行为。最后，政府相关部门应该继续建设和完善制度环境和金融市场，为家族企业的代际传承及多元化战略实施提供重要的制度保障和金融支持，以便家族企业能够顺利完成代际传承并实现多元化的战略转型升级。

6.4　研究结论

本研究基于我国家族企业的发展历程、发展现状和不同发展阶段的研究，探索出我国家族企业的创新发展在企业长期导向目标中重要作用。家族企业可从创新体系构建入手，坚持从制度创新、文化创新、管理创新、产品和技术创新等方面入手，坚持打造有家族特色的企业创新发展模式，不断进取，在现有管理模式基础上结合自身企业的发展方向和战略方针，力争将中国文化精髓结合并应用于企业文化建设，注重企业产品研发和技术创新领域的不断突破，在做强和做大的同时关注企业家精神财富的传承和创新，最终实现“家业长青”的可持续发展。

6.5　研究贡献

本研究的理论贡献为在创新理论基础上结合家族企业的异质性，将家族企业发展目标和企业在创新发展领域的投入和成效进行对比分析，探索出最有利于家族企业创新投入的方向及创新收益的成果。同时，在结合企业社会责任角度出发，发现家族企业发展不止是企业本身的创新，而是与整个社会和环境和利益相关者协同发展的过程。从理论贡献上来说，给家族企业创新发展过程中更强有力的理论支持依据和实际成功案例的参照，让家族企业更明晰未来创新发展的趋势和可供选择的优化路径。

6.6 不足之处

本研究也存在一些不足之处值得未来继续探索。本研究主要针对于家族企业创新发展方向的探索，但对于家族企业创新的动源和创新成效的方面还有待进一步去探讨和发现。比如，创新发展的动因、创新的举措及成效，创新投入产出比等影响家族企业创新的因素也值得未来更多研究学者的积极关注。

参考文献

[1] 李斯琦．大数据时代背景下企业管理模式的创新探究［J］．中国商论，2021（16）：123－125.

[2] 李淑悦．动态能力理论基础下技术创新能力对企业绩效的影响［J］．商展经济，2021（4）：80－82.

[3] 吕峻，胡洁．企业创新融资理论和实证研究综述［J］．北京工业大学学报（社会科学版），2021，21（3）：80－94.

[4] 邹宜君．企业创新与企业绩效：一个文献综述［J］．营销界，2021（31）：187－189.

[5] 梅冬州，温兴春，吴娱．财政扩张、信用违约和民营企业融资困境［J］．经济研究，2021，56（3）：116－131.

[6] 孙秀峰，张文龙，冯宝军．"去家族化"如何影响企业融资约束——基于创业板家族企业数据的研究［J］．经济管理，2021，43（3）：1－16.

[7] 夏喆，章梓钰．融资约束、政府补贴与企业创新选择——基于生命周期视角［J］．湖北经济学院学报，2021，19（2）：51－59＋126.

[8] 王晓燕，师亚楠，史秀敏．政府补助、融资结构与中小企业研发投入——基于动态面板系统 GMM 与门槛效应分析［J］．金融理论与实践，2021（3）：32－39.

[9] 董有德，陈蓓．融资约束、对外直接投资与企业研发支出［J］．世界经济研究，2021（3）：121－133＋136.

[10] 顾夏铭，陈勇民，潘士远．经济政策不确定性与创新——基于我国上市公司的齐鲁工业大学硕士学位论文 51 信号传递理论的研究［J］．南开管理评论，2021：1－25.

[11] 栗晓云．影响我国企业创新能力的若干创新政策的研究［D］．对

外经济贸易大学，2020.

[12] 唐才旭，杜洪涛．金融科技赋能中小企业融资创新的逻辑与途径[J]．清华金融评论，2020 (4)：93 – 95.

[13] 严若森，吴梦茜．二代涉入、制度情境与中国家族企业创新投入——基于社会情感财富理论的研究 [J]．经济管理，2020，42 (3)：23 – 39.

[14] 倪娟，王帆．管理层能力提高了研发绩效吗？——基于内控视角[J]．科研管理，2020，41 (4)：220 – 228.

[15] 王琳璘，邓欣晨，潘冬等．"一带一路"倡议提升了企业投资效率吗——来自能源产业的证据 [J]．财会月刊 (会计版)，2020 (8)：41 – 49.

[16] 许宇鹏．夫妻共治会改变企业成本粘性吗？基于中国家族上市公司的经验证据 [J]．上海财经大学学报，2020 (2)：100 – 122.

[17] 沈艺峰，陈述．中国传统家族文化与企业可持续发展？以企业家子女结构为视角 [J]．厦门大学学报 (哲学社会科学版)，2020 (1)：94 – 106.

[18] 胡恒强，范从来，杜晴．融资结构、融资约束与企业创新投入[J]．中国经济问题，2020 (1)：27 – 41.

[19] 万佳彧，周勤，肖义．数字金融、融资约束与企业创新 [J]．经济评论，2020 (1)：71 – 83.

[20] 吴超鹏，薛南枝，张琦，吴世农．家族主义文化、"去家族化"治理改革与公司绩效 [J]．经济研究，2019，54 (2)：182 – 198.

[21] 周文艺．生态战略：设计未来企业新模式 [M]．机械工业出版社，2019.

[22] 朱晓文，吕长江．家族企业代际传承：海外培养还是国内培养？[J]．经济研究，2019，54 (1)：68 – 84.

[23] 许年行，谢蓉蓉，吴世农．中国式家族企业管理：治理模式、领导模式与公司绩效 [J]．经济研究，2019，54 (12)：165 – 181.

[24] 丁重，邓可斌．中小企业的政府补贴与技术创新 [J]．当代经济科学，2019，41 (5)：97 – 105.

[25] 邹立凯，王博，梁强．继任 CEO 身份差异与家族企业创新投入研

究——基于合法性的视角［J］. 外国经济与管理，2019，41（3）：126－140.

［26］许长新，赵梦琼. 家族代际差异与企业创新投资决策的关系研究［J］. 科研管理，2019，40（12）：282－291.

［27］李瑛玫，史琦. 内部控制能够促进企业创新绩效的提高吗？［J］. 科研管理，2019，40（6）：86－99.

［28］王保林，蒋建勋. 新兴市场企业对外直接投资模式与企业创新绩效——内部研发是协同还是替代［J］. 科学学与科学技术管理，2019，40（7）：61－74.

［29］李梓涵昕，朱桂龙. 产学研合作中的主体差异性对知识转移的影响研究［J］. 科学学研究，2019，37（2）：320－328.

［30］李晓伟，聂淑君，王伟平. 创业投资对异质性创新的甄别效应及作用机制［J］. 科技进步与对策，2019，36（16）：9－18.

［31］张凤兵，王会宗. 异质性视角下的 R&D 企业投入、政府资助与创新绩效——基于微观面板的计数模型实证研究［J］. 经济与管理评论，2019，35（2）：80－92.

［32］潘越，翁若宇，纪翔阁，戴亦一. 宗族文化与家族企业治理的血缘情结［J］. 管理世界，2019，35（7）：116－135＋203－204.

［33］郑登攀，李生校. 两代共存治理与中国家族企业技术创新［J］. 科技进步与对策，2019，36（23）：95－102.

［34］苏畅，李志斌. 财税激励政策对企业研发投入的促进机制研究——财务资源视角［J］. 税收经济研究，2019，24（1）：79－87.

［35］蔡庆丰，陈熠辉，吴杰. 家族企业二代的成长经历影响并购行为吗——基于我国上市家族企业的发现. 南开管理评论，2019，22（1）：141－152.

［36］姜涛，杨明轩，王晗. 制度环境、二代涉入与目标二元性——来自中国家族上市公司的证据［J］. 南开管理评论，2019，22（4）：135－147.

［37］许年行，谢蓉蓉，吴世农. 中国式家族企业管理：治理模式、领导模式与公司绩效. 经济研究，2019（12）：165－181.

［38］严若森，钱向阳，肖莎，等. 家族涉入的异质性对企业研发投入的影响研究——市场化程度与政治关联的调节作用［J］. 中国软科学，2019

(11): 129 - 138.

[39] 刘晓丹, 张兵. 非正式制度与新兴经济体企业 OFDI 学习效应: 基于 PSM - DID 的分析方法 [J]. 世界经济研究, 2019 (11): 80 - 93 + 135 - 136.

[40] 徐文舸. 国际视野下中小微企业融资约束问题与对策研究 [J]. 中国物价, 2019 (11): 63 - 66.

[41] 郑明波. 高管海外经历、专业背景与企业技术创新 [J]. 中国科技论坛, 2019 (10): 137 - 144 + 153.

[42] 于震, 王肖梦, 刘淼. 中国上市企业融资约束成因研究 [J]. 数量经济研究, 2019, 10 (2): 34 - 50.

[43] 熊广勤, 周文锋, 李惠平. 产业集聚视角下融资约束对企业研发投资的影响研究——以中国创业板上市公司为例 [J]. 宏观经济研究, 2019 (9): 88 - 101.

[44] 徐晋, 郑晗, 赵婷婷. 民营企业"去家族化"能促进企业创新吗 [J]. 财经科学, 2019 (9): 63 - 72.

[45] 杨兴全, 李文聪, 尹兴强. 多元化经营对企业创新的"双重"影响研究. 财经研究, 2019 (8): 58 - 71.

[46] 潘越, 翁若宇, 纪翔阁, 戴亦一. 宗族文化与家族企业治理的血缘情结. 管理世界, 2019 (7): 116 - 133.

[47] 王扬眉, 吴琪, 罗景涛. 家族企业跨国创业成长过程研究——资源拼凑视角的纵向单案例研究. 外国经济与管理, 2019 (6): 105 - 125.

[48] 葛宣冲. 企业家精神与民营企业创新发展的耦合机制研究 [J]. 经济问题, 2019 (6): 48 - 54.

[49] 赵英男, 闵亦杰, 路江涌, 刘德鹏. 家族适应性影响员工创新行为的作用机制与边界 [J]. 管理学报, 2019 (4): 522 - 530.

[50] 孙秀峰, 王雪梅, 宋泉昆. 家族企业代际传承影响企业经营绩效的路径——基于跨代转型创业与继承人社会资本的视角. 经济理论与经济管理, 2019 (4): 98 - 112.

[51] 李香菊, 杨欢. 财税激励政策、外部环境与企业研发投入—基于中国战略性新兴产业 A 股上市公司的实证研究 [J]. 当代财经, 2019 (3):

25－36.

［52］朱晓文，吕长江．家族企业代际传承：海外培养还是国内培养？［J］．经济研究，2019（1）：68－84.

［53］齐绍洲，林屾，崔静波．环境权益交易市场能否诱发绿色创新？——基于我国上市公司绿色专利数据的证据［J］．经济研究，2018，53（12）：129－143.

［54］肖金利，潘越，戴亦一．“保守”的婚姻：夫妻共同持股与公司风险承担［J］．经济研究，2018，53（5）：190－204.

［55］温军，冯根福．风险投资与企业创新：“增值”与“攫取”的权衡视角［J］．经济研究，2018，53（2）：185－199.

［56］程霖，周艳．近代中国家族企业代际传承与“泛家族化”股权融资思想［J］．财经研究，2018，44（11）：61－73.

［57］杨林，段牡钰，刘娟等．高管团队海外经验、研发投入强度与企业创新绩效［J］．科研管理，2018，39（6）：9－21.

［58］王素莲．R&D 投资与企业创新绩效：企业家冒险倾向和学历水平的影响——基于深沪中小板上市公司的实证研究［J］．东岳论丛，2018，39（4）：50－60＋191.

［59］严若森，杜帅．代际传承对家族企业创新投入的影响——社会情感财富理论视角［J］．科技进步与对策，2018，35（8）：84－91.

［60］郭韬，张亚会，刘洪德．企业家背景特征对创业企业技术能力的影响——创新关注的中介作用［J］．科技进步与对策，2018，35（8）：143－148.

［61］朱冰，张晓亮，郑晓佳．多个大股东与企业创新［J］．管理世界，2018，34（7）：151－165.

［62］程晨．家族企业代际传承：创新精神的延续抑或断裂？［J］．管理评论，2018，30（6）：81－92.

［63］赵勇，李新春．家族企业传承期抑制了研发投入吗？——基于家族企业多重目标调节效应［J］．研究与发展管理，2018，30（5）：81－91.

［64］陈衍泰，夏敏，李欠强等．创新生态系统研究：定性评价、中国情境与理论方向［J］．研究与发展管理，2018，30（4）：37－53.

[65] 李常洪，郭嘉琦，焦文婷，王战．家族控制与企业创新投入——信息透明度的调节效应［J］．科技进步与对策，2018（23）：106－112.

[66] 李永周，高楠鑫，易倩等．创新网络嵌入与高技术企业研发人员创新绩效关系研究［J］．管理科学，2018，31（2）：3－19.

[67] 黄海杰，吕长江，朱晓文．二代介入与企业创新——来自中国家族上市公司的证据［J］．南开管理评论，2018，21（1）：6－16.

[68] 田轩，孟清扬．股权激励计划能促进企业创新吗？［J］．南开管理评论，2018，21（3）：176－190.

[69] 祝振铎，李新春，叶文平．"扶上马、送一程"：家族企业代际传承中的战略变革与父爱主义．管理世界，2018（11）：65－79.

[70] 罗志辉．我国中小企业融资中存在的问题及原因探析［J］．环渤海经济瞭望，2018（10）：25.

[71] 章元，程郁，佘国满．政府补贴能否促进高新技术企业的自主创新？—来自中关村的证据［J］．金融研究，2018（10）：123－140.

[72] 魏浩，巫俊．知识产权保护、进口贸易与创新型领军企业创新．金融研究，2018（9）：91－106.

[73] 蒋惠凤，周玲莉．家族企业代际传承对企业创新的影响研究——基于前100强家族企业的数据［J］．商业经济研究，2018（9）：124－126.

[74] 毕立华，张俭，杨志强，石本仁．家族涉入程度、环境不确定性与技术创新［J］．南方经济，2018（5）：85－103.

[75] 何银瓶，肖扬清．商业信用与中小企业融资约束—基于中小企业板上市公司的实证研究［J］．金融经济，2018（4）：77－79.

[76] 谭庆美，王畅，周运馨，曲丹．家族企业亲缘利他行为对代理成本的影响——基于所有权发展阶段视角［J］．经济问题，2018（3）：57－65.

[77] 冯文娜，刘如月．非家族CEO企业家导向、家族涉入与企业二元式创新的关系研究［J］．中央财经大学学报，2018（4）：90－103.

[78] 赵勇．少帅上位三把火？——家族企业二代接班与研发投入［J］．管理学季刊，2018，3（4）：99－122＋157.

[79] 孔令文．性别收入差距问题研究新进展［J］．经济学动态，2018

(2)：117－129.

[80] 黄海杰，吕长江，朱晓文．二代介入与企业创新．南开管理评论，2018（1）：6－16.

[81] 娄阳，王满．货币政策、会计信息质量与企业非效率投资[J]．会计论坛，2018（1）：54－71.

[82] 彼得·德鲁克．创新与企业家精神[M]．北京：机械工业出版社，2018.

[83] 石晓军，王骜然．独特公司治理机制对企业创新的影响——来自互联网公司双层股权制的全球证据[J]．经济研究，2017，52（1）：149－164.

[84] 张璇，刘贝贝，汪婷，李春涛．信贷寻租、融资约束与企业创新[J]．经济研究，2017，52（5）：161－174.

[85] 孔东民，徐茗丽，孔高文．企业内部薪酬差距与创新[J]．经济研究，2017，52（10）：144－157.

[86] 尹华，赵雯，马媛．高管持股对企业研发投资的影响研究——基于民营上市公司的实证[J]．技术与创新管理，2017，38（1）：64－68.

[87] 孙慧，王慧．政府补贴、研发投入与企业创新绩效——基于创业板高新技术企业的实证研究[J]．科技管理研究，2017，37（12）：111－116.

[88] 王亚萍，冒乔玲．内部控制对R&D投入与企业绩效关系的调节效应研究——基于深交所高新技术企业的经验数据[J]．科技管理研究，2017，37（22）：141－148.

[89] 吴映玉，陈松．新兴市场企业的技术追赶战略——海外并购和高管海外经历的作用[J]．2017，35（9）：1378－1385.

[90] 赵敏，林汉川．家族企业创新研发能力测评指标研究[J]．中国流通经济，2017，31（6）：82－88.

[91] 王华，李孟哲，李扬子．家族二代培养与企业绩效：基于创新视角的研究[J]．会计论坛，2017，16（1）：83－97.

[92] 李桂兰，周胥丞．融资约束下的小微企业融资行为研究[J]．山西农业大学学报（社会科学版），2017，16（3）：32－38.

[93] 高铭，江嘉骏，陈佳，刘玉珍．谁说女子不如儿郎？——P2P 投资行为与过度自信．金融研究，2017（11）：96－111.

[94] 张京心，廖子华，谭劲松．民营企业创始人的离任权力交接与企业成长——基于美的集团的案例研究［J］．中国工业经济，2017（10）：174－192.

[95] 吕斐斐，邓艳斌，贺小刚．家族期望与创业坚持：参考点影响效应研究［J］．南开管理评论，2017，20（5）：41－55＋68.

[96] 钟宇翔，吕怀立，李婉丽．管理层短视、会计稳健性与企业创新抑制［J］．南开管理评论，2017，20（6）：163－177.

[97] 官义飞，夏艳春．内部控制质量、研发投入与企业绩效［J］．会计之友，2017（18）：35－39.

[98] 赵莉娜．浅析中小企业融资难的实证研究［J］．中国商论，2017（16）：3132.

[99] 孙德升，房汉廷，张明喜．中小科技企业融资痛点与对策研究［J］．中国科技论坛，2017（11）：93－98.

[100] 张先锋，杨栋旭，张杰．对外直接投资能缓解企业融资约束吗——基于中国工业企业的经验证据［J］．国际贸易问题，2017（8）：131－141.

[101] 赵宸宇，李雪松．对外直接投资与企业技术创新——基于中国上市公司微观数据的实证研究［J］．国际贸易问题，2017（6）：105－117.

[102] 李连华．内部控制、学历水平与高管腐败：理论框架与实证［J］．财经论丛，2017（6）：69－78.

[103] 陈蕊．国家研发投入、企业研发能力与创新绩效相关性研究［J］．财会通讯，2017（6）：47－50.

[104] 陈志斌，吴敏，陈志红．家族管理影响中小家族企业价值的路径：基于行业竞争的代理理论和效率理论的研究［J］．中国工业经济，2017（5）：113－132.

[105] 胡旭阳，吴一平．创始人政治身份与家族企业控制权的代际锁定［J］．中国工业经济，2017（5）：152－171.

[106] 张妮，李晓彤．家族涉入与上市公司创新行为关系研 91 究——来自我国家族上市公司的经验数据［J］．山东社会科学，2017（5）.

[107] 窦军生，王宁，张玲丽．家族涉入对企业多元化及其价值效应的影响研究．南方经济，2017 (3)：1-22.

[108] 姜付秀，郑晓佳，蔡文婧．控股家族的“垂帘听政”与公司财务决策 [J]．管理世界，2017 (3)：125-145.

[109] 金银亮．基于社会资本的小微企业融资机制研究 [J]．金融理论与实践，2017 (3)：108-112.

[110] 吴炳德，王志玮，陈士慧等．目标兼容性、投资视野与家族控制：以研发资金配置为例 [J]．管理世界，2017 (2)：109-119+187-188.

[111] 代昀昊，孔东民．高管海外经历是否能提升企业投资效率 [J]．世界经济，2017 (1)：168-192.

[112] 李业鹏．科技型中小企业融资约束原因及对策研究 [D]．保定：河北大学，2017.

[113] 赵纯锋．SF 公司技术创新途径研究 [D]．西北大学，2016.

[114] 李新春，张鹏翔，叶文平．家族二代认知差异与企业多元化战略调整——基于中国上市家族企业二代进入样本的实证研究．中山大学学报 (社会科学版)，2016，56 (3)：183-193.

[115] 李新春，张鹏翔，叶文平．家族二代认知差异与企业多元化战略调整——基于中国上市家族企业二代进入样本的实证研究 [J]．中山大学学报，2016 (56)：183-193.

[116] 刘白璐，吕长江．中国家族企业家族所有权配置效应研究 [J]．经济研究，2016，51 (11)：140-152.

[117] 魏涛．化解中小微企业融资难问题三方联动机制研究 [J]．学术论坛，2016，39 (1)：70-74.

[118] 涂玉龙，陈春花．家族性、家族企业文化与家族企业绩效：机制与路径 [J]．科研管理，2016，37 (8)：103-112.

[119] 王小铭，鲁虹．家族企业股权集中度和高管性质对研发投入影响研究 [J]．技术与创新管理，2016，37 (1)：64-69+88.

[120] 陈士慧，吴炳德，巩键等．家族凝聚力与战略先动性 [J]．科研管理，2016，37 (5)：94-102.

［121］丁小浩，汪梦姗．教育与企业家绩效——基于企业存活时间的定量分析［J］．高等教育研究，2016，37（12）：35－46.

［122］熊和平，杨伊君，周靓．政府补助对不同生命周期企业 R&D 的影响［J］．科学学与科学技术管理，2016，37（9）：3－15.

［123］蔡地，罗进辉，唐贵瑶．家族成员参与管理、制度环境与技术创新［J］．科研管理，2016，37（4）：85－93.

［124］叶红雨，陈恬．高管团队特征对企业研发投入影响的研究——基于高管激励的调节作用［J］．技术与创新管理，2016，37（2）：177－182.

［125］李朝阳．从供给侧改革角度看小微企业融资难问题［J］．管理现代化，2016，36（5）：14－16.

［126］范黎波，刘云芬，杨金海．家族化管理与企业绩效：规模与家族成员所有权结构的调节效应［J］．管理评论，2016，28（5）：96－106.

［127］刘学元，丁雯婧，赵先德．企业创新网络中关系强度、吸收能力与创新绩效的关系研究［J］．南开管理评论，2016，19（1）：30－42.

［128］朱静．互联网金融背景下小微企业信用建设模式探索与研究［J］．时代金融，2016（20）：114－115.

［129］刘白璐，吕长江．中国家族企业家族所有权配置效应研究［J］．经济研究，2016（11）：144－156.

［130］严若森，叶云龙，江诗松．企业行为理论视角下的家族企业异质性、R&D 投入与企业价值［J］．管理学报，2016，13（10）：1499－1508.

［131］董保宝，王侃，周晓月．新创企业网络导向的测量与功效：基于中国经验的实证研究［J］．管理学报，2016，13（5）：631－639.

［132］梁强，周莉，宋丽红．家族内部继任、外部资源依赖与国际化．管理学报，2016，13（4）：524－532.

［133］汪祥耀，金一禾，毕祎．家族企业代际传承推动还是抑制了创新［J］．商业经济与管理，2016（12）：73－82.

［134］惠男男，许永斌．代际传承、创始人特征与家族企业长期投资［J］．财经论丛，2016（12）：46－55.

［135］李思慧，于津平．对外直接投资与企业创新效率［J］．国际贸易问题，2016（12）：28－38.

[136] 巩键，陈凌，王健茜等. 从众还是独具一格——中国家族企业战略趋同的实证研究 [J]. 管理世界，2016 (11)：110 - 124 + 188.

[137] 宋建波，文雯. 董事的海外背景能促进企业创新吗？[J]. 中国软科学，2016 (11)：109 - 120.

[138] 江轩宇. 政府放权与国有企业创新—基于地方国企金字塔结构视角的研究 [J]. 管理世界，2016 (9)：120 - 135.

[139] 陈志军，闵亦杰，蔡地. 家族涉入与企业技术创新：国际化战略与人力资本冗余的调节作用 [J]. 南方经济，2016 (9)：61 - 76.

[140] 李静，马宗国. 基于 RJVs 的我国中小企业自主创新能力影响因素研究 [J]. 科技管理研究，2016 (8)：14 - 20.

[141] 胡宁. 家族企业创一代离任过程中利他主义行为研究——基于差序格局理论视角 [J]. 南开管理评论，2016 (6)：168 - 177.

[142] 陈士慧，吴炳德，窦军生，陈凌. 家族关系如何影响企业创新？——对创新中不可忽视的"家族力量"的检验 [J]. 科学学研究，2016 (5)：793 - 800.

[143] 李健，杨蓓蓓，潘镇. 中小企业股权集中度、产品市场竞争与企业创新可持续性 [J]. 中国科技论坛，2016 (5)：59 - 64.

[144] 蔡地，罗进辉，唐贵瑶. 家族成员参与管理、制度环境与技术创新 [J]. 科研管理，2016 (4)：85 - 93.

[145] 曾建光，张英，杨勋. 宗教信仰与高管层的个人社会责任基调——基于中国民营企业高管层个人捐赠行为的视角 [J]. 管理世界，2016 (4)：97 - 110.

[146] 朱沆，KUSHINSE，周影辉. 社会情感财富抑制了中国家族企业的创新投入吗？[J]. 管理世界，2016 (3)：99 - 114.

[147] 闵亦杰，陈志军，李荣. 家族涉入与企业技术创新 [J]. 外国经济与管理，2016 (3)：86 - 98 + 112.

[148] 张鸿武，钟春平. 知识产权保护还是 R&D 补贴？——提升中国工业技术创新能力的公共政策选择 [J]. 东南学术，2016 (2)：55 - 67 + 248.

[149] 刘爱丽. 新经济时代企业人力资源管理创新途径 [J]. 现代商

业，2015（15）：126－127.

［150］颜永才．产业集群创新生态系统的构建及其治理研究［M］．北京：新华出版社．2015（5）：173.

［151］高山行，周匀月，舒成利．企业的每种创新都生而平等吗——创新、企业绩效和竞争者联系的调节作用［J］．科学学研究，2015，33（10）：1564－1572；1583 工商管理《贵州财经大学学报》2020 年第 5 期总第 208 期

［152］冯海红，曲婉，李铭禄．税收优惠政策有利于企业加大研发投入吗？［J］．科学学研究，2015，33（5）：665－673.

［153］张玉明，李荣，闵亦杰．家族涉入、多元化战略与企业研发投资［J］．科技进步与对策，2015（23）：72－77.

［154］吕文栋，刘巍，何威风．管理者异质性与企业风险承担［J］．中国软科学，2015（12）：125－138.

［155］汪祥耀，金一禾．家族企业代际传承及二代推动战略转型的绩效研究［J］．财经论丛，2015（11）：61－70.

［156］靳庆鲁，侯青川，李刚等．放松卖空管制、公司投资决策与期权价值［J］．经济研究，2015（10）：76－88.

［157］刘莉亚，何彦林，王照飞等．融资约束会影响中国企业对外直接投资吗？基于微观视角的理论和实证分析［J］．金融研究，2015（8）：124－140.

［158］李新春，韩剑，李炜文．传承还是另创领地？——家族企业二代继承的权威合法性建构．管理世界，2015（6）：110－124.

［159］李文贵，余明桂．民营化企业的股权结构与企业创新［J］．管理世界，2015（4）：112－125.

［160］朱沆，韩晓燕，黄婷．家族涉入管理与私营企业职业经理的心理所有权——基于“我们”意识的新理论解释［J］．南开管理评论，2015（4）.

［161］杨晔，王鹏，李怡虹等．财政补贴对企业研发投入和绩效的影响研究—来自中国创业板上市公司的经验证据［J］．财经论丛，2015（1）：24－31.

[162] 赵晶，张书博，祝丽敏．传承人合法性对家族企业战略变革的影响［J］．中国工业经济，2015.

[163] 余来文．企业商业模式互联网思维的颠覆与重塑［M］．北京：经济管理出版社，2014.

[164] 梅亮，陈劲，刘洋．创新生态系统：源起、知识演进和理论框架［J］．科学学研究，2014，32（12）：1771－1780.

[165] 夏洪胜，张世贤．企业创新：Business innovation［M］．北京：经济管理出版社，2014.

[166] 鲁桐，党印．公司治理与技术创新：分行业比较［J］．经济研究，2014，49（6）：115－128.

[167] 陈倩倩，尹义华．民营企业、制度环境与社会资本——来自上市家族企业的经验证据［J］．财经研究，2014，40（11）：71－81.

[168] 李健，崔雪，陈传明．家族企业并购商誉、风险承担水平与创新投入——基于齐鲁工业大学硕士学位论文，2014，37（8）：98－125.

[169] 周方召，符建华，仲深．外部融资、企业规模与上市公司技术创新［J］．科研管理，2014，35（3）：116－122.

[170] 林春培，张振刚．过程视角下企业吸收能力组成与结构的实证研究［J］．科研管理，2014，35（2）：25－34.

[171] 陈凌，吴柄德．市场化水平、教育程度和家族企业研发投资［J］．科研管理，2014，35（7）：44－50.

[172] 吴炳德，陈凌．社会情感财富与研发投资组合：家族治理的影响［J］．科学学研究，2014，32（8）：1233－1241.

[173] 周立新．家族涉入与家族企业创新能力：中国制造业家族企业的实证研究［J］．研究与发展管理，2014，26（1）：136－144.

[174] 游家兴，邹雨菲．社会资本、多元化战略与公司业绩——基于企业家嵌入性网络的分析视角［J］．南开管理评论，2014，17（5）：91－101.

[175] 窦军生，张玲丽，王宁．社会情感财富框架的理论溯源与应用前沿追踪——基于家族企业研究视角［J］．外国经济与管理，2014（12）：64－71＋80.

[176] 严若森，叶云龙．家族所有权、家族管理涉入与企业 R&D 投入

水平——基于社会情感财富的分析视角 [J]. 经济管理，2014 (12)：51－61.

[177] 李欢，郑杲娉，徐永新. 家族企业"去家族化"与公司价值——来自我国上市公司的经验证据 [J]. 金融研究，2014 (11).

[178] 李大鹏，周兵. 家族企业终极控制权、现金流量权与公司绩效的实证分析 [J]. 管理世界，2014 (9)：180－181.

[179] 陈凌，陈华丽. 家族涉入、社会情感财富与企业慈善捐赠行为——基于全国私营企业调查的实证研究. 管理世界，2014 (8)：90－101＋188.

[180] 吴炳德，陈凌. 社会情感财富与研发投资组合：家族治理的影响 [J]. 科学学研究，2014 (8)：1233－1241.

[181] 唐未兵，傅元海，王展祥. 技术创新、技术引进与经济增长方式转变 [J]. 经济研究，2014 (7)：31－43.

[182] 马光荣，刘明，杨恩艳. 银行授信、信贷紧缩与企业研发 [J]. 金融研究，2014 (7)：76－93.

[183] 王明琳，徐萌娜，王河森. 利他行为能够降低代理成本吗？——基于家族企业中亲缘利他行为的实证研究 [J]. 经济研究，2014 (3)：144－157.

[184] 齐结斌，安同良. 机构投资者持股与企业研发投入——基于非线性与异质性的考量 [J]. 中国经济问题，2014 (3).

[185] 周立新. 家族涉入与家族企业创新能力：中国制造业家族企业的实证研究 [J]. 研究与发展管理，2014 (1)：136－144.

[186] 翁宵暐，王克明，吕长江. 家族成员参与管理对IPO抑价率的影响 [J]. 管理世界，2014 (1)：156－166.

[187] 龚光明，曾照存. 产权性质、公司特有风险与企业投资行为 [J]. 中南财经政法大学学报，2014 (1)：137－144.

[188] 乔坤元. 我国上市公司风险厌恶程度——基于因子模型的理论与实证分析 [J]. 金融研究，2014 (1)：180－193.

[189] 张秋玉. 新经济时代企业人力资源管理创新问题研究 [J]. 中小企业管理与科技 (下旬刊)，2013 (3)：11－12.

[190] 王剑峤. 企业技术创新人才培养体系研究 [D]. 哈尔滨理工大

学，2013.

［191］郭超．子承父业还是开拓新机——二代接班者价值观偏离与家族企业转型创业［J］．中山大学学报（社会科学版），2013，53（2）：189－198.

［192］鞠晓生，卢荻，虞义华．融资约束、营运资本管理与企业创新可持续性［J］．经济研究，2013，48（1）：4－16.

［193］董保宝，李全喜．竞争优势研究脉络梳理与整合研究框架构建——基于资源与能力视角［J］．外国经济与管理，2013，35（3）：2－11.

［194］马文聪，侯羽，朱桂龙．研发投入和人员激励对创新绩效的影响机制——基于新兴产业和传统产业的比较研究［J］．科学学与科学技术管理，2013，34（3）：58－68.

［195］康志勇．融资约束、政府支持与中国本土企业研发投入［J］．南开管理评论，2013，16（5）：61－70.

［196］赵瑞君．家族企业代际传承研究视角综述［J］．技术经济与管理研究，2013（12）：62－66.

［197］孔伍琴，王培．中国金融发展促进技术创新研究［J］．管理世界，2013（6）：172－173.

［198］李建军，胡凤云．中国中小企业融资结构、融资成本与影子信贷市场发展［J］．宏观经济研究，2013（5）：7－11.

［199］魏明海，黄琼宇，程敏英．家族企业关联大股东的治理角色——基于关联交易的视角［J］．管理世界，2013（3）.

［200］鞠晓生，卢荻，虞义华．融资约束、营运资本管理与企业创新可持续性［J］．经济研究，2013（1）：4－16.

［201］李青原，王红建．货币政策、资产可抵押性、现金流与公司投资——来自中国制造业上市公司的经验证据［J］．金融研究，2013.

［202］王晓婷，李生校．家族企业代际传承模式及效果研究［M］．北京：中国经济出版社，2013.

［203］余武．企业创新诊断［M］．北京：国防工业出版社，2013.

［204］孙晓华．技术创新与产业演化［M］．北京：中国人民大学出版社，2012.

[205] 雷家骕，洪军．技术创新管理［M］．北京：机械工业出版社，2012.

[206] 朱沆，叶琴雪，李新春．社会情感财富理论及其在家族企业研究中的突破．外国经济与管理，2012，34（12）：56-62.

[207] 冯旭南．债务融资和掠夺——来自中国家族上市公司的证据［J］．经济学（季刊），2012，11（3）：943-968.

[208] 李婧，贺小刚．高层管理团队中家族权威与创新能力研究：以家族上市公司为视角［J］．管理学报，2012（9）：1314-1322.

[209] 周建，程立茹，王皓．技术创新水平越高企业财务绩效越好吗？—基于16年中国制药上市公司专利申请数据的实证研究［J］．金融研究，2012（8）：166-179.

[210] 关勇军，瞿旻．基于深圳中小板的家族企业与创新投入关系的实证研究［J］．中国科技论坛，2012（7）：38-43.

[211] 王福胜，宋海旭．终极控制人、多元化战略与现金持有水平．管理世界，2012（7）：124-136+169.

[212] 罗思平，于永达．技术转移、"海归"与企业技术创新——基于中国光伏产业的实证研究［J］．管理世界，2012（1）：124-132.

[213] 邵同尧，潘彦．风险投资、研发投入与区域创新——基于商标的省级面板研究［J］．科学研究，2011，29（5）：793-800.

[214] 陈德球，钟昀珈．制度效率、家族化途径与家族投资偏好［J］．财经研究，2011（12）：107-117.

[215] 贺小刚，燕琼琼，梅琳，李婧．创始人离任中的权力交接模式与企业成长——基于我国上市公司的实证研究．中国工业经济，2011（10）：98-108.

[216] 谭跃，夏芳．股价与中国上市公司投资—盈余管理与投资者情绪的交叉研究［J］．会计研究，2011（8）：32-41.

[217] 王斌，解维敏，曾楚宏．机构持股、公司治理与上市公司R&D投入——来自中国上市公司的经验证据［J］．科技进步与对策，2011（6）.

[218] 解维敏，方红星．金融发展、融资约束与企业研发投入［J］．金融研究，2011（5）：171-183.

［219］周燕，葛建华．权威、认同与家族企业代际传承问题．当代财经，2011（3）：73－79.

［220］许静静，吕长江．家族企业高管性质与盈余质量：来自中国上市公司的证据［J］．管理世界，2011（1）：112－120.

［221］齐严．商业模式创新研究［D］．北京邮电大学，2010.

［222］周景勤．关于企业管理创新的思考［J］．北京市经济管理干部学院学报，2010，25（1）：25－29.

［223］洪怡恬，许文芳，郑紫评．物流金融：解决中小企业融资困境的创新途径［J］．郑州航空工业管理学院学报，2010，28（2）：110－113.

［224］陈凌，郭萍，叶长兵．非家族经理进入家族企业研究：以山西票号为例［J］．管理世界，2010（12）：143－154.

［225］贺小刚，连燕玲，余冬兰．家族和谐与企业可持续成长——基于家族权力配置的视角．经济管理，2010（1）：58－68.

［226］盛立强．由家族信任到社会信任：家族企业走向职业化管理的必由之路［J］．特区经济，2010（2）：146－148.

［227］约瑟夫·阿洛伊斯·熊彼特（著），杜贞旭，郑丽萍，刘昱岗（译）．经济发展理论——财富创新的秘密［M］．中国商业出版社，北京，2009.

［228］杨学儒，李新春．家族涉入指数的构建与测量研究［J］．中国工业经济，2009（5）：97－107.

［229］范兆斌，苏晓艳．政策激励、所有权特征与企业的创新行为［J］．南方经济，2009（3）：41－50.

［230］冯跃英，董淳林，刘汉春．中小企业组织结构创新及其实现途径［J］．广西质量监督导报，2008（4）：53－54.

［231］孙冰．企业技术创新动力的理论研究述评［J］．现代管理科学，2008（4）：8－10.

［232］李俊山，刘俊生．提高企业核心竞争力的重要途径［J］．沈阳农业大学学报（社会科学版），2008（1）：30－32.

［233］王晓婷，窦军生，贾生华．基于传承过程观的家族企业女性接班人研究综述．技术经济，2008，27（6）：111－116.

[234] 李曼. 略论商业模式创新及其评价指标体系之构建 [J]. 现代财经 (天津财经大学学报), 2007 (2): 55 – 59.

[235] 杨建君, 盛锁. 股权结构对企业技术创新投入影响的实证研究 [J]. 科学学研究, 2007, 25 (4): 787 – 792.

[236] 何轩, 朱沆. 基于资源观视角的家族涉入与家族企业竞争优势探讨 [J]. 外国经济与管理, 2007 (11): 38 – 44.

[237] 张建君, 李宏伟. 私营企业的企业家背景、多元化战略与企业业绩. 南开管理评论, 2007, 10 (5): 12 – 25.

[238] 陈信元, 黄俊. 政府干预、多元化经营与公司业绩. 管理世界, 2007 (1): 92 – 97.

[239] 梁启超. 新大陆游记 [M]. 北京: 社会科学文献出版社, 2007.

[240] 竹内弘高, 野中郁次郎, 李萌. 知识创造的螺旋: 知识管理理论与案例研究 [M]. 北京: 知识产权出版社, 2006.

[241] 辛金国, 郑明娜. 浙江省家族企业内部控制实证调查研究 [J]. 审计研究, 2006 (5): 85 – 91.

[242] 尹龙. 金融创新理论的发展与金融监管体制演进 [J]. 金融研究, 2005 (3): 7 – 15.

[243] 水常青, 许庆瑞. 企业创新文化理论研究述评 [J]. 科学学与科学技术管理, 2005 (3): 138 – 142.

[244] 林聪. 企业人力资源管理创新途径分析 [J]. 经济经纬, 2005 (2): 69 – 71.

[245] 李莉. 组织创新与企业成长 [J]. 西北成人教育学报, 2005 (2): 49 – 50.

[246] 罗珉, 曾涛, 周思伟. 企业商业模式创新: 基于租金理论的解释 [J]. 中国工业经济, 2005 (7): 73 – 81.

[247] 惠彩红. 企业创新的逻辑、途径与模式研究 [D]. 西北大学, 2005.

[248] 陈隆, 张宗益, 杨雪松. 上市企业公司治理结构对技术创新的影响 [J]. 科技管理研究, 2005 (9): 137 – 141.

[249] 贺志锋. 论家族企业的定义 [J]. 当代财经, 2004 (6): 57 – 61.

[250] 温忠麟，侯杰泰. 隐变量交互效应分析方法的比较与评价 [J]. 数理统计与管理，2004 (3).

[251] 张岱年，方克立. 中国文化概论 [M]. 北京：北京师范大学出版社，2004.

[252] 傅家骥. 从技术创新到规模制造的根本途径 [J]. 企业科协，2003，000 (6)：9 – 10.

[253] 陈凌，应丽芬. 代际传承：家族企业继任管理和创新 [J]. 管理世界，2003 (6)：89 – 99.

[254] 徐和平，孙林岩，慕继丰. 虚拟企业中知识扩散机制研究 [J]. 科学学与科学技术管理，2002 (11)：45 – 48.

[255] 魏守华，赵雅沁. 企业群的概念、意义与理论解释 [J]. 中央财经大学学报，2002 (3)：58 – 62.

[256] 毛翠云. 企业技术创新能力及其主要实现途径研究 [D]. 江苏大学，2002.

[257] 陈其荣. 技术创新的哲学视野 [J]. 复旦学报 (社会科学版)，2000 (1)：14 – 20 + 75.

[258] 王毅，陈劲，许庆瑞. 企业核心能力：理论溯源与逻辑结构剖析 [J]. 管理科学学报，2000 (3)：24 – 32 + 43.

[259] 江辉，陈劲. 集成创新：一类新的创新模式 [J]. 科研管理，2000 (5)：31 – 39.

[260] 张杰. 民营经济的金融困境与融资次序 [J]. 经济研究，2000 (4)：3 – 10 + 78.

[261] 胡志坚，苏靖. 区域创新系统理论的提出与发展 [J]. 中国科技论坛，1999 (6)：21 – 24

[262] 张钢. 企业技术创新的动力源与信息源 [J]. 科研管理，1998 (4)：28 – 32.

[263] 傅家骥. 技术创新学 [M]. 北京：清华大学出版社，1998 年

[264] 吴晓波. 二次创新的周期与企业组织学习模式 [J]. 管理世界，1995 (3)：168 – 172.

[265] 张维迎. 企业的企业家契约理论 [M]. 上海：上海人民出版

社，1995.

［266］ 徐庆瑞. 技术创新管理［M］. 杭州：浙江大学出版社，1990 年.

［267］ 娄阳，耿玮：家族企业代际传承模式与长期投资决策研究 Publishing，1976，3（4）：305－360.

［268］ 费孝通. 乡土中国［M］. 上海：三联书店，1947.

［269］ 杨建君，王婷，刘林波. 股权集中度与企业自主创新行为：基于行为动机视角［J］. 浙江大学硕士学位论文参考文献 57.

［270］ 李欢，郑杲娉，徐永新. 家族企业“去家族化”与公司价值——来自我国上市公司的经验证据［J］. 金融研究，2014（11）：127－141.

［271］ 毛其淋，许家云. 中国企业对外直接投资是否促进了企业创新［J］. 世界经济，2014，37（8）：98－125.

［272］ YldzEB，DabicM，StojcicNetal. Scrutinizing innovation performance of Family firms inefficiency－driven environment［J］. Journal of Business Research，2021，129：260－270.

［273］ MinBS. Heterogeneity of R&D in family firms［J］. Journal of Business Research，2021，129：88－95.

［274］ Qin Y，Lowe J. Is your online identity different from your offline identity?－A study on the college students' online identities in China. Culture & Psychology. 2021；27（1）：67－95.

［275］ Qin Y，Lowe J. Situational selves of online identity and rationality in choosing－More examples of the college students' online identity in China. Culture & Psychology. January 2021；27（4）：612－631.

［276］ Graafland J Family Business Ownership And Cleaner Production：Moderation By Company Size And Family Management［J］. Journal of Cleaner Production，2020，255（2）.

［277］ Migliori，S.，DeMassis，A.，Maturo，F.，etal. How does family management affect innovation investment propensity? The key role of innovation impulses. Journal of Business Research，2020.

［278］ MiroshnychenkoI，BarontiniR，MassisAD. Investmentopportunitiesand R&D Investments in family and non family firms［J］. R&DManagement，2020，

50 (4): 447 -461.

[279] Calabrò, A., Vecchiarini, M., Gast, J., etal. Innovation in Family Firms: A Systematic Literature Review and Guidance for Future Research [J]. International Journal of Management Reviews, 2019, 21 (3): 1 -39.

[280] Hillebrand, S., Teichert, T., &Steeger, J. Innovationin Family Firms: An Agency and Resource - Based Lenson Contingencies of Generation and Management Diversity. British Journal of Management, 2019.

[281] Carney, M. Zhao, J., Zhu, L - m.. Lean Innovation: Family Firm Succession and Patenting Strategy in a Dynamic Institutional Landscape. Journal of Family Business Strategy, 2019, 10 (4): 1 - 13.

[282] Custódio C, Ferreira M & Matos P. Do general managerial skills spur innovation? [J]. Management Science, 2019, 65 (2): 459 -476.

[283] ChangX, Chen Y& Wang S, etal. Credit default swaps and corporate innovation [J]. Journal of FinancialEconomics, 2019, 134 (2): 474 -500.

[284] William G&LiuZ. Corporate investment and innovation in the presence of Competitor constraints [J]. Review of FinancialStudies, 2019, 32 (11): 4271 -4303.

[285] Ovtchinnikov A, Reza S & Wu Y. Political activism, and firm innovation [J]. Journal of Financial and Quantitative Analysis, 2019, 55 (3): 1 - 36.

[286] Bing G, DavidP&Anna T. Firms' innovation strategy under the shadow of Analyst coverage [J]. Journal of FinancialEconomics, 2019, 131 (2): 456 -483.

[287] Oriana B, Renata L & Andrea P. Managing the family firm: evidence fromCEOs At work [J], Review ofFinancialStudies, 2018, 31 (5): 1605 - 1653.

[288] Chemmanur T&Tian X. Do anti take over provisions spur corporate innovation? A regression discontinuity analysis [J]. Journal of Financial and Quantitative Analysis, 2018, 53 (3): 1163 -1194.

[289] Pan, Y., Weng, R., Xu, N., Chan, K. C., Calabro A. The

Role of Corporate Philanthropy in Family Firm Succession: A Social Outreach Perspective. Journal of Banking and Finance, 2018, 88 (1): 423 –441.

[290] DangT&XuZ. Market sentiment and innovation activities [J]. Journal of Financial and Quantitative Analysis, 2018, 53 (3): 1135 –1161.

[291] FuX, HouJ, LiuX. Unpacking the relationship between outward direct Investment and innovation performance: evidence from Chinese firms [J]. World Development, 2018, 102: 111 –123.

[292] SunderJ &Zhang J. Pilot CEOs and corporate innovation [J]. Journal of Financial Economics, 2017, 123 (1): 209 –224.

[293] Huang Y, Zhang Y. How does outward foreign direct investment enhance firm productivity? A heterogeneous empirical analysis from Chinese manufacturing [J]. ChinaEconomicReview, 2017, 44: 1 –15.

[294] ChenL. Managerial incentives, R&D investments and cashflows [J]. Managerial Finance, 2017, 43 (8): 898 –913.

[295] BradleyD, KimI & XuanT. Do unions affect innovation? [J]. Management Science, 2017, 63 (7): 2251 –2271.

[296] Bhattacharya U, HsuPH, TianXetal. What Affects Innovation More: Policy or Policy Uncertainty? [J]. Journal of Financial and Quantitative Analysis, 2017, 52 (5): 1869 –1901.

[297] Luong H, Moshirian F & NguyenL, etal. How do foreign institutional investors Enhance firm innovation? [J]. Journal of Financial and Quantitative Analysis, 2017, 52 (4): 1449 –1490.

[298] Pittino D, Visintin F, Lenger T, etal. Are High Performance Work Practices Really Necessary In FamilySmes? An Analysis of the Impact on Employee Retentio [J]. Journal of Family Business Strategy, 2016, 7 (2): 75 –89

[299] WuJ, WangC, HongJ. Internationalization and innovation performance of Emerging market enterprises: The role of host – country institutional development [J]. Journal of World Business, 2016, 51 (2): 251 –263.

[300] Bauer F, MatzlerK, WolfS. M&A and innovation: The role of integration and Cultural differences – A central European targets perspective [J].

International Business Review, 2016, 25 (1): 76 - 86.

[301] AcemogluD, AkcigitU, KerrWR. Proceedings of the National Academy of Sciences of the United States of America [J]. Innovation Network, 2016, 113 (41): 11483 - 11488.

[302] Connelly JT. Investment policy at family firms: Evidence from Thailand [J]. Journal of Economics&Business, 2016, 83 (1): 91 - 122.

[303] Flammer C& Kaspersky A. The impact of stakeholder orientation on innovation: Evidence from a natural experiment [J]. Management Science, 2016, 62 (7): 1982 - 2001.

[304] AcharyaV&XuZ. Financial dependence and innovation: the case of public Versus private firms [J]. Journal of FinancialEconomics, 2016, 124 (2): 223 - 243.

[305] Xing CY, Zhang LM, Yan LI. Political connection, internal control and over - investment: Based on an empirical study on private owned listed firms in China [J]. Scientific Decision Making, 2016.

[306] Janssen. Discriminatory Social Attitudes and Varying Gender Pay Gaps Within Firms [J]. IL R Review, 2016, 69 (1): 253 - 279.

[307] DeMassis, A., Ding, S., Kotlar, J., etal. Family involvement and R&D expenses in the context of weak property rights protection: an examination of non - state owned listed companies in China [J]. The European Journal of Finance, 2016, 1 - 26.

[308] DeClercq, D., & Belausteguigoitia, I. Intergenerational strategy involvement and family firms' innovation pursuits: The critical roles of conflict management and social capital [J]. Journal of Family Business Strategy, 2015, 6 (3): 178 - 189.

[309] Chrisman JJ, PatelPC. Variations in R&D investments of family and non family firms: Behavioral agency and myopicloss a version perspective [J]. The Academy of Management Journal, 2012, 55 (4): 976 - 997.

[310] Biais B, Rochet J &Woolley P. Dynamics of innovation and risk [J]. Review of FinancialStudies, 2015, 28 (5): 1353 - 1380.

[311] Chang X, FuK & Low A, etal. Non - executive employee stock options and Corporate innovation [J]. Journal of Financial Economics, 2015, 115 (1): 168 - 188.

[312] Matzler, Veider, Hautz, Stadler. The Impact of Family Ownership, Management and Governance on Innovation [J]. Journal of Product Innovation Management, 2015 (32): 319 - 333.

[313] Xu, N., Yuan, Q., Jiang, X., Kam, K. C.. Founder's Political Connections, Second Generation Involvement, and Family Firm Performance: Evidence from China. Journal of CorporateFinance, 2015, 33 (3): 243 - 259. (8): 132 - 146. Studies for Causal Effects. Biometrika, 1983, 70 (1): 41 - 55.

[314] AtanassovJ. Arm's Length Financing and Innovation: Evidence from Publicly Traded Firms [J]. Management Science, 2015, 62 (1): 1545 - 1580.

[315] BernsteinS. Does going public affect innovation? [J] Journal of Finance, 2015, 70 (4): 1365 - 1403.

[316] Cao, J, Cumming, D, Wang, X. One - Child Policy and Family Firms in China. Journal of CorporateFinance, 2015, 33 (5): 317 - 329.

[317] Gómez - MejíaL. R., Campbell J. T., MartinG. etal. Socio emotional wealth as a mixed gamble: Revisiting family firm R&D investments with the behavioral agency model [J]. Entrepreneurship Theory and Practice, 2014 (6): 1351 - 1374.

[318] MillerD., BretonmillerI. L. Deconstructing socio emotional wealth [J]. Entrepreneurship Theory & Practice, 2014 (4): 713 - 720.

[319] Sanchez - Bueno, M. J., Usero, B.. How May the Nature of Family Firms Explain the Decisions Concerning International Diversification? Journal of BusinessResearch, 2014, 67 (7): 1311 - 1320.

[320] NandaR, Nicholas T. Did Bank Distress Stifle Innovation during the Great Depression? [J]. Journal of Financial Economics, 2014, 114 (2): 273 - 292.

[321] Schmid T., Achleitner A. K., Ampenberger Metal. Family firms and R&D behavior——New evidence from a large - scale survey [J]. Research Policy, 2014 (1): 233 - 244.

[322] QiangL., LiX. YangX. etal.. How does family involvement affect innovation in China? [J]. Asia Pacific Journal of Management, 2013 (3): 677 - 695.

[323] SpulberDF. How do Competitive Pressures Affect Incentives to Innovate when There is a Market for Inventions? [J]. Journal of Political Economy, 2013, 121 (6): 1007 - 1054.

[324] GrahamJ. R., Harvey C. R., Puri M. Managerial attitudes, and corporate actions [J]. Journal of Financial Economics, 2013 (1): 103 - 121.

[325] Tsao, S. M., Lien, W. H. Family Management and Internationalization: The Impact on Firm Performance and Innovation. Management International Review, 2013, 53 (2): 189 - 213.

[326] Mehrotra, V., Morck, R., Shim, J., Wiwattanakantang, Y.. Adoptive Expectations: Rising Sons in Japanese Family Firms. Journal of Financial Economics, 2013, 108 (3): 840 - 854.

[327] Mazzola P, Sciascia S, Kellermanns FW. Non Linear Effects of Family Sources of Power on performance [J]. Journal of Business Research, 2013, 66 (4): 568 - 574.

[328] WilliamsHL. Intellectual Property Rights and Innovation: Evidence from the Human Genome [J]. Journal of Political Economy, 2013, 121 (1): 1 - 27.

[329] BrownJR, Martinsson G, Petersen BC. Law, Stock Markets, and Innovation [J]. The Journal of Finance, 2013, 68 (4): 1517 - 1549.

[330] CarnesC. M., Ireland R. D.. Familiness and innovation: Resource bundling as the missing link [J]. Entrepreneurship Theory and Practice, 2013 (6): 1399 - 1419.

[331] Cai, D., Luo, J. - h., Wan, D. f. Family CEOs: Do They Benefit Firm Performance in China? Asia Pacific Journal of Management, 2012, 29

(4): 923 -947.

[332] Chua, J. H. , Chrisman, J. J. , Steier, L. P. , etal. Sources of Heterogeneity in Family Firms: An Introduction [J]. Entrepreneurship Theory and Practice, 2012, 36 (6): 1103 -1113.

[333] Berrone P. , Cruz C. , Gomez MejiaL. R. . Socio emotional wealth in family firms: Theoretical dimensions, assessment approaches, and Agenda for future research [J]. Family Business Review, 2012 (3): 258 -279.

[334] JulioB, YookY. Political uncertainty and corporate investment cycles [J]. Journal of Finance, 2012, 67 (1): 45 -83.

[335] Chung, C. N. , Luo, X. R. . Leadership Succession and Firm Performance in an Emerging Economy: SuccessorOrigin, RelationalEmbeddedness, andLegitimacy. Strategic ManagementJournal, 2012, 34 (3): 338 -357.

[336] Chrisman J. J. , Patel P . C. . Variations in R&D investments of family and non - family firms: [J]. Academy of Management Journal, 2012 (4): 976 -997.

[337] AskerJ, Farre - mensaJ, Ljungqvist A. Comparing the investment behavior of public and private firms [J]. SocialScienceElectronicPublishing, 2011: 1 -49.

[338] BhaumikS. K. , GregoriouA. . "Family" ownership tunnelling and earnings management: A review of the literature [J]. Journal of Economic Surveys, 2010 (4): 705 -730.

[339] Eisenberger R, Karagonlar G, Stinglhamber F, etal. Leader - Member Exchange and Affective Organizational Commitment: The Contribution of Supervisor's Organizational Embodiment [J]. Journal of Applied Psychology, 2010, 95 (6): 1085 -1103.

[340] Simsek Z. , Heavey C. , Veiga J. J. F. The impact of CEO core self - evaluation on the firm's entrepreneurial orientation [J]. Strategic Management Journal, 2010 (1): 110 -119.

[341] Anderson RC, DuruA, ReebD. Investment policy in family controlled firms [J]. Journal of Banking and Finance, 2010, 36 (6): 1744 -1758.

[342] Hochberg Y & LauraL. Incentives, targeting, and firm performance: an analysis Of non - executive stock options [J]. Review of Financial Studies, 2010, 23 (11).

[343] Haberman, H. Danes, S. M.. Father - Daughter and Father Son Family Business Management Transfer Comparison: Family FIRO Model Application. FamilyBusinessReview, 2010, 20 (2): 163 - 184.

[344] Gómez - Mejía, L. R., Makri, M., Kintana, M. L. Diversification Decisions in Family - Controlled Firms. Journal ofManagementStudies, 2010, 47 (2): 223 - 252.

[345] BargeronLL, LehnKM, ZutterCJ. Sarbanes - Oxley and corporate risk taking [J]. Journal Of Accounting &E conomics, 2010, 49 (1 - 2): 0 - 52.

[346] Belén V&AmitR. How are U. S. family firms controlled? [J]. Review of Financial Studies, 2009, 22 (8): 3047 - 3091.

[347] Chen HL, HsuWT. Family ownership, board independence and R&D investment [J]. Family Business Review, 2009, 22 (4): 347 - 362.

[348] Tsai, W. H., Kuo, Y., Hung, J. Corporate Diversification and CEO Turnover in Family Businesses: Self Entrenchment or Risk Reduction? Small Business Economics, 2009, 32 (1): 57 - 76.

[349] Bertrand, M, Johnson, S., Samphantharak K., Schoar, A. Mixing Family with Business: A Study of Thai Business Groups and the Families Behind Them. Journal of Financial Economics, 2008, 88 (3): 466 - 498.

[350] Peng M. W., Wang D. Y. L., Jiang Y. An institution based view ofinternational business strategy: A focus on emerging economies [J]. Journal of International Business Studies, 2008 (5): 920 - 936.

[351] Jones, C. D., Makri, M., Gomez Mejia, L. R.. Affiliate Directors and Perceived Risk Bearing In Publicly Traded, Family - Controlled Firms: The Case of Diversification. Entrepreneurship Theory and Practice, 2008, 32 (6): 1007 - 1026.

[352] Dinesh, N. I., Miller, K. D. Performance Feedback, Slack, and The Timing of Acquisitions. Academy of Management Journal, 2008, 51 (4):

808 – 822.

[353] Arregle JL, Hitt MA, Sirmon DG etal. The Development of Organizational Social Capital: Attributes of Family Firms [J]. Journal of Management Studies, 2007, 44 (1): 73 – 95.

[354] Gómez – Mejía, L. R., Haynes, K. T., NuNickel, M., etal. SocioemotionalWealth and Business Risks in Family – controlled Firms: Evidence from Spanish OliveOilMills [J]. Administrative Scienc eQuarterly, 2007, 52 (1): 106 – 126.

[355] Gómez – MejíaL. R., HaynesK. T., Núñez – NickelM. etal.. Socioemotional wealth and business risks in family – controlled firms: Evidence from Spanish oliveoilmills [J]. Administrative Science Quarterly, 2007 (1): 106 – 137.

[356] Cucculelli, M., Micucci, G.. Family Succession and Firm Performance: Evidence from Italian Family Firms. Journal of Corporate Finance, 2007, 14 (1): 17 – 31.

[357] Burgelman, R. A., Hitt, M. A. Entrepreneurial Actions, Innovation, and Appropriability. Strategic Entrepreneurship Journal, 2007, 1 (4): 349 – 352.

[358] Eddleston, K. A., Kellermanns, F. W.. Destructive and Productive Family Relationships: A Stewardship Theory Perspective. Journal of Business Venturing, 2007, 22 (4): 545 – 565.

[359] Barontini, R., Caprio, L. TheEffect of Family Control on Firm Value and Performance: Evidence from Continental Europe. European Financial Management, 2006, 12 (5): 689 – 723.

[360] Carson SJ, Madhok A, WuT. Uncertainty, opportunism, and governance: The effects of volatility and ambiguity on formal and relational contracting [J]. Academy of Management Journal, 2006, 28 (5): 79 – 114.

[361] Villalonga, Amit. How do Family Ownership, Control and Management Affect Firm Value? [J]. Journal of Financial Economics, 2006, 80 (2): 385 – 417.

[362] Belén V&Amit R. How do family ownership, control and management affect Firm value? [J] Journal of Financial Economics, 2006, 80 (2): 385 - 417.

[363] Bromiley P. The behavioral foundations of strategic management [J]. International Journal of Leadership in Public Services, 2005 (1): 56 - 57.

[364] KleinS. B., Astrachan J. H., SmyrniosK. X.. The f - pecscale of family influence: Construction, validation, and further implication for theory [J]. Entrepreneurship Theory and Practice, 2005 (3): 321 - 339.

[365] MillerD, MinichilliA, Corbetta G. Is Family Leadership Always Beneficial? J]. Strategic Management Journal, Practice, 2005 (3): 237 - 247.

[366] HUERGOE, JAUMANDREUJ. How does probability of innovation change with firm age? [J]. Small Business Economics, 2004, 22 (03 - 04): 137.

[367] Chung - ming Lau, Hang - yueNgo. The HR system, organizational culture, and product innovation [J]. International Business Review, 2004, 13 (6): 685 - 703.

[368] Ronald C& David M. Founding - family ownership and firm performance: evidencefromtheS&P500 [J]. Journal of Finance, 2003, 58 (3): 1301 - 1328.

[369] Anderson, R. C., Mansi, S. A., Reeb, D. M.. Founding Family Ownership and the Agency Cost Of Debt. Journal of Financial Economics, 2003, 68 (2): 263 - 285.

[370] Burkart M, Fausto P& AndreiS. Family firms [J]. Journal of Finance, 2003, 58 (5): 2167 - 2201.

[371] Sirmon D. G., Hitt M. A. Managing resources: Linking unique resources, management, and wealth creation in family firms [J]. Entrepreneurship Theory and Practice, 2003 (4): 339 - 358.

[372] Bertrand M., Scholar A. Managing with style: The effect of managers on firm policies [J]. The Quarterly Journal of Economics, 2003 (4): 1169 - 1208.

[373] ChinWW, MarcolinBL, NewstedPR. A Partial Least Squares Latent

Variable Modeling Approach for Measuring Interaction Effects: results from a Monte Carlo Simulation Study and an Electronic – Mail Emotion/Adoption Stud [J]. Information Systems Research, 2003, 14 (2): 189 –217.

[374] RibsteinLE. Marketvs. regulatory responses to corporate fraud: acritique of the Sarbanes – Oxleyactof2002 [J]. Journal of Corporation Law, 2002, 28 (1): 1 –16. 41 (4): 220 –228.

[375] Richard Makadok. Toward a Synthesis of the Resource – Based and Dynamic – Capability Views of Rent Creation [J]. Strategic Management Journal, 2001, 22 (5).

[376] Makadok, R. Towards a synthesis of the resource – based and dynamic capabilities views of rent creation. Strategic Management Journal, 2001, 22: 387 –404.

[377] Schulze, W. S., Lubatkin, M. H., Dino, R. N., Buchholtz, A. K.. Agency Relationships in Family Firms: Theory and Evidence. Organization Science, 2001, 12 (2): 99 –116.

[378] LosB, Verspagen B. R&D spillovers and productivity: Evidence from U. S. manufacturing microdata [J]. Empirical Economics, 2000, 25 (1): 127 – 148.

[379] E. Stavrou. Succession in Family Businesses: Exploring the Effects of Demographic Factors on Off spring Intention to Join and Take Over the Business [J]. Journal of Small Business Management, 1999, 37 (3): 43 –61.

[380] Chua J. H., Chrisman J. J., Sharma P. Defining the family business by behavior [J]. Entrepreneurship Theory and Practice, 1999 (4): 19 –39.

[381] Drozdow. What is Continuity? [J]. Family Business Review, 1998, 11 (4): 337 –347.

[382] Westhead P., Cowling M. Storey D. The management and performance of unquoted family companies in the United Kingdom [D]. UK: Warwick Business School, 1997.

[383] Boeker, W. Strategic Change: The Influence of Managerial Characteristics and Organizational Growth. Academy of ManagementJournal, 1997, 40

(1): 152 – 170.

[384] Kaye. When the Family Business is a Sickness [J]. Family Business Review, 1996, 9 (4): 347 – 368.

[385] Fukuyama, F. Trust: The Social Virtues and the Creation of Prosperity [M]. NewYork: FreePress, 1995.

[386] Milgroma P, RobertsJ. Complementarities and Fit Strategy, Structure, and Organizational Change in Manufacturing [J]. Journal of Accounting & Economics, 1995, 19 (2 – 3): 179 – 208.

[387] SimonsR. Control in an age of empowerment [J]. Harvard Business Review, 1995, 73 (2): 80 – 88.

[388] Dyer, W. G., Handler, W. Entrepreneurship and Family Business: Exploring the Connections. Entrepreneurship Theory and Practice, 1994, 19 (1): 71 – 84.

[389] Warner, R. L., Steel, B. S., Does the Sex of Your Children Matter? Support for Feminism among Women and Men in the United States andCanada [J]. Journal of Marriage &Family, 1991, 53 (4): 1051 – 1056.

[390] BarneyJB. Firm resources and sustained competitive advantage [J]. Advances in Strategic Management, 1991, 17 (1): 3 – 10.

[391] Prahalad, C. K. and Hamel, G. The Core Competence of the Corporation. Harvard Business Review, 1990, 79 – 91

[392] Hambrick, D. C., Mason, P. A., Upper Echelons: The Organization as a Reflection of Its Top Managers [J]. Academy of Management Review, 1984, 9 (2): 193 – 206.

[393] Beckhard, R., Dyer, J. Managing Continuity in the Family Owned Business. Organizational Dynamics, 1983, 12 (1): 5 – 12.

[394] SharmaS, Durand RM, Gur – arie O. Identification, and analysis of moderator variables [J]. Journalof Marketing Research, 1981, 18 (3): 291 – 300.

[395] Longenecker, Schoen. Management Succession in the Family Business [J]. Journal of Small Business Management, 1978, 16 (3): 1 – 6.